Reinhard Werth
Hirnwelten

Reinhard Werth

Hirnwelten

Berichte vom Rande
des Bewußtseins

Verlag C.H.Beck München

Mit 11 Abbildungen

Die Deutsche Bibliothek – CIP-Einheitsaufnahme

Werth, Reinhard:
Hirnwelten : Berichte vom Rande des Bewußtseins / Reinhard
Werth. – München : Beck, 1998
ISBN 3 406 44076 2

ISBN 3 406 44076 2

© C. H. Beck'sche Verlagsbuchhandlung (Oscar Beck), München 1998
Gesamtherstellung: Freiburger Graphische Betriebe
Gedruckt auf säurefreiem, alterungsbeständigem Papier
(hergestellt aus chlorfrei gebleichtem Zellstoff)
Printed in Germany

Inhalt

Vorbemerkungen

Die übliche Beschreibung von Methoden und Ergebnissen der Hirnforschung berücksichtigt nur einen Teil der Wirklichkeit. Solche Darstellungen, wie man sie in wissenschaftlichen oder populären Veröffentlichungen findet, sagen so wenig über die Wirklichkeit dieses Forschungsunternehmens aus, wie militärische Angaben über Gefechtsstrategien, Truppenbewegungen und Geländegewinne ein Bild von der Realität des Krieges geben. Die Realität der Hirnforschung zeigt ganz unterschiedliche Aspekte, wenn man sie nur aus verschiedenen Blickwinkeln betrachtet. Da offenbaren sich das Schicksal von Versuchstieren, der Tagesablauf in Labors, die Lebenswege hirngeschädigter Patienten, die Anstrengungen beim Erklimmen der akademischen Karriereleiter, die soziale Endstation in der Sucht zerfallener Persönlichkeiten, die Strapazen auf Forschungsreisen, die der Untersuchung von Hirnleistungen entlegener Kulturen dienen, die neuropsychologischen Hintergründe der Aufklärung von Verbrechen. Das Buch zeigt ungewöhnliche Sichtweisen verschiedener Bereiche der Hirnforschung und schildert Begegnungen mit Menschen, die Objekte dieser Forschung sind. Es war nicht meine Absicht, Forschung zu verklären oder zu idealisieren, sondern ich wollte dem Leser aus eigenen Erfahrungen eine Vorstellung von der Wirklichkeit geben.

Der Inhalt des ersten Kapitels ist der Versuch einer realistischen Darstellung der Praxis tierexperimenteller Hirnforschung. Die neurobiologischen Methoden und Ergebnisse stehen dabei nicht im Mittelpunkt. Beeindruckender ist die eigene Erfahrung dieser Tätigkeit, die Aufzucht der Versuchstiere, ihre Verwendung im Experiment und ihr

Sterben. Diese Realität ist nicht immer von forscherischer Intellektualität geprägt. Die realistische Darstellung der Abläufe wird vielen Lesern grausam erscheinen, manchem auch schwer erträglich sein. Doch es ist die Realität, es sind Szenen, wie sie in ähnlicher Form täglich unzählige Male ablaufen. Es lag mir nicht daran, diese Wirklichkeit zu schönen, sie zu ignorieren oder zu entschuldigen. Für mich war die tierexperimentelle Forschung eine Episode, die ich viele Jahre hinter mir gelassen habe. Ich habe sie aus dem Abstand dieser Zeit, ohne noch selbst darin involviert zu sein, beschrieben, doch ohne mich von ihr zu distanzieren.

Viele Tierexperimente dienen zweifellos nur wirtschaftlichen Interessen und der Herstellung überflüssiger Produkte, andere sind allein einer akademischen Karriere nützlich. Dennoch bleibt ein unvermeidlicher Rest von Gewalt und Grausamkeit bestehen, den wir zum Überleben brauchen. Kaum eine Errungenschaft der heutigen Heilmethoden kommt ohne Tierexperimente aus. Wir möchten gerne auf sie verzichten, doch dann um den Preis, unsere Patienten ihren Krankheiten, ihrem Schmerz und Tod hilflos auszuliefern, obwohl das Schicksal mit einfachen Mitteln der Medizin gewendet werden könnte. Die meisten der von mir betreuten hirngeschädigten Kinder hätten ihre Erkrankung ohne medizinische Hilfe, die auf tierexperimenteller Forschung beruht, nicht überlebt. Gezielte Trainingsverfahren zur Rückgewinnung von Fähigkeiten, die nach der Hirnschädigung verlorengingen, wären bei denjenigen Kindern, die ohne medikamentöse Therapie ständig epileptische Anfälle erlitten, aussichtslos. Unser Verständnis von den Hirnfunktionen, ihren krankhaften Veränderungen und Heilungsmöglichkeiten wäre ohne Tierexperimente äußerst lückenhaft. Die in ihnen ausgeübte Gewalt ist unauslöschbarer Teil unserer Lebensrealität. Damit diese Realität zur Kenntnis genommen werden kann, habe ich versucht, sie darzustellen.

Es war weit mehr die Erfahrung jener Wirklichkeit als die abstrakten Ergebnisse der Forschung, die einen Eindruck hinterließ. In vielen Jahren klinischer Tätigkeit waren dies die Begegnungen mit hirngeschädigten Patienten, Kindern und Erwachsenen, und ihren unterschiedlichen Schicksalen. Es waren Krankheitsgeschichten, die einen günstigen Ausgang nahmen, und glücklose Lebenswege. Es war die Begegnung mit Menschen, in denen durch krankhaft veränderte Hirnfunktionen Welten entstanden, die von Gesunden schwer nachvollziehbar sind, uns manchesmal als verständnislose Zuschauer draußen ließen. Ich habe versucht, dem Leser einen Eindruck von den Erscheinungsformen solcher neuropsychologischen Krankheitsbilder zu vermitteln. Einige habe ich wegen ihrer neuropsychologischen Sonderbarkeit ausgewählt, andere sind Schicksale aus dem neuropsychologischen Alltag, wie die Geschichte eines ganz normalen Schlaganfalls. Zu den Abweichungen von der normalen Hirnfunktion und zu den Veränderungen des Erlebens und Verhaltens, die uns sonderbar erscheinen, doch deren Symptome Einblick in die Organisationsprinzipien des Gehirns gewähren, gehören Kinder ohne Großhirn, normale Menschen, die nur eine Hälfte des Gehirns besitzen, Patienten, die die Existenz einer Körperhälfte vergessen haben und für die eine Hälfte der Außenwelt nicht existiert, oder auch Menschen, die ihr eigenes Gesicht nicht mehr erkennen.

Nicht alle Begegnungen ergaben sich zwangsläufig durch meine klinische Tätigkeit. Manche ungewöhnlichen Erlebnisse habe ich gesucht. Zu ihnen gehören meine Erfahrungen in Obdachlosenasylen in Paris, mit Menschen, die im Endstadium des Alkoholismus vor sich hin leben. Mit der Schilderung dieser Zeit geht es mir darum, Eindrücke von den Lebensumständen solcher Kranken zu vermitteln, die nicht allein aus dem Blickwinkel des unbeteiligten Arztes oder Psychologen gesehen wurden, für den diese Lebensweisen kaum nachempfindbar sind. Die beschriebenen Episoden stammen aus einer Zeit, als ich selbst mehrmals für kurze Zeit mit solchen gesellschaftlichen Randgruppen auf der Straße lebte, um eine Vorstellung von ihren Lebensbedingungen zu gewinnen. Das Erleben solcher Existenzbedingungen hebt den Gegenstand der Forschung aus der Anonymität des wissenschaftlichen Objekts und läßt eine Nahaufnahme menschlicher Schicksalswege zu.

Wir neigen dazu, unsere Lebenswelt, unsere Art, die Dinge wahrzunehmen, als den Standard der Normalität mit einer gewissen Absolutheit zu betrachten. Menschen in Kulturen und Lebensräumen, die mit unseren Lebensbedingungen in einer technisierten Welt nicht vergleichbar sind, mögen andere Standards des Normalen haben. Daß wir Dinge in einer für uns normalen Weise wahrnehmen, ist vielleicht das Ergebnis täglicher Einübung bestimmter Wahrnehmungsleistungen, weil unsere komplexe Umwelt hohe Anforderungen an unsere Wahrnehmung stellt. Doch wie entwickeln sich bestimmte Wahrnehmungsleistungen, wenn diese Übung fehlt? Es ist nicht einfach, Kulturen zu finden, deren Umwelt so verschieden von der unsrigen ist, daß selbst uns geläufige Wahrnehmungsgewohnheiten fehlen. In die abgeschiedenen Lebensräume solcher Menschen vorzudringen und an ihrer Kultur teilzuhaben ist so reich an Eindrücken, daß es die eigene Sicht des Hintergrunds des Forschungsunternehmens verändert. Die Umstände der Forschung rücken ihr eigentliches Ziel in den Hintergrund, weil Wertmaßstäbe sich verwandeln. Zu derartigen Unternehmungen gehörten Forschungsreisen zu Tuareg-Nomaden in unzugänglichen Gebieten der algerischen Sahara, deren Fähigkeit zu Raum- und Zeitwahrnehmungen ich untersuchte. Ich kann in diesem Buch nur einige wenige Eindrücke aus zwei Forschungsreisen berichten. Vielleicht geben sie dem Leser eine Vorstellung von den Umständen ernsthafter kulturvergleichender Untersuchungen und von den Lebensverhältnissen der getesteten Personen. Vielleicht überträgt sich aber auch der Eindruck der Relativität eines allein auf Forschung ausgerichteten Denkens der Wissenschaftsgemeinschaft, so wie sich meine eigene Sicht im Laufe der Untersuchung der Bewußtseinswelt der Tuareg verändert hat.

Der Gegenstand weiter Bereiche der Hirnforschung ist vor allem deshalb das Gehirn, weil seine Funktionen die biologischen Bedingungen der Existenz unseres Bewußtseins sind, weil Abweichungen von der «normalen» Gehirnfunktion unser Bewußtsein und mit ihm unser Empfinden, Wahrnehmen, Denken und Handeln grundlegend verändern können. Im Gegensatz zur Erforschung der unbelebten Natur, sehen wir uns bei der Erforschung von Menschen oder Tieren mit dem Phänomen der subjektiven Erlebniswelt und des Bewußtseins konfrontiert. Erst die Erforschung der neuronalen Grundlagen subjektiver Erlebnisse und des Bewußtseins läßt aus der Neurobiologie die *Neuropsychologie* entstehen. Es stellt sich jedoch die bisher ungelöste Frage, ob dieser Bereich des Psychischen überhaupt naturwissenschaftlich erfaßbar ist und damit zur wissenschaftlich beschreibbaren Realität gehört. Das Bewußtsein und seine neurobiologischen Grundlagen sind nach wie vor eines der beliebtesten Themen von Philosophen, Neurowissenschaftlern und Psychologen. Doch die Erörterungen dieses Themas lassen offen, was unter «dem Bewußtsein» verstanden werden soll und wie seine Gegenwart oder Abwesenheit in objektiv nachprüfbarer Weise festzustellen ist. Der Begriff des Bewußtseins wird von vornherein in seiner Vagheit belassen, und es ist dem Gutdünken eines jeden anheimgestellt, etwas in diesen Begriff hineinzulegen. Damit ist der Wahrheitsgehalt von Aussagen über das Bewußtsein unüberprüfbar, und die Aussagen gehören in das Reich unfundierter Spekulation.

Ich hatte nicht die Absicht, diesen Verbalismen weitere hinzuzufügen. Ausgehend von einer bereits früher veröffentlichten umfangreichen Untersuchung über die wissenschaftlich exakte Faßbarkeit dessen, was intuitiv als «Bewußtsein» bezeichnet wird, werden in diesem Buch der Begriff des Bewußtseins auf der Grundlage experimenteller und formallogischer Verfahren herausgearbeitet und seine neurobiologischen Grundlagen diskutiert. Auf diese Weise läßt sich nachweisen, daß Bewußtsein – und damit der Bereich der subjektiven Erlebniswelt – einer wissenschaftlichen Analyse zugänglich ist und seine neurobiologischen Grundlagen Gegenstand experimenteller Forschung sind.

Das Thema der Gewalt kehrt gegen Ende dieses Buches in der Beschreibung der gerichtlichen Anwendungen der Neurowissenschaften zurück. Die Neuropsychologie von Mord, Suizid und Vergewaltigung vollzieht sich in einer Welt ungehemmter Brutalität. Man kann sich nicht ernsthaft mit dieser Wirklichkeit befassen, wenn man sich akademisch von ihr distanziert und in einem über dem Gemeinen schwebenden Forschergeist über das Verbrechen räsoniert. Gegenstand der hier angewandten Neuropsychologie ist die Kälte der kriminellen Wirklichkeit. Ich habe versucht, sie zu zeigen, wie sie ist, etwas über die Psychologie der Täter zu vermitteln und etwas über die neuropsychologische Untersuchung der Gehirne toter Opfer. Auch diese Darstellungen sind roh, doch sie sind darin Ausdruck meines Bemühens um eine realistische Vermittlung eines Aspekts der Härte medizinischer Wirklichkeit. Es ist eine Wirklichkeit, die sich bei einer Betrachtung allein aus der Distanz des Außenstehenden verlöre.

I

Der Tod im Labor

Die Frage danach, worin das Bewußtsein eigentlich besteht, auf welche Weise das Gehirn Empfindungen, Gedanken, Erinnerungen und alles, was sonst zu unserem Erlebnisbereich gehört, hervorbringt, hatte mich gerade in den letzten Semestern meines Studiums zunehmend eingenommen. Es war schon damals abzusehen, daß die Beschäftigung mit philosophischen Betrachtungen zum Leib-Seele-Problem keine Antwort gab. Viel zu weit entfernt von Hirnforschung und Psychologie vollzog sich die philosophische Debatte. Und was mich besonders störte, war, daß niemand sagte, was er mit «Bewußtsein» meint. Einige Sprachphilosophen machten es sich ganz besonders leicht. Was ihnen zu fassen nicht gelang, erklärten sie schlicht als Produkte sprachlicher Verirrungen. Zu ihnen gehörten zum Beispiel Ludwig Wittgenstein[1] und Gilbert Ryle[2]. Da gab es die Welt der subjektiven, privaten Empfindungen ganz einfach nicht. Neuropsychologische Befunde zeigten aber, daß die Frage danach, was Bewußtsein sei, so simpel nicht zu lösen war. Es schien mir deshalb unumgänglich, gründlich die Neurowissenschaften zu erlernen. Einige neurobiologische Literatur hatte ich wohl gelesen, mir manches in Vorlesungen und Seminaren angeeignet. Doch mein Wissen war sehr theoretisch. Die Realität der Forschung war mir fremd. So nutzte ich die Gelegenheit, neurophysiologische Forschung in der Praxis zu erlernen. Die Möglichkeit bot sich in einem renommierten Institut. Man erforschte die Entwicklung des Sehsystems nach der Geburt, welche Vernetzungen von Nervenzellen des Gehirns angeboren waren und welche sich durch Seherfahrung in den ersten Lebenswochen neu formierten. Man hatte mir schon prophezeit: Du wirst sehen, die Wirklichkeit sieht anders aus als das, was du aus Veröffentlichungen kennst. Meine Tätigkeit als Neurophysiologe begann an einem warmen Sommertag. Die Versorgung der Versuchstiere war eine meiner ersten Aufgaben, die bald zur täglichen Routine wurde.

Jedesmal, wenn ich die Tür zu dem Raum öffnete, in dem die Versuchstiere gehalten wurden, hielt ich ganz unwillkürlich für einen kurzen Augenblick den Atem an. Schwerer, feuchter Geruch nach Katzenurin drang in Mund und Nase, schlug sich in den Lungen nieder und machte das Atmen widerlich. Dieser klebrig empfundene Nebel fiel aus einem Raum, der, gegen Licht und frische Luft abgedichtet, Tag und Sonne draußen ließ. Vier junge Katzen waren vor wenigen Wochen hier geboren worden, lebten mit ihrer Mutter in dieser stillen, dunklen Welt. Niemals hatten sie Licht, einen Schatten, gar einen Gegenstand, Geschwister oder die Mutterkatze je gesehen. Ich konnte die Tiere im fahlen Weiß eines Infrarot-Nachtsichtgerätes ausmachen, das eigentlich in einem deutschen Panzer Dienst hätte tun sollen. Der Lebensbereich in andauernder Nacht war einige Quadratmeter groß, ausreichend für die kleine Familie, durch deckenhohe Gitterstäbe vom übrigen Raum getrennt. Das Muttertier hatte sich nach Katzenart auf den Boden gekauert, die Beine unter den Körper gezogen. Aufmerksam versuchte es den unsichtbaren Besucher durch Ausrichten der Ohren zu orten. Die Jungen bewegten sich langsam, vorsichtig. Ohne erkennbare Anteilnahme am Geschehen tasteten sie sich durch den für sie unsichtbaren Raum. Ich öffnete die Käfigtür, faßte eine der jungen Katzen vorsichtig unter der Brust, hob sie auf eine bereitstehende Babywaage. Sie ließ alles willig über sich ergehen. Vielleicht einmal ein langgezogenes Miauen. Eine nach der anderen wurde gewogen, die Werte wurden in eine Liste eingetragen, die Tierchen in den Käfig zurückgesetzt. Der Futternapf mußte ausgekratzt und im Nebenraum ausgespült werden. In Dosen frisches Futter, eine dicklich weiche Masse, die für Menschen unappetitlich roch, doch offenbar dem Geschmack der Katzen genügte. Ein paar Löffel des nassen, fleischigen Teiges ließ ich in den Napf fallen. Rasch das Futter in den Käfig stellen, die Gittertüre schließen und dann raus. Nur flach atmen, um möglichst wenig des üblen Geruchs in sich aufzunehmen. Draußen schien die Luft so rein, als tränke man klares Wasser.

Wozu sollte man Tiere unter solch unnatürlichen Bedingungen aufwachsen lassen? Das Leben in permanenter Nacht währte ohnehin nur wenige Monate, dann verließ eine junge Katze nach der anderen den Käfig. Eine nach der anderen nahm einen Tag, vielleicht noch eine Nacht an einem Experiment teil, an dessen Ende der Tod wartete. Die wissenschaftlichen Fragen, auf die die Experimente eine Antwort geben sollten, waren einfach: Wie beim Menschen, so ist auch bei der Katze die Entwicklung des Gehirns mit der Geburt keineswegs abgeschlossen. Was aber bestimmt, in welcher Weise sich das Gehirn entwickelt? Die Aufzucht in der Dunkelheit zeigt, inwieweit genetisch vorbestimmt ist, was im Gehirn geschieht, wenn – wie in diesem Fall – jede visuelle Erfahrung fehlt, richtiger: wenn Dunkelheit die einzige Seherfahrung ist. Findet sich eine wissenschaftlich gesicherte Antwort, so kann sie das Verständnis von entwicklungsbedingten Störungen des Sehens erweitern. Wußte man aus den Tierexperimenten, in welcher Weise fehlende Seherfahrung die Verschaltung von Nervenzellen des Gehirns beeinflußt, so konnte man eine Vorstellung davon gewinnen, was im Gehirn von Kindern geschieht, bei denen von Geburt an eine Trübung der Linsen normales Sehen verhindert. Wird eine solche Linsentrübung nicht frühzeitig operiert, so stellt sich später durch Veränderungen innerhalb des Sehsystems eine nicht mehr rückgängig zu machende Schwachsichtigkeit ein. Die Gründe für das Entstehen einer solchen Schwachsichtigkeit galt es zum Beispiel zu erforschen.

Ich folgte einem langen, weiß getünchten Gang, stieg eine enge Treppe hinauf zum Labor. Ein Kollege hatte einem Rhesusaffen eine radioaktive Substanz in die Augen gespritzt. Stimulierte man das Tier mit Lichtreizen, so verteilte der radioaktive Stoff sich in den Strukturen des Gehirns, die durch die Darbietung der Lichtreize aktiviert wurden. Mit geeigneten Verfahren konnte man dann den Weg, den die radioaktiven Markierungen im Gehirn genommen hatten, sichtbar machen. So zeigte sich, welche Nervenzellen an der Analyse eines visuellen Reizes teilnahmen. Eine derartige Untersuchung setzte voraus, daß das Gehirn in Scheiben geschnitten wurde, die nur Bruchteile eines Millimeters dick sein durften. So war es unvermeidlich, daß der Affe sterben mußte. Er lag bereits in tiefer Narkose. In einer Armvene steckte eine Nadel, die in einen dünnen Schlauch mündete. Über ihn würde sogleich die tödliche Dosis eines Narkosemittels in den Kreislauf des Tieres eingeleitet werden. Die Todesspritze wurde an den Schlauch angeschlossen, der Inhalt rasch injiziert. An der Brust des Affen klebten Elektroden, die die elektrische Aktivität des Herzens registrierten. Über Kabel waren sie mit einem Verstärker verbunden, der die Herzschläge aus Lautsprechern deutlich hörbar machte. Noch während die Spritze sich entleerte, verlangsamte sich der Puls innerhalb weniger Sekunden. Ähnlich einem absterbenden Motor waren bald nur noch wenige Schläge hörbar. Der Affe starb. Sein Körper lag schlaff, ohne Bewegung, als das Herz stillstand. Ein rascher Schritt aus dem Leben, den das Tier in tiefem Schlaf vollzog. Nach dem letzten Herzschlag begannen alle Hirnfunktionen unwiederbringlich zu erlöschen.

Mit einigen Handgriffen entfernten wir die Elektroden, zogen die Schläuche ab, die der künstlichen Beatmung gedient hatten. Auf einem steinernen Tisch, der in ein Becken überging, hatten wir eine Metallbahre, nur wenig länger als das Tier, vorbereitet. Wir streckten den Affen, Gesicht nach oben, auf der chromblitzenden Liege aus, klemmten Hand- und Fußgelenke in Schnellverschlüsse, die an den Enden des Stahlbettes angebracht waren. Die Gesichtszüge mit dem Ausdruck menschlichen Leidens, die bis zur Hälfte herabgefallenen Augenlider, der leicht geöffnete Mund, als versuchte er vergeblich, einen Laut des Schmerzes zu äußern, und die gewaltsam ausgebreiteten Arme ließen das Bild tiefer Machtlosigkeit entstehen. In ihr vollzog sich die Endphase des Sterbevorgangs.

Mit der Spitze einer kräftigen chirurgischen Schere stach ich unter dem Brustbein ein, schnitt den Brustkorb in der Länge auf. Eine große scherenartige Klammer spreizte die beiden Brusthälften auseinander und fixierte sie in dieser Position. Das Affenherz war noch nicht völlig zur Ruhe gekommen, während das Tier in tiefster Narkose den Schritt in den Tod tat. Die Herzkammer zuckte schwach, als wollte sie kraftlos eine letzte Kontraktion versuchen. Mit einer Pinzette hob ich den Herzbeutel, eine kräftige Tasche, in der das Herz ruht, an. Rasch war er durchschnitten, und das Herz lag frei. Ein Skalpell öffnete den rechten Vorhof des Herzens, ließ dunkelrotes Blut hervorquellen. Der dunkle Strom hatte den Brustraum bald gefüllt, suchte sich einen Weg über die rechte Schulter zum Steintisch, in den Abfluß des Beckens. Mit einer Hohlnadel durchstach ich die linke Herzkammer und leitete eine Formalinlösung ein. Sie verdrängte das Blut im gesamten Kreislauf, drückte es zur Schnittwunde des rechten Vorhofs hinaus. Eiweiß, aus dem das Gehirn zum großen Teil besteht, wird durch das Formalin chemisch umgewandelt, so daß aus der weichen Gehirnmasse eine feste, gummiartige Substanz entsteht. Alle Hirnfunktionen waren da bereits unwiederbringlich zum Erliegen gebracht worden, der Tod war eingetreten, das Sterben beendet. Diese Verfestigung des Gehirns war eine notwendige Maßnahme, die die weitergehende anatomische Untersuchung des Gehirns erst ermöglichte. Es sollte tiefgefroren und mit einem sogenannten Mikrotom in feine Scheiben geschnitten werden. Durch die Anwendung geeigneter Verfahren wurden Nervenzellen in diesen hauchdünnen Scheibchen sichtbar. Formalin aktivierte die Innervation der Muskeln, brachte sie in Bewegung. Eine langsame Streckung breitete sich über den Körper des schon toten Tieres aus. Ein leichtes, gleichförmiges Zurückbiegen des Kopfes, eine Anspannung der festgezurrten Arme, und die Hände begannen sich zu schließen. Ich legte meinen Zeigefinger in die rechte Hand des Affen, bis sie ihn umschlossen hatte, spürte den Druck seiner Finger, die noch warme glatte Haut seiner Handflächen.

Welche Empfindungen man bei dieser Arbeit hat? Das ist individuell verschieden. Nach einer gewissen Eingewöhnungszeit werden derartige Experimente und auch das Töten zur Routine. Alle, die ich kannte, behielten dennoch eine emotionale Beziehung zu den Tieren, über die es jedoch hinwegzuschauen galt. Man tat, was wissenschaftlich unumgänglich war. Wer mochte sich am Töten freuen? Der Tod war ein Teil der Forschungspraxis. Man behandelte die Tiere so, daß unnötige Qual vermieden wurde. Jeder Eingriff vollzog sich in Narkose. Die Tiefe der Narkose wurde genauestens überwacht. Der Tod der Tiere war gesteuert, es war ein kontrolliertes Sterben. Das Bewußtsein ging rasch verloren. Es dauerte kaum Sekunden, bis das Herz versagte, Formalin das Blut ersetzte und das Hirn erstarrte. Viele Neurophysiologen waren Ärzte. Sie hatten oft erfahren, wie die Natur das menschliche Sterben oft über Stunden, Tage bis zu Jahren zieht, das Bewußtsein mit seinem Schmerz, der Angst und mancher Last im Grenzbereich balanciert, Stück um Stück der einstigen Persönlichkeit zerfallen läßt. An das Sterben waren sie gewöhnt. Wer wie ich vom Land kam, kannte auch das

Schlachten. Ich erinnerte mich manchmal an die kühlen Wintertage, wenn die langgezogenen Schreie schlachtbereiter Schweine über die baumbestandenen Wiesenhänge zogen, noch außerhalb des Dorfes in den Weinbergen zu hören waren, die in die weiten Moseltäler fielen. Einen Strick mußte man um ihre Hinterbeine binden, um sie aus dem Stall zu ziehen. Dann setzte man den «Knicker» auf die Stirn und schlug einen Eisendorn tief durch die Schädeldecke. War er ins Gehirn gedrungen, fiel das Tier und streckte sich mit einem dumpfen Klatschen auf dem Boden aus. Es war ein rascher Tod, der wenig Qualen mit sich brachte. Ich ging noch nicht zur Schule, als man mir zeigte, wie man Ziegen schlachtet. Man klemmt sie mit den Hüften fest zwischen seine Knie, mit der Linken faßt man sie an Kinn und Nase, biegt den Kopf etwas nach hinten. Fast ohne Widerstand gleitet das Messer durch den Hals der kleinen Tiere. Schon das Zusehen kostete am Anfang große Überwindung. Aber man gewöhnte sich daran und lernte Emotionen abzuschalten.

Mit der linken Hand ergriff ich den Kopf des Affen. Sein Gesicht drückte sich tief in meine Handflächen. Der Kopf mußte etwas zurückgebogen werden, wenn der Hals frei liegen sollte. An der linken Halsseite setzte ich das Skalpell an. Es reichte ein leichter Druck, damit die Klinge durch die Nackenmuskeln tief in den Hals des Affen tauchte, bis zur Wirbelsäule drang. Mit einer Bewegung trennten sich die Schnittflächen der Halsschlagader, die Luftröhre öffnete sich. Die Verschlüsse, die Arme und Beine hielten, konnten jetzt gelockert werden, eine Drehung des toten Körpers und die Nackenmuskeln ließen sich durchschneiden. Eben noch die Fasern kappen, mit der der tote Kopf am Körper hing. Man legte den Kopf in ein mit Formalin gefülltes Glasgefäß. Wie durch eine Lupe vergrößerte das Glas die bis auf einen Spalt geschlossenen Lider, durch den die trüben Augen blickten, erweiterte scheinbar den fast geschlossenen Mund. Der Ausdruck hilfloser Ergebenheit des sterbenden Tieres war verloren. Langsam folgte der Kopf der Bewegung der Flüssigkeit, in der er schwamm, führte das Gesicht an der Gefäßwand entlang, bis es sich mir abgewendet hatte.

Der Körper des Affen war starr geworden, fühlte sich feucht an vom kalt gewordenen Blut. Ich ließ ihn in einem undurchsichtigen Müllsack verschwinden, denn nicht jeder, der mir auf dem Weg durch das Haus und über den Hof begegnete, mußte die Reste des toten Tieres sehen. Wir machten immer ein Geheimnis aus den Leichen, um unnötige Irritationen zu vermeiden. In einem Winkel des Hofes stand der Müllcontainer, angefüllt mit toten Ratten, Katzen und Affen. Ich legte meinen mitgebrachten Kadaver zu den anderen.

Es war Mittag. Ein gelber, warmer Sommertag. Die Straßencafés hatten sich sicher schon gefüllt, die italienischen und griechischen Restaurants mit weißgedeckten Tischen unter den Baumkronen, von denen schon einmal eine Blüte in die bunten Vorspeiseteller fiel, belebten sich. Ich ging zurück ins Labor, durch den Gang, in den zu wenig Licht fiel, wusch die Blutreste vom Steintisch. Mit einigen Kollegen stieg ich die Treppen hoch zur Kantine, einem weißen Raum mit den bekannten Gesichtern an ungedeckten Tischen oder in der Schlange vor der Theke, an der irgendein Essen ausgegeben wurde. Einige balancierten ihre weißen Kunststofftabletts durch die Tischreihen. Ganz gleich, zu welcher Gruppe man sich setzte, in welches Fachgespräch man drang, meist die gleichen Themen: wer an welche Universität berufen worden war, wer mit wem in den USA was bearbeitete, welche Aufsätze wo erschienen waren, welche Projekte man beantragt, welche man abgeschlossen hatte. Einer der jungen Aufstrebenden war aus dem Urlaub in Griechenland zurückgekommen und gab den Umsitzenden Reiseempfehlungen. Ich dachte an die Fundamente des Zeus-Tempels auf der Agora, dem antiken Markt, wo Sokrates Opfer für seine Gespräche gefunden haben soll, an die Ebene von Marathon, in der die Phalanx der griechischen Krieger gegen die Perser vorrückte, die Gräber gefallener Athener und Spartaner, an die Tribüne, von der Perikles zur Volksversammlung sprach, an die Akademie Platons. Ich hatte nicht zugehört, als der Zurückgekehrte über einen Strand erzählte, wie er gleich bei seiner Ankunft in Athen zu einer der Inseln gefahren sei. Die Plastiktabletts waren bis zum Boden leergegessen, und man wollte rasch wieder ins Labor. Die Gruppe der Eiligen, mit der ich durch das Treppenhaus hinunterging, zerfiel an jeder Tür ein wenig mehr. Einer, zwei oder drei verschwanden an jeder Station in Räumen mit weißen Metallregalen, Türmen elektronischer Geräte, Monitoren, hinter denen einige ihre Mittagspause mit billigen Wurstsemmeln vom hauseigenen Kiosk verbrachten.

In unserem Labor herrschte geschäftige Erwartung. Es sollte sogleich jemand in das Tierhaus gehen und vier junge Katzen holen. Für eines der nächsten Experimente mußten sie heute vorbereitet werden. Weitere Daten über den Einfluß des Schielens auf die Entwicklung des Sehsystems galt es zu gewinnen. Man mußte nur die Augenmuskeln etwas kürzen, um eine ausgeprägte Schielstellung zu erzeugen.

Mit einem für den Transport der Versuchstiere vorgesehenen Kasten machte ich mich auf den Weg. In einem hellen, leeren Raum war ein Käfig von einigen Quadratmetern Grundfläche abgeteilt. Eine erwachsene Katze machte etwas zögernd einige lautlose Schritte vorbei an ihren wenige Wochen alten Jungen und ließ sich nieder. Aufmerksam, als wäre es Gleichmut, sah sie zu, wie ich eine der kleinen Katzen nach der anderen in die mitgebrachte Kiste setzte. Als ich den Käfig verließ, folgte mir die Mutter mit einigen vorsichtigen Schritten und blieb scheinbar ratlos stehen. Im Labor war schon alles vorbereitet, eine sehr kurze, gekrümmte Nadel an einem Faden, Scheren, Klemmen, ein Skalpell, eine Spritze waren auf einem Tisch geordnet. Die erste der jungen Katzen wurde mit einem

Schwung auf den Rücken gedreht. Ein langgezogenes Miauen begleitete diesen ungewohnten Lagewechsel. Von der Innenseite des rechten Vorderlaufs fielen die abgeschnittenen Haare über das Messer eines elektrischen Rasierapparats, wie ihn in den fünfziger Jahren die Friseure benutzten, um ihren Kunden «das Genick auszuputzen», wie sie ihre gestalterische Grausamkeit damals nannten. In dem kahlgeschorenen Bein der Katze ließ sich leicht die dünne Vene finden. Man spürte die harte Haut, wenn man sie durchstach, die Hohlnadel bis zur Vene vorschob. Kaum war etwas Narkosemittel eingespritzt und hatte sich mit dem Blut vermischt, da sanken die kurzen Beine in tiefem künstlichem Schlaf herab. Jemand hielt den Kopf des Tieres, als man mit einer Schere den Augenwinkel aufschnitt, den äußeren geraden Augenmuskel hervorzog, abschnitt und verkürzt wieder vernähte. Die Katze zeigte keine Regung, schlief fest und war nun zum ausgeprägten Schieler geworden. Waren endlich die Augenmuskeln bei allen vieren neu vernäht, saßen sie zunächst noch halb betäubt, in ihrem Kasten, konnten aber bald zu ihrer Mutter in den Käfig zurück. Noch trunken vom Narkosemittel rutschten auf dem glatten Steinboden die Füße zur Seite, so daß der Bauch unbeholfen den Boden berührte. Aus dem hilflosen Zappeln entstanden bald wieder die ersten ungelenken Schritte. In einigen Wochen werden sie an der Reihe sein. Ein oder zwei Tage wird jedes Experiment wohl dauern, um schließlich mit dem Tod zu enden.

Die Experimente zogen sich immer bis spät in die Nacht. Heute jedoch konnten wir zu normalen Bürozeiten das Haus verlassen. Das helle Morgenlicht war schwer geworden an diesem Sommerabend. In der Früh hatte ein sachter Wind die Blätter der Alleebäume zum Taumeln gebracht, kaum eine Bewegung war geblieben. Ich erzählte Frank, der mich begleitete, von den Abenden in Marokko, von dem Berber, der in einem Nomadenzelt Eselsfleisch kochte und es anschließend an einem Spieß am offenen

Feuer briet. Er war schon ein älterer Mann mit seinem dunkelblauen Kaftan und dem Schech auf dem kahlgeschorenen Kopf. Der Geruch des Holzfeuers, gebratenen Fleisches in dem süßlichen Duft der Haschischpfeifen. Es waren meist kleine Bauern aus dem Umland, die sich vor dem Zelt niedergelassen hatten, gelegentlich halblaut einige Sätze austauschten und den Blick in der Steppenlandschaft ruhen ließen, als wollten sie ihre Gedanken vom abendlichen Wind über die verbrannte Landschaft führen lassen. Die Welt der Labors, der Produktion wissenschaftlicher Aufsätze, der dominierende Wille zum Aufstieg, zur kleinen Macht, zu Ansehen war diesen Leuten nicht vorstellbar. Sie lebten in Anspruchslosigkeit mit kleinen Herden schwarzhaariger Ziegen in den verstreut liegenden Lehmhäusern. Einen guten Teil der täglichen Arbeit hatten sie ihren Frauen überlassen und pflegten gerne die Besinnlichkeit, als ließen sie sich vertrauensvoll treiben in ihrem abgeschlossenen Weltbild, das sie gehütet wußten in den Händen des Islam. Ab und zu sprach mich ein Wohlhabender unter ihnen an, um über meine Freundin zu verhandeln, bis er sich im Unmut über meine Unnachgiebigkeit abwendete. Hatte man doch das Angebot bis zum Preis einiger Kamele hochgetrieben und sich auch darüber hinaus nicht kleinlich gezeigt.

Solche Geschichten konnten Frank, dem ich, wie so oft, zu langsam ging, zu manch träumerischen Alternativen zum Leben eines Wissenschaftlers anregen. Die Realität sah aber anders aus, und mit der Forschung den Lebensunterhalt verdienen war weit interessanter als alles, was sich sonst anbot. Einen großen Teil des Lebens in abgedunkelten Labors zu verbringen, wo es zum guten Ton gehörte, Abende, Wochenenden und Urlaube in den Dienst der Wissenschaft zu stellen, war eine große Investition. Aber wir erhofften uns dadurch tiefe und breite Kenntnisse in den Neurowissenschaften, versuchten sie zu integrieren in psychologische und erkenntnistheoretische Konzepte, die uns lange beschäftigten. Gerade aus der Verbindung mit anderen Disziplinen erwarteten wir innovative Denkansätze. Man durfte sich nur nicht auf ein kleines Fachgebiet beschränken, mußte Entwicklungen in Nachbardisziplinen verfolgen, den Austausch mit Vertretern anderer Wissenschaftszweige pflegen. Diejenigen, die ihr gesamtes Wissenschaftlerleben in die Erforschung eines einzigen Details investierten, konnten kein Vorbild sein, so sehr auch die Komplexität der Materie eine gewisse Spezialisierung in der Forschung unumgänglich machte.

In diesen Gedanken hatten wir ein italienisches Restaurant in der Innenstadt erreicht. Das durchschnittliche Essen bewegte sicher niemanden hierher. Es war eher einer der sozialen Orte, an dem Studenten, Angestellte, Künstler, Wohlsituierte und Spinner sich zu einer abwechslungsreichen Mischung zusammenfanden. Bald wehten die ersten Schönen herein, gefielen sich im lautlosen Beifall der Blicke, die sich einen Augenblick von Pizzen, spaghettigefüllten Tellern und Minestrones lösten und sie zu ihrem Platz begleiteten. Welche Mühe mußte manch kunstvoll gelegte Haargirlande gekostet haben. Sie erinnerte mich an die Martyrien der Geduld, die es einem abverlangte, wenn einige Locken sich nicht in Form begeben wollten, obwohl die Zeit schon drängte. Die Uhr schien stillzustehen, wenn immer neue Kompositionen des äußeren Erscheinungsbildes im Spiegel zu prüfen waren, bis ein Kompromiß um des häuslichen Friedens Willen unausweichlich war. Ich glaubte, manchem Begleiter noch die Pein der letzten Stunde anzusehen.

Wir vermieden es, uns in diesem Kreis über Tierexperimente zu unterhalten, gaben lieber orakelhafte Auskunft über unsere Tätigkeit, als immer wieder die gleichen Äußerungen über die Widerwärtigkeit solcher Forschung aus Mündern zu hören, die gleichzeitig bedenkenlos tierische Körperteile in Verdauungsfähiges zerquetschten. Die Überflüssigkeit mancher tierexperimenteller Forschung war den meisten Wissenschaftlern besser bekannt als Außenstehenden. Nicht wenigen Tierexperimenten fehlte jeder erkennbare klinische Bezug. Es machte keinen Sinn, Tieren Schmerzen zuzufügen, um die Wirkung überflüssiger Produkte zu erforschen. Sollten Tiere sterben für medizinisch irrelevante Doktorarbeiten und Habilitationen?

In vielen Bereichen medizinischer Forschung waren Tierexperimente jedoch nicht ersetzbar. Allein in meinem späteren neuropsychologischen Tätigkeitsbereich, bei der Untersuchung durch eine Hirnschädigung erblindeter Kinder, bei den Untersuchungen von Störungen der Augenbewegungen und vielem mehr, ermöglichten erst die Ergebnisse tierexperimenteller Forschung eine Vorstellung von den Mechanismen des Gehirns zu entwickeln, die diese Störungsbilder verursachten. Wo Tierexperimente verzichtbar und wo sie unumgänglich waren, war durchaus bedenkenswert. Aber das war von Fall zu Fall zu diskutieren, verlangte differenzierte Überlegungen, die sich auf eine genaue Kenntnis des jeweiligen Forschungsgebiets stützten. In der Regel hörten wir nur simple Schlagworte wenig informierter Laien. Oft hatten wir den Eindruck, die pauschale Ablehnung sei der Ausguß einer modisch gewordenen Ideologie. Tierexperimente waren nicht völlig aus der Welt zu schaffen, auch wenn sie manchmal grausam wirkten, es sei denn, man akzeptierte das Ende unseres Erkenntniszuwachses in vielen medizinischen Bereichen.

Erst vor wenigen Wochen waren die kleinen Katzen geboren worden. Grauweiße Flauschbälle mit zu kurzen Beinen. Der Entwicklungsstand ihrer Gehirne sollte mit Gehirnen gleichalter Kätzchen, die in Dunkelheit aufgewachsen waren, verglichen werden. Der Unterschied demonstrierte die Wirkung fehlender Seherfahrung auf die Entwicklung des Sehsystems. Ahnungslos saßen die drei in dem Transportkasten, in dem sie soeben aus dem Tierhaus angekommen waren. Man faßte sie am Rücken, daß sich die Hand wie eine große Klammer um den noch zarten

Brustkorb legte und hielt sie senkrecht. Ein dünnes Miauen begleitete das reflexartige Anheben des Kopfes. Die Nadelspitze einer Spritze verschwand im luftigen Fell rechts unterhalb der Rippen, durchstieß die Bauchdecke und stach in die Leber ein. Rasch wurde eine tödliche Dosis eines Barbiturats injiziert. Mit einem Ruck war die Nadel herausgezogen, die Katze auf den Boden gesetzt. Wir rechneten nicht mit dem Schmerz des Tieres, erwarteten vielmehr unmittelbare Bewußtlosigkeit und einen raschen Tod. Doch augenblicklich brach ein Sturm unkoordinierter Bewegungen los. Die Vorderbeine konnten keinen Halt mehr finden, waren zur Seite abgeglitten, so daß das Gesicht sich auf den Boden drückte. Ähnlich dem unkoordinierten Zappeln eines aufgezogenen Spielzeugtieres führten die Vorderbeine rasche Laufbewegungen ins Leere aus. Die Hinterbeine strebten dagegen vorwärts, brachten die Katze in eine Haltung, als wolle sie sich in einen Kopfstand zwingen. Sie hätte sich sicher nach vorne überschlagen, wäre das Gesicht nicht auf dem Boden weggerutscht. Es dauerte keine Minute, bis die Bewegungen erlahmten, das angehobene Hinterteil zurückfiel und von dem vehementen Ausbruch ungeregelter Bewegungen nur das Zucken der kurzen Beinchen übrigblieb. Dieses Sterben hatte uns zu lang gedauert.

In Zukunft legten wir die Tiere zuerst mit einer Spritze in die Muskeln in Narkose. Jetzt galt es, zügig das Blut der toten Kätzchen durch eine Formalinlösung auszutauschen, die das Eiweiß des Gehirns denaturierte und ihm eine gummiartige Konsistenz verlieh. Zwei, drei Schnitte mit der kräftigen Schere genügten, um den Brustraum der Länge nach zu öffnen. Der dünne Herzbeutel war im Nu entfernt, der rechte Vorhof durchschnitten. Dunkelrotes Blut füllte den kleinen Brustraum, klebte tiefe Rinnen in das weiche, weiße Fell. Es dauerte nicht lange, bis genügend Formalinlösung in die linke Herzkammer geflossen war und das Blut aus den Hirngefäßen verdrängt hatte. Der noch zerbrechliche Hals war mit wenigen Schnitten durchtrennt und der Kopf schwamm schon bald in einem Glasbehälter. Die Köpfe der Geschwister sollten in einigen Minuten folgen.

Außenstehende mögen solche Szenen grausam finden. Doch um dem menschlichen Leben mit neuen Erkenntnissen der Medizin zu dienen, müssen Tiere sterben, auch wenn sie klein sind und unsere Zuneigung gewinnen. An diese Realität muß sich gewöhnen, wer Medizin ausübt und wer ihre Errungenschaften in Anspruch nimmt.

Ich hatte das Labor schon am späten Nachmittag verlassen, um ein paar engagierte Kollegen aus anderen Disziplinen zu treffen. Wir besprachen neue Ergebnisse, tauschten Ideen aus und studierten die Mathematik dynamischer Systeme. Der regelmäßige Kontakt mit Kollegen anderer Forschungsbereiche bot Gelegenheit, über die Vorgaben des Forschungsalltags hinauszublicken, eigene Denkgewohnheiten zu überprüfen, manchmal über das zunehmende Spezialistentum zu klagen und Geschichten auszutauschen, die in Erinnerung riefen, was man manchmal zu vergessen drohte: daß es außerhalb der eigenen Forschung noch andere Lebensformen gab.

Die Vorstellung, die wissenschaftliche Tätigkeit lebenslang auf ein winziges Spezialgebiet einzuschränken, war für manchen jungen Wissenschaftler in hohem Maße unbefriedigend. In den meisten Fächern hat die Forschung jedoch einen solchen Komplexitätsgrad erreicht, daß die Beschränkung auf ein kleines Arbeitsfeld üblich ist. Während Ärzte in der täglichen Praxis einen komplexen Bereich der Medizin zu vertreten haben, der über ein Forschungsgebiet hinaus eine große Breite medizinischer Kompetenz verlangt, ist es in anderen Fächern möglich, sich völlig auf einen eng umgrenzten Forschungshorizont zu konzentrieren. Dazu gehören auch die Psychologie und ein Teil der Neurowissenschaften. Die fachliche Beschränkung wird oft nicht einmal als unumgängliches Übel angesehen, sondern gilt vielen gar als Tugend. Die Sicht der Forschung als Weg

zur umfassenden und tiefen Einsicht in einen Ausschnitt
unserer Welt, als Möglichkeit, lebenslang die eigene Wis-
sensbasis zu erweitern und zu vertiefen, als Schulung der
Denk- und Urteilsfähigkeit, eine Sicht, die dem Ideal des
deutschen Bildungsbürgertums entspricht, das wesentlich
von den Universitäten mitgetragen werden sollte, ist in vielen Fachgebieten längst verloren. Amerikanisch geprägte
Standards wurden übernommen, in denen ein derartiges
Bildungsinteresse nie bestand. Die Einsicht in den Wert der
Bildung, die im vergangenen Jahrhundert sogar die Arbei-
terschaft erreichte, in Arbeiterbildungsvereinen ihren Ausdruck fand und gesellschaftliche Entwicklungen entscheidend mitbestimmte, hat kaum noch einen Niederschlag in
der heutigen Wissenschaftsideologie. Der Bildungsgedanke
und die Wissenschaft haben sich in vielen Fächern längst
getrennt. Es dominieren Spezialisten. Viele sind nur Da-
tenproduzenten ohne intellektuellen Anspruch, oft laute
Verkäufer zu kurz gedachter, plakativer Theorien, flinke
Eintreiber von Forschungsgeldern, in ständigem Wettstreit
mit eifernden Kollegen. Die Produktion wissenschaftlicher
Aufsätze zum immer gleichen Thema verlangt ohnehin
nicht den breit gebildeten scharfen Denker, dessen Innova-
tionsfähigkeit ihn zu neuen Ideen trägt, ihn zu unkonventionellen Experimenten führt, Bisheriges in Frage stellt, je-
manden, der die Grundlagen der eigenen Disziplin neu
überdenkt und in bisher nicht gekanntem Licht erscheinen
läßt. Von einem Wissenschaftler erwartet man, daß er in
seinen Veröffentlichungen identifizierbar wird, was nichts
anderes bedeutet, als daß er ständig zu dem gleichen The-
menbereich Aufsätze in Wissenschaftszeitschriften publi-
ziert.

Schon durch die Art dieser Aufsätze, in der wissenschaftliche Forschungsergebnisse zu veröffentlichen sind,
entsteht kein Aufwind, der in intellektuelle Höhenlagen
trägt. Ihre Form besteht immer in einer kurzen Einführung
und einer Beschreibung der verwendeten Methoden, es

folgt die Darstellung der Ergebnisse, und der Beitrag schließt mit einer Diskussion der Befunde im Licht bisheriger Forschung. Für eine ausführliche Beschäftigung mit fraglichen Grundannahmen der Forschungstradition, für eine differenzierte Präzisierung der meist vagen Grundbegriffe, für tiefergehende Fragen nach der Korrektheit der Methoden oder gar nach dem manchmal dubiosen Sinn ganzer Forschungsrichtungen ist hier kein Platz. Es ist in erster Linie vorgesehen, innerhalb eines akzeptierten Forschungsrahmens experimentelle Ergebnisse darzustellen, damit bisherige Ergebnisse zu bestätigen, zu erweitern oder zu bezweifeln.

Neben der einzuhaltenden schematischen Gestalt und der beschränkten Seitenzahl der Aufsätze, stellt die Mentalität vieler Gutachter, denen jeder Aufsatz zugeleitet wird, ein wesentliches Hindernis für die Entwicklung grundsätzlicher unkonventioneller Denkansätze dar. Gutachter betrachten sich oft als Wächter über das, was sie für die wahre Lehre halten. Zur Veröffentlichung eingereichte Arbeiten müssen nach ihrem Gutdünken in häufig unsinniger Weise verändert werden oder werden oft mit den abwegigsten Begründungen abgelehnt. Dieses Prinzip begünstigt Autoren, die sich in die Wissenschaftsgesellschaft integrieren und sich möglichst konform in einer Forschungsrichtung bewegen. Ein solches System fördert konservative Forschungskonzeptionen, verhindert grobe Abweichungen von hergebrachten Traditionen, hält Innovationen, die allgemein akzeptierten Glaubenssätzen widersprechen, von der Veröffentlichung fern. Nur der kann jedoch in der Welt der Wissenschaft aufsteigen, der sich mit diesem System arrangiert und in bestimmten anerkannten Zeitschriften veröffentlicht.

In manchen Fächern ist allein die Zahl der Aufsätze die Voraussetzung für die Zulassung zur Habilitation, die wiederum Bedingung für die Berufung an eine deutsche Universität ist. Für die erfolgreiche Bewerbung auf Professorenstellen, meist die einzige Möglichkeit der beruflichen Absicherung, ist ebenfalls eine Reihe von Aufsätzen zum immer gleichen Thema die wichtigste Bedingung. Solche Kriterien provozieren geradezu die Auswahl von Universitätslehrern, die sich in der Forschung auf ein Minimum beschränken. Unter Hochschullehrern stößt man – ich kann dies nur für die Psychologie und Teile der Neurowissenschaften beurteilen – immer wieder auf Kollegen, die über das eigene enge Arbeitsfeld hinaus erstaunlich geringe Kenntnis des vertretenen Fachgebietes haben, denen oft jede praktische Erfahrung fehlt und denen es schwerfällt, sich von gewohnten Denkschemata zu befreien. Nach ihrer jahrelangen Einengung auf die Erforschung weniger Details sollen sie dann Studenten Inhalte vermitteln, die sie aus eigener Anschauung nicht kennen. Die von dem System geförderte Einschränkung professoraler Fähigkeiten auf einen winzigen Bereich schlägt sich zwangsläufig auf die Qualität der Lehre nieder, läßt die Universitäten in manchen Fächern zu einem Ausbildungszentrum inselhafter Kompetenzen werden.

Vertreter von Fakultäten, die nicht in diesen Kategorien zu denken gewohnt sind, mögen über die hier beschriebene, in vielen Fächern übliche Technokratie akademischer Bewertung nur verwundert die Köpfe schütteln. Wie oft erzählten mir zum Beispiel Historiker, daß zur Habilitation und zur Berufung zum Professor der Geschichte wissenschaftliche Breite unabdingbar sei, daß Berufungskommissionen sich nicht mit einem Stapel von Aufsätzen zu dem immer gleichen Thema zufriedengeben wollen, daß umfassendere wissenschaftliche Werke, gelehrte Bücher erwartet werden. Eine Orientierung an diesen Prinzipien akademischer Anforderung wäre zumindest der Psychologie und einigen Neurowissenschaften zu wünschen, um sie aus der geistigen Enge eines gedankenlosen Spezialistentums zu führen.

In manchen Fächern etablierte sich auf diese Weise eine

geradezu absurde Welt, in der es kaum Wichtigeres gibt, als Aufsätze zu irgendwelchen Belanglosigkeiten zu produzieren. Oft handelt es sich um eine Forschung ohne praktische Bedeutung, die unser Wissen nicht nennenswert erweitert, die für keinen Lebensbereich Relevanz besitzt. Wie viele Ressourcen wurden investiert nur zum Erforschen esoterischer Fragestellungen, für eine Forschung, die nur dazu diente, das persönliche Fortkommen einiger weniger zu fördern. Diese selbstkreierten Wichtigkeiten bedeutungsloser Forschung erhielten geradezu den Zug des Unmoralischen, wenn ich an ernsthafte Wichtigkeiten in anderen Lebenswelten dachte. An Menschen, die unter erbärmlichsten Bedingungen vegetierten, die vor sich hinstarben, weil die einfachsten medizinischen Hilfen für sie unerreichbar waren, weil niemand sich für ihr Schicksal interessierte. Ich hatte auf Reisen, die ich teilweise aus Forschungszwecken unternahm, viele Begegnungen mit solchen Menschen, und ich erinnerte mich oft an sie.

Da war zum Beispiel diese Teestube irgendwo zwischen Teheran und Täbris. Ich höre noch die Stimme des jungen Persers, als ich eintrat. «Salam, please sit down. Chai?» Natürlich Chai, der übliche braune, süße Tee, der aus einer Art großer Schnapsgläser getrunken wurde. Die Stimme hallte zwischen den gekachelten Wänden. Der Raum besaß nicht mehr Gemütlichkeit als eine Bahnhofshalle. Vom Steinboden, über den die Beine schlichter brauner Holzstühle kratzten, war mit ein paar Eimern Wasser der gröbste Dreck auf die Straße geschwemmt, zu der der Raum offenstand. Bald würden die angerosteten Eisenrahmen, die die großen Glasscheiben hielten, geschlossen werden, wenn die Hitze am späten Morgen lähmend wird. Der Blick auf die breite, geteerte Straße, auf der kaum ein Auto fuhr, über die ein Händler seinen mit Obst beladenen Holzkarren schob, war eher unvermeidlich als unterhaltsam. Die wenigen Männer an runden Metalltischen hatten in mir, einem aus dem Westen, der sich hierhin verirrt zu haben schien, offensichtlich einen neuen Gesprächsgegenstand gefunden. Ihre Unterhaltung in Persisch, von dem ich kein Wort verstand, hatte nach einer kurzen Unterbrechung eine neue Intonation erhalten. Einer der Männer, etwa 40 Jahre alt, näherte sich mit schüchternen Schritten und setzte sich zu mir. Mein Blick fiel auf die dürren, nackten Füße, die aus den weiten grauen Hosen, wie sie auch in Pakistan und Afghanistan überall auf dem Land getragen wurden, hervorkamen, auf die abgetragenen Sandalen. Unter dem grauen Turban war ein sorgsam gefaltetes Tuch anstelle einer Augenklappe quer über das Gesicht und das linke Auge gebunden.

Als der Mann mir die Hand reichte, bekam sein Gesichtsausdruck fast feierliche Züge. Ein Ausdruck der Achtung vor der anderen Person, der der orientalischen Art, einen Fremden zu begrüßen, eigen war. Der junge Mann im schneeweißen Hemd westlicher Art setzte sich zu uns und übersetzte in holprigem Englisch, was der mit der Augenbinde mir erzählte. Er hätte eine Arbeit in einer Werkstatt gehabt. Ein Eisensplitter sei ihm in das Auge geflogen. Das Auge sei daraufhin ganz schlimm geworden. Er sei bei mehreren Ärzten gewesen, hätte sein ganzes Geld ausgeben müssen, um sie zu bezahlen, seine Teppiche hätte er verkauft, aber keiner hätte ihm geholfen. Jetzt könne er nicht mehr arbeiten. Er hob die Augenbinde vorsichtig an, schob sie zur Stirn. Was vom Auge zum Vorschein kam, war gelblich braun verfärbt. Die Pupille und Iris waren längst in einen unregelmäßigen dunklen Fleck verlaufen, die Lidränder eitrig verklebt. Er mußte furchtbare Schmerzen ausgestanden haben. Hier auf dem Land war die medizinische Versorgung in der Tat erbärmlich. Manche, die sich Ärzte nannten, waren nicht einmal in der Lage, eine einfache Wunde zu nähen. Jemand hatte mir die Geschichte vom Versuch eines Arztes erzählt, uraltes, verklumptes Antibiotikum in einer Sardinendose in Wasser aufzulösen, um es dann zu injizieren. Hier einen Arzt zu engagieren konnte tödlich enden. Die benötigten Medikamente waren nicht zur Hand, nur schwer zu beschaffen und unbezahlbar.

Ich erinnerte mich an einen persischen Arzt, der mit zwei bleischweren Koffern voller Medikamente auf dem Landweg von Österreich in den Iran reiste. In der Nähe des türkischen Erzurum, einige Kilometer von der persischen Grenze entfernt, hatte er mich in einem Teehaus angesprochen. Ich möchte ihm helfen, seine beiden Koffer aus seinem Zimmer in einer nahegelegenen schäbigen Pension zu holen. Letzte Nacht hätte man versucht, die Türe seines Zimmers mit Gewalt zu öffnen, vermutlich in der Hoffnung, im Gepäck des Arztes Drogen vorzufinden. Er traue sich nicht mehr allein da hin. Joe, eine Art Weltenbummler aus Deutschland, den ich hier getroffen hatte, lieh mir das Ungetüm eines 45er Revolvers, den er in Istanbul erstanden hatte und den er unentwegt in einem leuchtendrot angemalten Köfferchen mit sich trug. Von Nutzen wäre er kaum gewesen, ohne die passende Munition. Letztlich gelang es uns, die Medikamente an äußerst unangenehmen, zudringlichen Gestalten vorbei aus dieser Unterkunft zu retten.

Der Mann mit der Augenbinde fragte mich, ob ich ihn vielleicht nach Europa mitnehmen könnte, um ihn dort zu einem Arzt zu bringen. Ohne Paß, ohne Visum, ohne Geld? Es würde nicht einmal möglich sein, die persisch-türkische Grenze zu passieren. Aber wie sollte er sich hier medizinisch kompetent versorgen lassen? Wie sollte man in einer Gegend, in der Medikamente so schwer zu beschaffen waren, einen chirurgisch erfahrenen Augenarzt ausfindig machen? Solche westlichen Versorgungsansprüche wirkten hier geradezu grotesk. Woher sollte sich der Mann mit der Augenbinde einen Paß beschaffen, wie eben mal rasch ein Visum erhalten? Diese Gedanken waren utopisch. Das Schicksal eines einfachen Mannes aus einem vertrockneten Ort Irans war zu unwichtig, als daß sich seinetwegen bürokratische Schranken bewegen ließen. Ich gab dem jungen Mann meine Adresse in Deutschland, natürlich habe ich nie mehr etwas von ihm gehört.

Ich brauchte mich nur an meine eigenen Irrwege zu erinnern, die ich in Indien auf der Suche nach einem Arzt gegangen war, um einen simplen Hautausschlag diagnostizieren zu lassen. In einer Klinik in Bombay mußte ich erst einen Pfleger bestechen, bis sich nach einer Stunde ein aufgeblasener Gockel zeigte, der mit einem flüchtigen Blick auf meinen Arm die vollkommene Fehldiagnose stellte: «that's scabies». Daß dies keine Krätze war, wußte ich selbst. Er ließ sich jedoch nicht von seiner Blickdiagnose abbringen: «I am the doctor, and I say it's scabies.» Wenigstens war diese medizinische Leistung gratis, doch ich mußte mich weiter nach einem Arzt umsehen.

Die Bewohner einer armen Gegend am Stadtrand von Benares wurden von einer Art Wanderarzt versorgt. Er wurde mir wärmstens empfohlen als «specialist for everything». An einem Abend erschien er tatsächlich. Ein wohlbeleibter Herr mittleren Alters. Die Brille, die hohe weiche Stimme und sein unentwegt Freundlichkeit verbreitendes sanftes Lächeln gab seinem runden Gesicht ein Flair von Vertrauen und Redlichkeit. Er hatte sich in einem zur Straße hin offenen Raum auf einem Stuhl niedergelassen. Vor sich auf einem viereckigen Holztisch einen koffergroßen Kasten mit unzähligen Schubläden, was immer sich darin verbergen mochte. Er besah sich meinen Arm genau und fühlte im nächsten Diagnosegang den Puls. Dem zuversichtlichen Nicken nach zu schließen, war die grobe Diagnose bald gestellt. Sein Gesicht erhellte sich, als hätten die Götter ihn erleuchtet. Rasch zog er eine der Schubladen, füllte mit einem Löffelchen ein kristallines Pulver, das grob gemahlenem Salz glich, in einen Papierumschlag. Damit sollte ich die Haut bestreuen. Wie aber konnte ein Pulver auf trockener Haut haften? Dem Versuch, seine Empfehlung zu befolgen, waren schon physikalisch Grenzen gesetzt. Jede Bewegung des Armes oder gar ein Windstoß beendete die Therapie. Feuchtete man die betroffene Stelle an, bevor man sie mit dem geheimnisvollen Granulat bestreute, so bildete sich bald ein kristalliner Überzug, der therapeutisch ohne jede Wirkung blieb.

Beim dritten Versuch schließlich gelangte ich in einer Klinik in Benares an einen richtigen Arzt. Einen Sikh, der wirklich etwas von Medizin verstand. Die Klinik, ein kleiner Flachbau, lag in einem parkähnlichen Anwesen. Vor ihrem Eingang, einer Glastüre, hatte sich eine mehrere Meter breite und viele Meter lange Schlange derer gebildet, die aushielten, bis das nächste Bett frei wurde. Kleine Gruppen, vermutlich Familien, hatten sich, eine neben der anderen, um eine mitgebrachte Kochgelegenheit, einen Herd, Töpfe, Pfannen, in notdürftiger Häuslichkeit niedergelassen. Es konnte sicherlich Wochen oder länger dauern, bis ein Neuangekommener in die vorderste Reihe vorrücken konnte. Manch einer mag nicht mehr die Lebenskraft gehabt haben, diese Zeit auszuhalten. Aus ihm würde dann bald eine der in Tücher eingehüllten Leichen werden, die auf einer offenen Bahre von vier Männern wiegenden Schritts durch die Stadt zu den Verbrennungsplätzen am Ganges getragen wird. Zahllose enge Seitenstraßen führten zum Fluß und endeten im Wasser. An einigen dieser Ghats war ein viereckiger Bezirk einige Meter in den Fluß gebaut, oft durch eine kniehohe Mauer vom geschäftigen Leben der Straße abgetrennt. Die Leiche mancher, die hier auf ärztliche Hilfe hofften, würde man bald nur noch undeutlich durch die rasch wachsenden Flammen des Scheiterhaufens sehen, wie der Leib sich beim Verbrennen krümmt und Oberkörper und Kopf sich ein letztes Mal aufrichten. Durch die Flammen würde man noch den offenen Mund erkennen, bis das Feuer den Toten vor den Blicken der Umherstehenden verhüllt. Die Asche schütten sie in den Ganges. Das braune Wasser wird die letzten Aschenreste bald mitgenommen haben, der Verbrennungsplatz gekehrt sein. Die Badenden werden wieder in den Ganges waten, den Oberkörper eintauchen, einen Mund voll Gangeswasser aus der hohlen Hand einsaugen, es sacht zwischen den Lippen herauspressen und dem sanften Bogen nachsehen, mit dem das ausgespiene Wasser in den Ganges fließt.

Wir erzählten uns zahlreiche Geschichten dieser und auch anderer Art, aus Lebensräumen außerhalb der Wissenschaft, aus wissenschaftlichen Bereichen, bedenkliche, ärgerliche, lächerliche, faszinierende, mehr als hier berichtet werden können. Sie alle verdeutlichten die Eigenart des Lebens in Labors und in der Welt der Forschung, die, so sehr auf sich bezogen, die Existenz anderer Lebensformen häufig übersieht.

Auch am nächsten Morgen werden wir mit einem Tierexperiment beginnen, das bis lange in den Abend hinein dauern wird. Wenn die Katze die Nacht überlebte, konnten wir sicher am folgenden Tag die Untersuchungen fortsetzen. Ich war gerade im Labor angekommen, ging gleich ein Versuchstier holen. Ein paar erwachsene Katzen teilten sich die mehr als 10 Quadratmeter Grundfläche des Käfigs. Ein braungeflecktes, zutrauliches Tier, das sich ganz selbstverständlich auf meinem Arm niederließ, sollte seinen letzten Weg mit mir gehen. Es wurde gewogen und mußte dann in eine etwa 50 Zentimeter lange und 20 Zentimeter hohe Holzkiste. Durch die Plexiglasscheibe, die eine Wand der Kiste bildete, war zu sehen, wie es gelegentlich den Hals zur Decke streckte, um sie mit Vorsicht zu beschnuppern, wie es interessiert die Welt außerhalb des Kastens betrachtete. Im Labor wurden äthergetränkte Zellstofftücher zu der Katze in die enge Kiste geworfen, der Deckel wieder fest verschlossen. Sie sprang erschrocken auf die Beine, suchte vor den Ätherdämpfen in den hinteren Teil des Kastens zu entfliehen. Die Enge erlaubte keinen Rückzug. Gebannt waren die Augen auf das Zellstoffknäuel gerichtet, aus dem der Äther strömte. In panischer Angst oder Wut fauchte sie, fletschte die Zähne einem unsichtbaren Angreifer entgegen, biß ins Leere. Die Wirkung des Äthers setzte ein, ihr verzweifelter Widerstand erlahmte. Ganz langsam, als wollte sie einschlafen, sank der Kopf zu Boden, die Beine gaben nach, und Bewußtlosigkeit überwältigte das Tier.

Die Katze war in tiefen Schlaf gefallen, als ich sie aus ihrem Gefängnis hob. Genau dosiert wurde ein Narkosemittel über die Vene eines Vorderlaufs verabreicht. Ein Skalpell durchschnitt die Haut an der Vorderseite des Halses mehrere Zentimeter lang vom Kehlkopf in Richtung Brust. Ein horizontaler Schnitt unterhalb des Kehlkopfes trennte die Luftröhre gut zur Hälfte auf. In die Öffnung wurde ein T-förmiges, wenige Zentimeter langes verzweigtes Rohr geschoben. Der Kopf des Tieres mußte nun zwischen zwei parallel zueinander liegenden Metallschienen eingespannt werden. An ihnen waren Eisenstifte befestigt, die in die Gehörgänge eingeführt wurden, bis sie den Kopf unverrückbar in Position hielten, das Gesicht zur Öffnung der U-förmigen Konstruktion gewandt.

Die Kopfhaut wurde weggeschnitten und das Schädeldach von Muskelansätzen befreit. Ein Zahnarztbohrer fräste in einigen Minuten einen ringförmigen Graben bis zum Grund des Knochens, eine runde Platte lockerte sich und ließ sich mit einer Pinzette aus dem Schädel heben. Die harte Hirnhaut, die sich schützend über das Gehirn spannt, war leicht zu durchschneiden. Die weißliche Oberfläche des Gehirns, überzogen von einer dünnen weichen Gehirnhaut und zahlreichen feinen Gefäßen, war zu sehen, wie sie leicht im Rhythmus des Herzschlags pulsierte. Die beiden aus der Luftröhre ragenden Zweige des T-förmigen Rohres wurden an ein Beatmungsgerät angeschlossen, das gleichzeitig ein Narkosegas enthielt. Um zu vermeiden, daß die Katze sich spontan bewegte und ihre Position veränderte, gelangte ein curareartiges Medikament ständig in ihr Blut. Mit völlig entspannten Muskeln und in tiefer Narkose lag die Katze auf dem Bauch, den Kopf hocherhoben, durch die Metallstangen in den Gehörgängen fest fixiert. Kleine stumpfe Häkchen hielten die Augenlider offen. In Schritten von wenigen tausendstel Millimetern konnte ein Motor die Elektrode in das Gehirn bewegen. Die Spitze der Elektrode, einer flüssigkeitsgefüllten Glaspipette, war in die Hirnrinde eingedrungen. War die Elektrode in eine Nervenzelle eingestochen, so hatte die Flüssigkeit in ihrer Spitze Verbindung mit dem Milieu im Inneren der Zelle. Auf diese Weise ließen sich die elektrophysiologischen Vorgänge registrieren. Diese Nervenzellen, die Bausteine des Gehirns, sind es, die in ihrem Zusammenspiel unser Bewußtsein generieren. Sie lassen Gefühle, Wahrnehmungen, Stimmungen, unseren Willen, das Gedächtnis, Aufmerksamkeit, Schlaf und Wachheit, Denken, Kreativität entstehen, bringen all das hervor, was die Psyche des Menschen ausmacht, was man als «Seele» bezeichnet hat. Stellen die Nervenzellen, auch *Neuronen* genannt, ihre Arbeit ein, so versiegt jedes Bewußtsein, der Mensch hört auf zu existieren.

In unserer Laborarbeit bewegten wir uns täglich in dieser Welt der Neuronen, ihrer Verschaltungen, ihrer Leitungswege, der elektrischen und neurochemischen Ereignisse, die an Nervenzellen abliefen. Die Inhalte dieser Welt werden vielleicht ein wenig nachvollziehbar, wenn ich in Grundzügen beschreibe, was unsere Gedanken und Tätigkeiten täglich okkupierte: das Innenleben des Gehirns.

2

Innenansichten des Gehirns

Nervenzellen sehen nicht alle gleich aus, haben unterschiedliche Gestalt. Aber der Grundbauplan ist im wesentlichen identisch: ein Kopf (*Soma* genannt), aus dem ein dichtes Geflecht von Ästen (*Dendriten*) entspringt (Abbildung 1). Mit ihren zahlreichen Verzweigungen bilden sie eine überdimensionale Baumkrone. An einem Ende des «Zellkopfes», des Somas, nimmt ein Fortsatz seinen Ausgang, dessen Länge alle anderen Auswüchse des Kopfes übertrifft, das *Axon*. Bis über einen Meter lang können diese Axone werden. Solche langen Axone finden sich zum Beispiel an Neuronen, deren Köpfe in der motorischen Hirnrinde stecken, von hier aus das Zusammenspiel der Muskeln steuern und so die Bewegungen des Rumpfes, der Arme, der Finger und Beine kontrollieren. Ihre Axone ziehen von der Hirnrinde durch die Tiefe des Großhirns, steigen im Rückenmark abwärts und geben dann erst ihre Information an Nervenzellen weiter, die direkten Kontakt mit den Muskeln haben. Andere lange Axone nehmen ihren Anfang in Zellköpfen, die im unteren Bereich des Rückenmarks liegen. Sie erhalten ihre Information aus Sinneszellen, sogenannten *Rezeptoren*, die sich in der Haut, in Muskeln und Sehnen, in Gelenken und Bändern verbergen. Sie informieren das Gehirn über Schmerz und Temperaturempfindung, Berührung und Druck, über Muskelspannung, die Stellung von Armen, Fingern, Beinen und des Rumpfes. Das Rückenmark ist ein Kabelstrang aus solchen langen Axonen, ihren Verzweigungen und primitiven Verschaltungen.

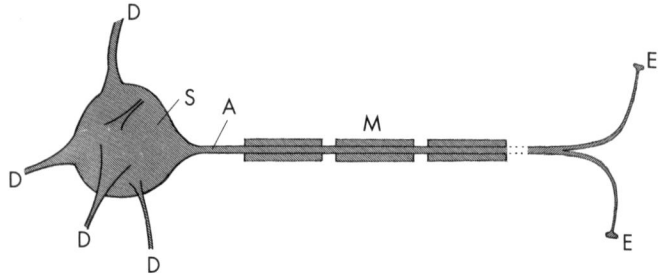

Abb. 1: Schematische Darstellung einer Nervenzelle (Neuron). Neuronen des Gehirns sind die Bausteine unseres «Bewußtseins». Sie bestehen aus einem Soma (S), dem Kopf der Zelle, aus dem die Dendriten (D) entspringen und das Soma als baumartiges Geflecht umgeben. Die Dendriten sind in dieser Darstellung bereits kurz nach ihrem Abgang aus dem Soma durchschnitten. Auch das Axon (A) nimmt von hier seinen Ausgang und kann eine Länge von mehr als einem Meter erreichen. Die meisten Axone sind von einer isolierenden, in Abständen unterbrochenen Myelinscheide (M) umhüllt. An ihrem Ende verzweigen sie sich in zahlreiche Äste, die mit einem synaptischen Endknopf (E) abschließen.

Bis auf einige spezielle Ausnahmen ist jedes Axon mit einer Isolierschicht, der *Myelinscheide*, umhüllt. Diese Isolierung hat die Eigenart, daß sie nach einer Länge von einem bis zu wenigen Millimetern unterbrochen ist. Schon bald nach ihrem Austritt aus dem Kopf der Zelle geben manche Axone Seitenäste ab, eine reiche Verzweigung findet jedoch erst in ihrem Endabschnitt statt. Jeder Ast schließt mit einer keulenartigen Verdickung, dem *synaptischen Endknopf*. Die synaptischen Endknöpfe sind die Verbindungsstellen zu anderen Nervenzellen. Sie sitzen bevorzugt auf den Ästen des Dendritenbaumes eines fremden Neurons, auf der Oberfläche des Kopfes anderer Zellen, lagern sich an nicht isolierten Stellen fremder Axone an oder bedecken Endknöpfe der Axone anderer Nervenzellen. Endknöpfe können auch dem Organ aufliegen, dessen Aktivität sie regeln, nämlich Muskeln und Drüsen.

Auf jeder Nervenzelle befinden sich im Schnitt mehrere

zehntausend Endknöpfchen. Sie berühren die kontaktierte Nervenzellen jedoch nicht, sondern sind durch einen ein bis zwei millionstel Millimeter breiten (synaptischen) Spalt von ihr getrennt. Empfindungen, Wahrnehmungen, Gedanken, die Welt des Psychischen entstehen unter anderem dadurch, daß die Endknöpfe zahlreiche Bläschen (*Vesikel*) enthalten, in denen ein Überträgerstoff (der *Transmitter*) gespeichert wird. Diesen Überträgerstoff gibt der Endknopf auf ein elektrisches Signal hin in den Spalt ab. Die chemische Eigenschaft des Überträgerstoffes, die Menge und die Zeit, die er im Spalt verbleibt, bevor er abgebaut wird, lassen unsere Gefühle, Stimmungen, Gedanken, Wahrnehmungen, unsere Subjektivität entstehen. Schon eine geringe Veränderung der ausgeschütteten Menge des Überträgerstoffes und eine Abweichung von der Zeitdauer, die er im Spalt anwesend ist, können unser Empfinden und Denken grundlegend beeinflussen, können Depressionen und Schizophrenien hervorrufen. Überträgerstoffe sind die Ursache für die unstillbare Sucht nach einer Droge. Hier greifen auch Psychopharmaka regulierend in Entgleisungen der Überträgerstoffe ein.

Manche dieser Überträgerstoffe haben einen hemmenden, andere einen aktivierenden Einfluß auf die Nervenzelle, die mit Endknöpfen anderer Zellen übersät ist. Die Nervenzelle zieht Bilanz zwischen hemmenden und aktivierenden Einflüssen. Überwiegen die aktivierenden Endknöpfe, so entsteht an der Nervenzelle ein elektrisches Phänomen, aus dem unser Bewußtsein entspringt.[3] Dieses Phänomen entsteht an der Membran der beeinflußten Nervenzelle. Die Membran umschließt sie wie eine durchlässige Haut, durchlässig für bestimmte Ionen, das sind elektrisch geladene Teilchen. Die entscheidendsten Teilchen für den elektrischen Vorgang, der unser Bewußtsein entfaltet, sind Kalium- und Natriumionen. Ihre Verteilung innerhalb und außerhalb der Zelle verursacht eine elektrische Spannung. Stechen wir mit der Spitze unserer Glaspipette in die Nervenzelle, so können wir diese Spannung messen. Befindet das Neuron sich in Ruhe, so liegt sie bei minus 60 bis minus 90 Millivolt. Dieses sogenannte *Ruhepotential* ändert sich jedoch, sobald die auf der Nervenzelle verteilten (synaptischen) Endknöpfchen anderer Nervenzellen ihre hemmenden und aktivierenden Überträgerstoffe in den Spalt zwischen Endknopf und Membran der Zelle, auf der der Endknopf sich befindet, ausschütten. Überwiegen die aktivierenden Einflüsse, so sehen wir, daß die mit der Glaspipette registrierte Spannung ansteigt, das heißt, daß die Spannung weniger negativ wird, sich zum Beispiel bis auf minus 55 Millivolt erhöht. Klingen die erregenden Einflüsse auf die Nervenzelle nun ab, so kehrt die Spannung wieder zu ihrem Ruhewert zwischen minus 60 und minus 90 Millivolt zurück. Schütten die Endknöpfchen jedoch weiterhin aktivierenden Überträgerstoff aus, so nimmt die Spannung weiter zu, bis sie einen kritischen Wert erreicht, die sogenannte *Schwelle*. Sie liegt etwa bei minus 50 Millivolt. Nun beginnen dramatische Ereignisse. Die Membran, die die Nervenzelle umschließt, erhöht ihre Durchlässigkeit für Natriumionen. Die außerhalb der Zellen weit häufiger als innerhalb der Zellen vorkommenden Natriumionen strömen in das Neuron. Dadurch steigt die Spannung an. Zeitlich etwas verzögert beginnt ein Ausstrom von Kaliumionen aus der Nervenzelle, was die Zunahme der Spannung bremst. Sie erreicht ein Maximum von bis zu 30 Millivolt und kehrt dann wieder zu ihrem Ruhewert zurück. All dies geschieht innerhalb von zweitausendstel Sekunden. Innerhalb dieses Zeitintervalls reagiert die Zelle nicht auf weitere Ausschüttung aktivierender Überträgerstoffe, die Spannung kann in dieser Zeit nicht erneut zum Ansteigen gebracht werden. Das bedeutet, daß diese Spannungsschwankung höchstens 500 mal pro Sekunde auftritt (von einigen Ausnahmen abgesehen). Der plötzliche An- und Abstieg der Spannung, nach Erreichen des kritischen Schwellenwerts, heißt *Aktionspotential*.

Das Aktionspotential, das wir als Spannungsausschlag registrieren, befindet sich jedoch nur an einer bestimmten Stelle auf der Nervenzelle. Es beginnt am Abgang des Axons aus dem Kopf der Zelle und bewegt sich mit einer Geschwindigkeit von mehr als 75 Metern pro Sekunde über das Axon. Dabei springt das Aktionspotiental von einer unisolierten Stelle des Axons bis zur nächsten, was seine Geschwindigkeit enorm erhöht. Hat das Aktionspotential die Endknöpfchen des Axons, über das es läuft, erreicht, so entleert sich der hier gespeicherte Überträgerstoff auf die Nervenzelle, die mit diesen Endknöpfchen besetzt ist. Nun werden auch an dieser Nervenzelle die Einflüsse aktivierender gegen den Einfluß hemmender Überträgerstoffe gewogen, und es kann zu einem Aktionspotential kommen. Die ausgeschütteten Überträgerstoffe werden sodann wieder abgebaut, es werden erneut Überträgerstoffe ausgeschüttet, und ein neues Aktionspotential kann entstehen. Wieder werden die in den Spalt entleerten Überträgerstoffe abgebaut, andere Überträgerstoffe in den Spalt geleitet und so weiter. So findet ein ständiger Wechsel zwischen Ausschüttung und Abbau von Überträgerstoffen statt, Aktionspotentiale entstehen, laufen über Axone und vergehen. Dies sind die biologischen Prozesse, die die Grundlage unseres Bewußtseins bilden.

Zu der Art, in der Nervenzellen Informationen kodieren, gehört die Häufigkeit, mit der Aktionspotentiale sich entwickeln. Auf welche Weise das geschieht, veranschaulichen die Experimente mit unserem Versuchstier. Wir zeigten der Katze visuelle Reize, um festzustellen, auf welche Weise Nervenzellen im Sehsystem die Seherfahrung verarbeiten. Die Reize wurden auf einer Art Leinwand, die in etwa einem Meter Abstand vor dem Tier aufgestellt war, angeboten. Mit einer Lampe, die der Untersucher in der Hand hielt, ließen sich Lichtpunkte, schmale lange Rechtecke, Kreise und alle möglichen anderen Figuren auf die Leinwand projizieren. Die Elektrode, deren Spitze in das

Katzengehirn eingestochen wurde, bewegte sich nun langsam in die Tiefe der Hirnrinde, bis sie die Aktivität einer Zelle eingefangen hatte. Dazu reichte es aus, daß die Elektrodenspitze sich einer Nervenzelle näherte. Da die Elektrode über ein Kabel mit Verstärkern, Filterelementen und einem Leuchtschirm (Oszilloskop) in Verbindung stand, konnte jedes Aktionspotential sichtbar gemacht werden.

Wann immer an einer Nervenzelle, die sich in Nachbarschaft der Elektrodenspitze befindet, ein Aktionspotential entsteht, so zeichnet der Leuchtschirm eine etwa einen Zentimeter lange senkrechte Linie. Blickt die Katze auf die schwach beleuchtete Leinwand, ohne daß ein Reiz projiziert wird, so ist nur gelegentlich ein Aktionspotential festzustellen. Man nennt dies die *Spontanaktivität* der Nervenzelle. Bewegt man jedoch einen Lichtschlitz über die Leinwand, so erhöhen einige Nervenzellen die Zahl ihrer Aktionspotentiale dramatisch, regelrechte Ausbrüche von Aktionspotentialen sind dann auf dem Leuchtschirm zu sehen.

Natürlich reagieren nicht alle Nervenzellen auf Sehreize, sondern es antworten nur Neuronen in den Regionen des Gehirns, die in irgendeiner Weise mit dem Zustandekommen des Sehens befaßt sind. Auf dem Weg, den die Sehinformation vom Auge zum Gehirn nimmt, begegnen wir bereits in der Netzhaut des Auges Nervenzellen, die Aktionspotentiale produzieren, sogenannten *Ganglienzellen.* Die Sinneszellen der Netzhaut (Stäbchen und Zapfen), die mit der Außenwelt in Verbindung stehen, antworten mit einer chemischen und elektrischen Reaktion. Sie sind an Nervenzellen angeschlossen – es sind Amakrinzellen und Horizontalzellen –, deren Ruhepotential (dieses wurde zuvor bereits beschrieben) sie verändern. Die Horizontalzellen und Amakrinzellen geben die Information in horizontaler Richtung weiter, und die Bipolarzellen leiten das Potential in die Tiefe der Netzhaut bis zu den Ganglienzellen. Diese sind fähig, Aktionspotentiale hervorzubringen und sie durch ihre Axone ins Gehirn zu übertragen. Die Axone aller Ganglienzellen der Netzhaut eines Auges sind in einem Strang gebündelt, der den Sehnerv bildet. Daß die Netzhaut bereits eine solche Verschaltung von Nervenzellen in sich trägt, ist gar nicht verwunderlich, wenn man bedenkt, daß die Netzhaut als ein vorgestülpter Hirnteil zu betrachten ist. Stechen wir nun einmal mit der Spitze unserer Glaspipette in die Netzhaut der Katze – sie schläft in tiefer Narkose und merkt von alledem nichts –, so fängt die Spitze der Glaspipette die Aktionspotentiale der Ganglienzellen ein. Zeigen wir der Katze jetzt Lichtpunkte auf unserer Leinwand, auf die das Tier blickt, so können wir folgendes feststellen: Jede der von uns untersuchten Ganglienzellen erhöht die Zahl der Aktionspotentiale nur dann, wenn ein Lichtpunkt in einem bestimmten Bereich der Netzhaut erscheint. Genauer gesagt, das Licht muß innerhalb eines kleinen runden Bezirks aufleuchten, damit die Zelle die Zahl ihrer Aktionspotentiale erhöht. Dieses scheibenförmige Netzhautgebiet ist von einem ringförmigen Areal der Netzhautoberfläche umgeben, in dem ein Licht ausgeschaltet werden muß, um eine Erhöhung der Zahl der Aktionspotentiale zu erreichen. In einem solchen Fall spricht man von einem *Licht-an-Zentrum* und einer *Licht-aus-Peripherie* oder einfacher und natürlich englisch, von einem *On-Zentrum* und einer *Off-Peripherie*. Zeigt man ein Licht im Zentrum, was die Zahl der Aktionspotentiale erhöht, und gleichzeitig ein Licht in der Off-Peripherie, so hemmt das Licht in der Peripherie die durch Beleuchtung des Zentrums eingeleitete Bildung von Aktionspotentialen. Verdunkelt man dagegen das On-Zentrum und gleichzeitig die Off-Peripherie, so hemmt die Verdunklung des Zentrums die durch Verdunklung der Peripherie verursachte Bildung von Aktionspotentialen. Zentrum und Peripherie hemmen sich also gegenseitig. Man nennt ein solches Gebiet der Netzhaut, durch dessen Stimulation mit Sehreizen die Anzahl (richtiger: die Frequenz) der von einer Nervenzelle entwickelten Aktionspotentiale beeinflußt werden kann, das *rezeptive Feld* dieser Nervenzelle.

Die soeben beschriebenen rezeptiven Felder mit einem kreisförmigen Zentrum und einer ringförmigen Peripherie heißen *konzentrische rezeptive Felder*.[4] Neben konzentrischen rezeptiven Feldern mit einem On-Zentrum und einer Off-Peripherie gibt es auch konzentrische rezeptive Felder mit einem Off-Zentrum (in dem Anschalten des Lichtes Hemmung und Ausschalten des Lichtes Aktivierung hervorruft) und einer On-Peripherie (in der Anschalten des Lichtes aktiviert und Ausschalten des Lichtes hemmt). Alle Ganglienzellen der Netzhaut haben solche konzentrischen rezeptiven Felder, die an ganz unterschiedlichen Orten der Netzhaut liegen, sich aber auch überlappen können.

Jede Ganglienzelle schickt nun ihre Information darüber, ob in ihrem Zentrum oder ihrer Peripherie ein Licht an- oder ausgegangen ist, durch den Sehnerv zu einer Struktur in der Tiefe des Gehirns, dem seitlichen Kniehöcker des Thalamus. Die Sprache, in der diese Information durch den Sehnerv geleitet wird, ist die Veränderung der Frequenz der von ihr produzierten Aktionspotentiale. Wichtig für das Verständnis des beidäugigen Sehens ist dabei, wie die Axone aus beiden Augen in der Sehnervenkreuzung zur Gegenseite hinüberwechseln (Abbildung 2). Denken wir uns die Netzhaut jedes Auges in eine linke und eine rechte Hälfte unterteilt, wobei die Grenze zwischen beiden Hälften durch die Stelle im Zentrum der Netzhaut verläuft, an der die höchste Sehschärfe besteht. Alle Axone, die von Ganglienzellen ausgehen, die in den neben der Nase gelegenen, also inneren Netzhauthälften liegen, kreuzen zur Gegenseite, während die Axone der in den äußeren Netzhauthälften gelegenen Ganglienzellen das Gehirn ungekreuzt erreichen. Für das Sehen bedeutet das folgendes: Wenn die Katze ihre Augen auf die Nasenspitze einer Maus richtet, so wird das rechte Ohr der Maus auf der rechten Netzhauthälfte des linken und auf der äußeren

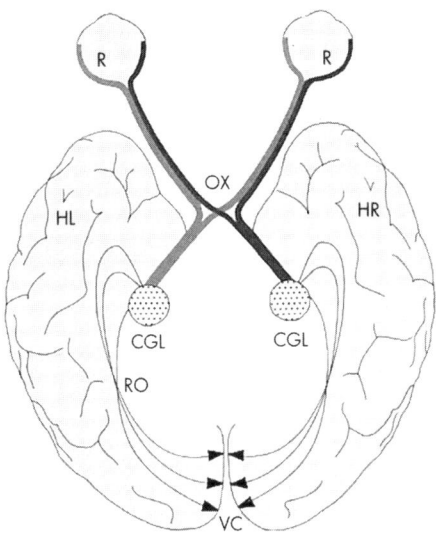

Abb. 2: Im Sehnerv kreuzen alle Axone von Neuronen der inneren, neben der Nase gelegenen Hälften der Netzhaut beider Augen zur Gegenseite. Axone von Neuronen der beiden äußeren Netzhauthälften ziehen hingegen ohne «Seitenwechsel» zum Gehirn. R: Netzhaut, OX: Sehnervenkreuzung, CGL: Lateraler Kniehöcker des Thalamus, in dem die Axone, die den Sehnerv bilden, enden, VC: Hirnrinde (Cortex) des Hinterhauptlappens. Sie ist das Zielgebiet von Axonen der Sehstrahlung (RO), die im lateralen Kniehöcker entspringen.

rechten Netzhauthälfte des rechten Katzenauges abgebildet. Die Axone aus beiden Netzhauthälften erreichen nun die rechte Gehirnhälfte der Katze. Nur diese Gehirnhälfte erhält Information aus dem Auge über das rechte Ohr der Maus. Im rechten seitlichen Kniehöcker des Thalamus enden die Axone der Ganglienzellen aus beiden Netzhauthälften in sechs übereinanderliegenden Schichten, die sich wie die Lagen einer Torte aufeinanderstapeln. Nun findet wieder eine Verschaltung statt, und die Information wird auf andere Nervenzellen übertragen, die ihre Zellköpfe im seitlichen Kniehöcker haben und deren Axone zur Sehrinde im hinteren Teil des Gehirns ziehen. Wir brauchen bei unserem Versuchstier die Glaspipette nicht in den seitlichen Kniehöcker einzustechen. Es ist bereits bekannt, daß auch hier alle Nervenzellen konzentrische rezeptive Felder haben. Sie sind etwas größer als die rezeptiven Felder der Ganglienzellen der Netzhaut, haben aber den gleichen Aufbau.

Wir hatten die Spitze der Glaspipette bei unserem Versuchstier in die Sehrinde der rechten Hirnhälfte eingestochen und projizierten Lichtreize auf die vor der Katze aufgebaute Leinwand. Es bestätigte sich, daß es auch in der Sehrinde Nervenzellen mit konzentrischen rezeptiven Feldern gibt. Doch hier ließen sich außerdem Nervenzellen mit anders aufgebauten rezeptiven Feldern finden.[5] Felder mit langen, schmalen On-Zonen, die auf einer der beiden Seiten von Off-Zonen flankiert wurden. Es waren sogenannte *einfache rezeptive Felder.* Dann waren in diesem Hirnareal *komplexe* und *hyperkomplexe rezeptive Felder* beschrieben worden. On- und Off-Zonen waren bei diesen Feldern nicht mehr abgrenzbar. Zellen mit komplexen rezeptiven Felder erzeugten am häufigsten Aktionspotentiale, wenn ein Lichtschlitz eine bestimmte Orientierung hatte. Oft bevorzugten diese Zellen eine Bewegungsrichtung des Reizes. Nervenzellen mit hyperkomplexen rezeptiven Feldern reagierten nur dann optimal, d. h. mit einer Salve von Aktionspotentialen, wenn die Länge eines bewegten Lichtschlitzes begrenzt war und der Reiz eine vorgegebene Form, zum Beispiel die eines Rechtecks, besaß. Die Reaktion der Nervenzellen in diesem Gebiet der Hirnrinde sprach dafür, daß hier die Analyse von Konturen erfolgen könnte.

Die Information über unsere sichtbare Welt wird jedoch nicht in diesem Teil des Gehirns zurückbehalten. Neue Nervenzellen nehmen von hier ihren Ausgang und schicken ihre Axone in benachbarte Hirnregionen. Stechen wir die Spitze der Glaspipette dort ein (die Regionen werden mit V2 und V3 bezeichnet), so fehlen Nervenzellen mit konzentrischen rezeptiven Feldern. Dafür überwiegen solche mit komplexen und hyperkomplexen rezeptiven Feldern. Hier enden übrigens auch beim Affen und beim Menschen Axone, die aus dem seitlichen Kniehöcker zum Großhirn verlaufen. Die Nervenzellen in diesem Bereich der Hirnrinde erhöhen vor allem dann die Frequenz, mit der sie Aktionspotentiale generieren, wenn ein Lichtschlitz in bestimmter Weise orientiert ist, zum Beispiel horizontal, vertikal oder schräg. Die uns bereits bekannten synaptischen Endknöpfe sitzen auf Nervenzellen, die hier entspringen und deren Axone wiederum in andere Gebiete der Hirnrinde ziehen. In der beschriebenen Weise hemmen oder aktivieren die Endknöpfe Nervenzellen und geben so ihre Informationen über das Gesehene weiter. Da gibt es Hirnareale, in denen die Nervenzellen ganz besonders durch bewegte Reize aktiviert werden, in anderen Arealen sind Nervenzellen konzentriert, die vor allem auf farbige Reize reagieren. In der Hirnrinde von Affen konnten Zellen identifiziert werden, die nur auf Gesichter ansprachen.[6] Nervenzellen wurden geortet, die vornehmlich durch den Schatten einer Affenhand erregt wurden. Manche Nervenzellen produzierten dann die meisten Aktionspotentiale, wenn der Reiz eine ganz bestimmte Form besaß, zum Beispiel länglich oder spitz zulaufend. Es ist zu vermuten, daß die Analyse bestimmter Eigenschaften, zum Beispiel Form, Farbe, Bewegung, auf unterschiedliche Regionen des Gehirns aufgeteilt ist. Die Ergebnisse dieser Analysen werden in Nervenzellen zusammengeführt, die nur dann maximal aktiviert werden, wenn der Reiz ganz spezielle, komplexe Eigenschaften besitzt, zum Beispiel ein rotes Objekt einer bestimmten Form und Orientierung oder ein Gesicht ist. Das Sehsystem scheint also nach einem hierarchischen Prinzip aufgebaut zu sein.

In einigen Nervenzellen überlagern sich Sehen, Hören und die Tastempfindung. Eine solche *multimodal* genannte

Zelle erhöht die Zahl der Aktionspotentiale, zum Beispiel, wenn ein Gegenstand über die Haut streicht.[7] Blickt der Affe nun auf den sich über die Haut bewegenden Gegenstand, so nimmt die Frequenz der Aktionspotentiale weiter zu. Auch diese Nervenzellen sind nur Bausteine eines verzweigten Nervenzellnetzes, in dem Wahrnehmungen entstehen, momentan Gesehenes, Gehörtes, Ertastetes, Geruchsempfindungen und Emotionen mit dem, was oft über Jahrzehnte im Gedächtnis gelagert wurde, in Verbindung tritt.

Wir interessierten uns dafür, wie die Nervenzellen des Sehsystems bei Katzen reagierten, die in völliger Dunkelheit aufgewachsen waren. Man fand in ihren Gehirnen nur wenige Zellen, die durch Reize einer bestimmten Orientierung oder Form angeregt wurden. Die Reaktion der Nervenzellen war abhängig von der Seherfahrung, die die Tiere nach der Geburt innerhalb eines Zeitintervalls von wenigen Wochen machten. Nur innerhalb dieses Zeitintervalls wurde die Reaktion der Zellen auf bestimmte sichtbare Reize geprägt.

Die Erforschung dessen, wie das Hirn unsere Erfahrung der sichtbaren Welt zustande bringt, wie es Sehen als bewußte, subjektive Erfahrung generiert, verlangte jedoch mehr als nur die Ableitung von Aktionspotentialen der Nervenzellen des Sehsystems der Katzen. Eine bewußte Seherfahrung durften die Tiere in den beschriebenen Experimenten ohnehin nicht gehabt haben, denn sie lagen bewußtlos in tiefer Narkose. Um zu klären, welche Hirnstrukturen überhaupt notwendig für die Existenz bestimmter Sehleistungen waren, mußte man die betreffenden Hirnstrukturen ausschalten und prüfen, wie ihr Ausfall das Sehen beeinflußt. Solche, als *neuropsychologisch* geltenden Studien wurden an Tieren, vor allem Affen, und an Menschen durchgeführt. Waren Affen die Versuchstiere, so schädigte man genau die Hirnstruktur, über deren Bedeutung für die Wahrnehmung oder das Verhalten man eine Auskunft erhoffte. Dann ließ sich beobachten, welche Einschränkungen der Wahrnehmung oder einer anderen Leistung sich nach der gezielten Hirnschädigung einstellen.

Beim Menschen kann man natürlich keine Hirnschädigung provozieren. Man untersuchte deshalb Patienten, deren Gehirn durch Schlaganfälle, Blutungen, Unfälle, Tumoren geschädigt war. Geeignete Röntgenmethoden grenzen zunächst das geschädigte Hirnareal ein, dann können die Einschränkungen der Wahrnehmungs- oder Gedächtnisfähigkeit, oder welcher Fähigkeit auch immer, durch entsprechende Verfahren festgestellt werden. Dies ist aber Neuropsychologie und damit eine ganz andere Forschungsrichtung als diejenige, in der ich damals tätig war.

Aus derartigen Untersuchungen an Patienten ist zu ersehen, welche Hirnareale an der Entstehung bestimmter Leistungen beteiligt sind und welche Bedeutung diese Areale für die Steuerung unseres Erlebens und Handelns haben. Damit läßt sich auch erforschen, welche Hirnstrukturen beim Menschen das hervorbringen, was wir «Bewußtsein» nennen, unter welchen Umständen das Bewußtsein verlorengeht und wie es zurückkehrt. Man kann auf diesem Weg Erkenntnis über die Möglichkeit gewinnen, sich von den Folgen einer Hirnschädigung zu erholen und verlorene Leistungen wiederherzustellen. Wie dies auf dem Niveau der Nervenzellen geschehen könnte, zeigten uns wiederum die beschriebenen Tierexperimente der Neurophysiologen. So ergänzten sich neuropsychologische Untersuchungen am Menschen und tierexperimentelle Neurophysiologie.

Die weitreichendsten Ausfälle, die ich bei Kindern gesehen habe, stellten sich nach traumatischen Verletzungen des Gehirns und nach schwerem Sauerstoffmangel ein, worauf die Kinder in eine sogenannte *Enthirnungsstarre* fielen. Manche erwachten aus ihrer tiefen Bewußtlosigkeit, begannen wieder auf ihre Umwelt zu reagieren und konnten schließlich ein fast normales Kinderleben führen.

3
Annas Rückkehr aus der Enthirnungsstarre

Die zierliche Mutter erzählte in reichen Bildern, wie sie am Nachmittag mit ihrer kleinen Tochter, die soeben drei Jahre alt geworden war, zu einer Freundin gefahren sei. Beim Kaffee hatten die beiden Frauen sich wohl in ihren Erzählungen verloren. Sie hatten die Zeit nicht bemerkt, als ihnen die Kinder ins Gedächtnis kamen, die schon lange im Park spielten. «Ich rief, aber meine Tochter antwortete nicht», berichtete Annas Mutter. «Es war spät am Sommernachmittag, als wir sie suchten. Dann sah ich die Freundin mit meiner leblosen Tochter auf dem Arm.» Im fauligen Wasser eines durchwachsenen, abgestandenen kleinen Gartenteichs habe sie gelegen, ertrunken. Kleider und Haare von der modrigen Brühe getränkt, die Lunge voll von braunem Wasser. «Ich habe sie gleich mit dem Kopf nach unten hochgehoben, um das Wasser aus der Lunge zu kriegen. Habe Mund-zu-Mund beatmet, Herzmassage gemacht, alles versucht. Meine Freundin hat derweil den Notarzt angerufen. Ich war nur noch auf das Kind konzentriert, so daß ich nicht weiß, wie lange alles gedauert hat, aber der Notarzt kam sehr schnell. Er hat sie wiederbelebt und beatmet, aber der Dreck, den das Wasser in die Lungen gespült hatte, war ein Problem.»

Diese Ereignisse lagen erst einige Wochen zurück. Annas lebenswichtige Funktionen konnten inzwischen stabil gehalten werden. Doch niemand wußte, zu welchem Zeitpunkt das Kind ertrunken war. Wann genau das Kind begonnen hatte, das trübe Wasser in die Lunge einzuziehen, beim hilflosen Versuch, gegen den ausbrechenden Husten-

reiz, gegen das drückende Wasser in der Lunge Luft zu gewinnen, dabei noch mehr Wasser verschluckte, in größter
Atemnot von dem krampfhaften Drang beherrscht wurde,
das in die Luftröhre geratene Wasser auszuhusten, den
Atemrhythmus verlor, der Bewußtlosigkeit nachgeben
mußte. So konnte man nicht sagen, wie lange das Gehirn
keinen Sauerstoff erhalten hatte, mit welchem Ausmaß der
Hirnschädigung wir rechnen mußten.

Ist die Lunge voller Wasser, kann das Blut nicht mit Sauerstoff angereichert, Kohlendioxid nicht abgegeben werden. Das Gehirn erstickt, läßt das Gefühl sich steigernder
Atemnot entstehen, wird zu schwach, um das Bewußtsein
zu erhalten, die Erregungsmuster neuronaler Zellverbände
versiegen, die Zellen liegen still und sterben ab. Noch war
Annas Gehirn nicht tot, doch hatten ihre Hirnzellen
schwere Schäden erlitten.

Solche Ertrinkungsunfälle haben einen ungewissen Ausgang. Ertrinken bis zum Atemstillstand und anschließende
Wiederbelebung konnte bei Kindern auch ohne gravie-
rende Folgen ablaufen. Ich habe einmal einen neunjährigen
Jungen untersucht, der mit Erfolg zur Realschule ging und
ein ganz normaler Junge war. Er sei in der Schule etwas unaufmerksam, berichtete eine Tante, die ihn in die Klinik
begleitete. Die Mutter war mit ihren beiden Kindern in einen Fluß gesprungen, in der Hoffnung, gemeinsam zu ertrinken. Der Junge wurde gerettet, atmete jedoch nicht
mehr. Er ist sicherlich sehr rasch wiederbelebt worden,
denn außer einer leichten Aufmerksamkeitsschwäche war
nichts festzustellen. Meist ist ein Ertrinkungsunfall nicht so
leicht überwunden. Viele ertrunkene Kinder, die ich sah,
behielten für ihr ganzes Leben so schwere Hirnschäden,
daß sie weder gehen noch sitzen, weder essen noch trinken
konnten. Sie vermochten kaum mehr, als ihre eintönigen
Tage in Apathie vergehen zu lassen. Unter ihnen ein kleiner Araber, der in eine Zisterne gefallen war. Mindestens
eine halbe Stunde hatte es gedauert, bis man ihn aus dem

engen Schacht ans Licht gezogen hatte. Eine kleine Araberin lag, niemand weiß wie lange, im Schwimmbad, bis die spielenden Geschwister sie entdeckten. Auch nach einem Jahr war der Zustand, in dem diese Kinder ins Leben dämmerten, unverändert. Solche Erfahrungen gaben Grund zur Sorge, was wohl aus Anna werden sollte. Man würde sehen, ob sich in den nächsten Wochen irgendeine Besserung andeutete.

Annas Großhirn hatte die Kontrolle über die Strukturen des unter ihm liegenden Stammhirns verloren. Das Kind verharrte in der *Enthirnungsstarre*. In entgegengesetzte Richtungen wirkende Muskeln verkrampften sich über Armen, Beinen und Rumpf, spannten das Kind bewegungslos in seinen Muskeln auf. Man hätte den ganzen Körper an einem Ende in jeder beliebigen Lage halten können, wie ein Brett hätte er waagerecht in der Luft gestanden. Das Gesicht war ohne Bewegung, ohne Ausdruck, nur gelegentlich verzog es sich gequält. Geräusche oder Berührung blieben ohne Antwort, nicht einmal grelles Licht veranlaßte eine Bewegung der Augen. Nur die Pupille verengte sich träge in hellem Licht. Nach kaum zwei Wochen löste sich die Verspannung etwas. Unruhe breitete sich über Annas Körper aus, steigerte sich in den nächsten Tagen, schien unerträglich zu werden, als müßte sie Befreiung im ununterbrochenen Hin- und Herwerfen des Kopfes finden. Immer wieder erschienen Zeichen des Schmerzes im Gesicht. Aus dem Abstand medizinischer Sachlichkeit nennt man dies *Durchgangssyndrom*. Die Stereotypie des sich immer wiederholenden impulsiven Bewegungsmusters war vielleicht nur die Oberfläche des Syndroms, die Ausdruck einer uns entzogenen Erlebniswelt des Kindes sein konnte. Machte man das eigene Empfinden zur Metapher für die subjektive Welt des Kindes, so ließe sich ein quälender Erregungssturm vermuten, der in den pendelnden Kopfbewegungen einen Ausweg sucht. Wir kannten den Schmerz des Kindes nicht, doch wir mußten mit ihm rechnen.

Das Kind war medikamentös versorgt, und ich wollte sehen, ob sich spontan eine Besserung anbahnte. Auch ohne spezielle Therapie legte sich die Erregung bereits nach einer Woche, das stereotype Hin und Her des Kopfes kam zur Ruhe, die Verspannung löste sich. Helles Licht im abgedunkelten Raum schien erst zögernd, dann häufiger entdeckt zu werden. Bald rief ein Lichtpunkt eine Hinwendung der Augen hervor. In wenigen Wochen schon betrachtete Anna Gesichter und Figuren, streckte gezielt die Arme aus, um sie zu ergreifen. Wieder Wochen später wandte sie sich allem zu, was ihre Umwelt Betrachtenswertes bot, ließ den Blick der Bewegung von Personen folgen, löste sich von ihnen, die Augen sprangen rasch zu neu ins Blickfeld tretenden Objekten. Genaue Messungen des Sehvermögens, der Augenbewegungen, der Aufmerksamkeitssteuerung bestätigten, daß das Sehen in all seiner Reichhaltigkeit zurückgekehrt war. Noch einige Zeit war nötig, bis Anna Sprache zu verstehen begann. Doch die eigene Sprache erschöpfte sich auch nach zwei Jahren in einem Bündel kurzer Worte. An selbständiges Gehen ist bislang nicht zu denken. Mit der Zeit wird manches sich erholen, neu erworben werden, doch läßt sich nicht sagen, ob ihr je ein normales Leben möglich sein wird. Aber Annas Hirn ist gut erhalten, und so kann man Hoffnung haben.

Selbst in Fällen, in denen Röntgenaufnahmen schwere Zerstörungen des Gehirns zeigen, haben manchmal zahlreiche Nervenzellen überlebt. Sie können in der Lage sein, schon vor Jahren verlorene Fähigkeiten neu entstehen zu lassen. So war es zum Beispiel bei Florian, bei dem, wenn man die Röntgenaufnahme des Gehirns betrachtete, von der linken Hirnhälfte kaum etwas übriggeblieben war.

4
Wenn blinde Kinder zu sehen beginnen

«Doktor, Doktor, ich muß dir was zeigen.» Florian machte einige holprige, unsichere Schritte auf mich zu, die so rasch waren, als wolle er mir jeden Moment in die Arme fallen. Das rechte Bein war fast gelähmt, wurde beim Gehen nur in der Hüfte bewegt, so daß der Fuß bei jedem Schritt einen Halbkreis beschrieb und mit einem lauten Tapser auf den Boden traf. Den rechten Arm hielt Florian angewinkelt. Rasch ergriff er mit seiner linken Hand die meine: «Doktor, Doktor, ich will dir was zeigen.» Florian führte mich ins Treppenhaus, wo man in den Innenraum der spiralig gewundenen Treppe über mehrere Stockwerke nach unten blicken konnte. Er war sehr beeindruckt von dieser Perspektive. Florian sah mich an. Er hielt den Kopf immer nach rechts zur Schulter geneigt, wie man es häufig bei Patienten mit Lähmungen bestimmter Augenmuskeln beobachtet. Die linke Gesichtshälfte wirkte etwas schlaff, doch bewegte sie sich, als er mich anlachte.

Florians Mutter hatte uns begleitet. «Früher habe ich nie an eine Behinderung gedacht», sagte sie. «Aber jetzt, wo ich selbst betroffen bin und in den Kliniken auch die Schicksale anderer erfahre, wenn ich das vorher gewußt hätte, ich hätte mir wirklich überlegt, ob ich Kinder in die Welt setze. Er wurde ja noch gesund geboren.»

Florian war als völlig gesundes Kind zur Welt gekommen und hatte, erst wenige Wochen alt, einen schweren Unfall erlitten. Nach den Röntgenbildern des Gehirns zu urteilen, war die linke Hirnhälfte fast völlig zerstört worden. Sogar im Stirnbereich gelegene Anteile der rechten

Hirnhälfte waren abgestorben. Florian war nun sechs Jahre alt. Er verstand so ziemlich alles, was auch ein gesundes vierjähriges Kind verstanden hätte, das ABC hatte er sich selbst beigebracht. Das Sprechen war auf kurze Sätze beschränkt. Er konnte sehen, hören, schmecken, tasten, einigermaßen gehen. All dies mit einem Großhirn, von dem weniger als die Hälfte des normalen Gehirns übriggeblieben war.

Im Alter von etwa einem Jahr hatte ich Florian das erste Mal gesehen. Wohlgenährt, mit runden Backen, saß er auf dem Arm der Mutter. Mit der Gelassenheit beleibter Menschen ließ er die Dinge des Lebens an sich vorübergleiten. Ohne Verdruß und ohne sich mit Geschrei aus den Armen seiner Mutter winden zu wollen, akzeptierte er alle Untersuchungen klaglos. Die lebhaften Bewegungen, mit denen die Augen von diesem zu jenem Gegenstand sprangen, die jedes Ereignis der Umwelt rasch ins Visier nahmen, gaben Auskunft über sein waches Interesse an der Umgebung. Die linke Hälfte des Großhirns hatte bei dem Unfall schwerste Quetschungen erlitten, Hirngefäße waren zerrissen worden, aus denen es an zahlreichen Stellen in das Gehirngewebe blutete. Wie eine solche Schädigung erwarten läßt, waren Arm und Bein der rechten Seite gelähmt und die rechte Hälfte des Gesichtsfeldes jedes Auges war erblindet. Mit welchem Auge er auch immer ein Objekt betrachtete, alles was sich rechts von dem anvisierten Punkt befand, lag im blinden Bereich. Die halbseitige Blindheit bestätigte sich in exakten Meßverfahren, in denen das Kind in einen halbkreisförmigen Schirm blickte, auf dem Lichtpunkte genau definierter Helligkeit, Größe, Position und Dauer gezeigt wurden. Ein Lichtpunkt in der Mitte des Schirms erregte zunächst die Aufmerksamkeit des Kindes. Sobald es seinen Blick dorthin richtete, was durch entsprechende technische Verfahren genau kontrolliert werden konnte, erschien der Prüfpunkt an einem ausgewählten Ort des Gesichtsfeldes. Kinder reagieren unter bestimmten

Voraussetzungen prompt auf diesen Prüfpunkt mit einer Augen- oder Kopfbewegung. Im Verbund mit weiteren Zusatzuntersuchungen kann eine fehlende Reaktion auf Prüfpunkte, die ganz spezielle Eigenschaften haben, Blindheit in einem genau beschriebenen Ausschnitt des Gesichtsfeldes anzeigen.

Dachte man an die Schichtaufnahmen seines Gehirns, die nur eine Aneinanderreihung von flüssigkeitsgefüllten Hohlräumen erkennen ließ, so bestand keine Aussicht auf Besserung. Aber man mußte alles versuchen. Wir reizten das blinde Gesichtsfeld täglich eine halbe Stunde mit sehr hellen Lichtpunkten, die sich vom äußeren Rand des Auges in das blinde Gesichtsfeld bewegten. Florian ließ dies willig über sich ergehen. Schon nach vier Wochen hatte der blinde Gesichtsfeldbereich sich ganz deutlich verkleinert. Wir stimulierten weiter, und wieder dauerte es kaum sechs Wochen bis das ehemals blinde Gesichtsfeld seine Sehfunktionen erlangt hatte. An jedem Ort des zuvor blinden Gesichtsfeldes konnte Florian jetzt Lichtpunkte entdecken. Rasch und ohne Zögern begann er die Augen und den Kopf zu einem Lichtreiz zu bewegen, sobald dieser auftauchte. Doch ganz normal war dieser gesundete Bereich noch nicht. Die Lichtpunkte, mußten sehr viel heller sein als bei normalen Kindern, damit Florian sie entdecken konnte. Auch nach einem halben Jahr hatte das wiedergewonnene Gesichtsfeld seine normale Ausdehnung behalten. Als ich Florian nun Jahre später wiedersah, war die Blindheit jedoch zurückgekehrt. Ich reizte das blinde Gesichtsfeld erneut mit Lichtpunkten, und nach einer halben Stunde begann Florian nach den Lichtpunkten zu blicken. Schon eine Stunde später hatte sein Gesichtsfeld wieder eine normale Ausdehnung, die Blindheit war verschwunden. Und dieses Mal war das Gesichtsfeld vollends zur Normalität zurückgekehrt. Es wurden keine helleren Reize als bei normalen Kindern benötigt, damit Florian sie sicher entdecken konnte.

Wir wissen nicht, was in Florians Gehirn während der systematischen Stimulation des Gesichtsfeldes geschah. Aber wir können vermuten, daß in der zerstörten Hirnhälfte noch genügend lebensfähige Neuronen vorhanden waren, die Sehfunktionen vermitteln konnten. In einer uns unbekannten Weise war offenbar nur ihre Funktion zum Erliegen gekommen und ließ sich durch die fortwährende Stimulation mit Lichtpunkten wieder in normale Bahnen lenken.

5
Ein vollständiges Bewußtsein
in einem halben Gehirn

Es gibt sogar einzelne Kinder, denen eine Hirnhälfte chirurgisch entnommen werden mußte und die dennoch ein ganz normales Gesichtsfeld entwickelten. Eigentlich widerspricht ein solcher Befund den medizinischen Lehrmeinungen. Bedenken wir nur, welchen bemerkenswerten Weg die Axone von Nervenzellen aus der Netzhaut des Auges, die sich zum Sehnerv vereinigen, nehmen (Abbildung 2). Sie wechseln nämlich in der Sehnervenkreuzung zur Gegenseite hinüber, so daß die neben der Nase gelegene Netzhauthälfte des linken Auges ihre Information zur rechten Hirnhälfte schickt. Umgekehrt gelangt die Information aus der neben der Nase gelegenen Netzhauthälfte des rechten Auges in die linke Hirnhälfte. Die äußeren Netzhauthälften hingegen schicken die Axone ihrer Nervenzellen ungekreuzt zum Gehirn. Werden nun die Verbindungen im Sehsystem einer Hirnhälfte unterbrochen, so kann die aus den betreffenden Netzhauthälften beider Augen angelieferte neuronale Mitteilung über die Außenwelt nicht weiterverarbeitet werden. Beide Netzhauthälften geben ihre Information in eine tote Leitung, sie erblinden, obwohl sie selbst ohne jeden Schaden sind.

Aber bei Lisa zeigte sich etwas anderes. Lisa war ein sechsjähriges Mädchen, das mit nur einer Hirnhälfte lebte. Schon als Säugling litt sie an einer schweren Epilepsie. Alle Versuche, die Krankheit mit Medikamenten zu beherrschen, waren fehlgeschlagen. Man hätte nun, ohne helfen zu können, zusehen müssen, wie die Anfälle das Gehirn zugrunde richten und ein unaufhaltbarer Abbau des Gehirngewebes stattgefunden hätte. Da die Krampfentladung von der linken Hirnhälfte ausging, und sich von hier über das gesamte Gehirn ausbreitete, kamen die Ärzte zu dem Entschluß, noch vor Beendigung ihres ersten Lebensjahres, Lisas linke Hirnhälfte chirurgisch zu entfernen.

Das erste Mal, als ich Lisa begegnete, fuhr sie wie ein ganz normales Kind auf einem Dreirad im Klinikflur umher. Nichts an ihr wäre einem ungeübten Blick aufgefallen. Sprach man sie an, so konnte sie sehr wohl verstehen, sprach selbst jedoch wenig. Was sie äußerte, waren meist kurze Sätze, oft nur Worte ihres ständigen Unmuts, ihres geringen Kooperationswillens. Wie auch hätte sie, in ihrem reduzierten geistigen Zustand, einsehen können, was ich von ihr verlangte, warum nun gerade diese und jene für sie nicht nachvollziehbare Untersuchungsprozedur sein mußte, die der Erfüllung ihrer augenblicklichen Wünsche entgegenstand. Kletterte sie von ihrem Dreirad, so wurde die Schwerfälligkeit des rechten Beines und Armes, die ungelenke Bewegungsfolge beim Gehen offenkundig. Obwohl die beiden linken Netzhauthälften blind sein mußten, fiel am Blickverhalten des Kindes gar nichts auf. Eine genaue Prüfung ihrer Sehleistungen erfolgte an dem bereits beschriebenen Halbbogen zur Untersuchung des Gesichtsfeldes. Die Bewegung ihrer Augen wurde von Videokameras aufgezeichnet, gleichzeitig mit Elektroden, die an den Augenwinkeln klebten, registriert und von einem Computer analysiert.

Lisas Blick wurde zunächst von einem rot blinkenden Licht im Zentrum des Bogens angezogen. Noch bevor sich die Aufmerksamkeit von dem Ort, an dem das Licht erschienen war, löste, tauchte unerwartet ein neues Licht irgendwo im Gesichtsfeld auf. Bei normalen Kindern setzt schon nach weniger als einer halben Sekunde eine rasche Augenbewegung zu dem Lichtreiz ein. Doch auch Lisa blickte zu den Lichtpunkten, wo immer sie sich im Gesichtsfeld befanden. Das zeigte, daß die linken Halbfelder der Netzhaut beider Augen nicht erblindet waren, obwohl die Gehirnhälfte, die diese Netzhauthälften repräsentiert, nicht mehr existierte. Es bedurfte lediglich deutlich hellerer Lichtpunkte, um eine Reaktion auszulösen, als ein völlig gesundes Kind benötigt hätte. In irgendeiner Form mußte die Information aus den beiden Netzhauthälften, die ihre Erregung normalerweise in die linke Hemisphäre schicken, in die verbliebene rechte Hirnhälfte gelangen. Da die linken Netzhauthälften betroffen waren, konnte dies nur über Verbindungen durch den Hirnstamm geschehen. Bei Lisa war dieser Leitungsweg offenbar gut entwickelt. Fast alle anderen Patienten verlieren ihre Sehleistungen in den Netzhauthälften, die durch die chirurgisch entfernte Hirnhälfte repräsentiert werden. Die menschlichen Gehirne sind nun einmal nicht alle gleich. Es gibt anatomisch, funktionell und hinsichtlich der Leistungsmöglichkeiten enorme Unterschiede, wie das Beispiel Lisas zeigt.

Kritisch ist es immer, so wie Lisa, die linke Hirnhälfte zu verlieren. Schon deshalb, weil in dieser Hirnhälfte im Laufe der Menschheitsentwicklung Strukturen entstanden sind, die uns erlauben, Sprache zu verstehen und uns selbst sprachlich zu äußern. Doch entgegen aller Erwartung bleiben nach Zerstörung der linken Hemisphäre bisweilen erstaunliche sprachliche Restleistungen erhalten. Dies galt auch für Manfred. Im Alter von elf Jahren traf ein Holzteil seinen Kopf, zertrümmerte auf der linken Seite die Schädeldecke und zerquetschte die linke Hirnhälfte vollständig. Nur im Stirnbereich blieb ein Rest des Gehirns erhalten. Computertomographische Schichtaufnahmen zeigten das beängstigende Ausmaß der Zerstörung. Ich verfolgte Manfreds Entwicklung schon seit mehreren Jahren, versuchte durch wiederholtes Training seine visuelle Orientierungsfähigkeit zu verbessern. Erwartungsgemäß war die rechte Körperhälfte gelähmt, und die linken Netzhauthälften waren erblindet. Ein angenehmer, kooperativer Junge, bei dem es besonders schwerfiel, die entstandenen Behinderungen hinnehmen zu müssen und keine grundlegende Besserung erhoffen zu dürfen. Manfred sprach in dem für diese Patienten typischen Telegrammstil: «Heute mit meiner Mutter Stadt gehen, Pizza essen, wenn hier fertig.» Nur lange Übung unter Anleitung einer Logopädin hatte solche Sprachfähigkeit der verbliebenen Hirnhälfte entlockt. Drängte ich ihn, sich Mühe zu geben und in ordentlichen Sätzen zu sprechen, so formulierte er zwar langsam und manchmal etwas nach der rechten Grammatik tastend einen wohlgeformten Satz: «Wenn wir hier fertig sind, gehe ich mit meiner Mutter in die Stadt, Pizza essen.» Entscheidend dafür, daß soviel Sprachfähigkeit zurückgewonnen werden konnte, war zweifellos, daß die Hirnschädigung noch in der Kindheit eingetreten war. Die Hirnentwicklung ist auch im Alter von elf Jahren noch nicht völlig abgeschlossen, und das Gehirn besitzt zu diesem Zeitpunkt noch eine höhere Formbarkeit, eine größere Plastizität als im Erwachsenenalter. Werden die für die Sprache entscheidenden Areale des Gehirns erst im fortgeschrittenen Lebensalter durch einen Unfall, Schlaganfall, Tumor oder ähnliche Ereignisse geschädigt, so sind die Sprachstörungen weitaus dramatischer (Abbildung 3). Fast immer kommt es zu Wortfindungsstörungen.

Typisch sind zum Beispiel die Sprachhindernisse, mit denen der 35jährige Stefan zu kämpfen hatte, als er mir seine Geschichte erzählte: «Ich bin mit dem ... jetzt fällt mir das Wort nicht ein, ... den Berg runtergefahren.»

«Mit dem Motorrad sind Sie gefahren.»

«Sagen Sie es noch mal.»

«Motorrad.»

Stefan, langsam buchstabierend: «M o t o r r a d, ja, das ist es, Motorrad. Also ich bin mit dem Motorrad den Berg hinuntergefahren, als von rechts ein Auto einbog und mir die Vorfahrt nahm. Aufgewacht bin ich dann erst im – jetzt fehlt mir das Wort wieder – das ist da, wo man hinkommt, wenn man krank ist. Ich glaube, das Wort beginnt mit krank.»

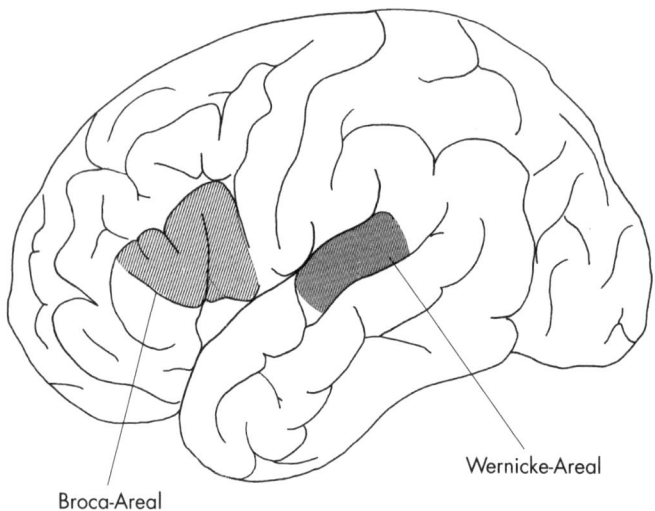

Wernicke-Areal

Broca-Areal

Abb. 3: Der Blick auf die linke Seite des menschlichen Gehirns zeigt Gebiete, die mit Sprachfunktionen befaßt sind. Dazu gehören das traditionell als sensorische Sprachregion bezeichnete Wernicke-Areal und das als motorische Sprachregion betrachtete Broca-Areal. Heute ist jedoch bekannt, daß die mit Sprachfunktionen in Zusammenhang stehenden Gebiete über diese Areale hinausreichen und auch unterhalb der Hirnrinde gelegene (subkortikale) Strukturen einbeziehen.

«Sie meinen Krankenhaus, Krankenhaus.»

«Kranken ..., Kranken ..., wie gehts weiter?»

«Krankenhaus». Stefan, langsam, jede Silbe bedenkend: «Krankenhaus, Krankenhaus, ja, jetzt erinnere ich mich, Krankenhaus. Im Krankenhaus bin ich wieder aufgewacht, nachdem ich fast drei Monate bewußtlos war.»

Stefan hatte noch Glück gehabt. Obwohl von seiner Hirnblutung, die nach dem Unfall eintrat, ein kinderfaustgroßes Loch in der linken Hemisphäre übrigblieb, spricht er wieder ganz passabel. Manch andere Patienten, deren Sprachregion betroffen ist, können sich dagegen gar nicht mehr verständlich machen. Sie bringen nur ein Labyrinth aus völlig entstellten, unverstehbaren Wörtern hervor oder reihen sinnvolle Einzelwörter ohne Beachtung irgendeiner grammatischen Regel aneinander. Die Sätze sind so heillos verworren, daß man nur erahnen kann, worauf die Patienten hinauswollen. Häufig haben sie schon bei der ersten Begrüßung nur einige unbeholfene Laute zur Verfügung, schütteln dabei den Kopf, deuten mit der Hand auf den Mund und versuchen so mitzuteilen, daß es nicht mehr geht mit der Sprache, sie nichts mehr sagen können. Die Glücklicheren unter ihnen sind wenigstens fähig, Sprache zu verstehen. Lagen jedoch ausgedehnte Zerstörungen im Bereich der sogenannten *Wernicke-Region* vor, schränkten sie zudem das Sprachverständnis ein oder löschten es gar vollends aus.[8]

Weit besser ist der Verlust der rechten Hirnhälfte zu ertragen. Nur mit der linken Großhirnhemisphäre kann ein fast normales Leben möglich sein. Paul war schon 15 Jahre und lebte seit nunmehr vier Jahren nur mit der linken Hirnhälfte. Keine Spur von geistiger Behinderung. Paul besuchte mit Erfolg das Gymnasium, hatte seine Freude an Computerspielen, las Bücher, fuhr Fahrrad und war ein ganz normaler, aufgeschlossener Junge. Daß alles so glücklich verlaufen würde, war einige Jahre zuvor nicht voraussehbar gewesen. Seine rechte Hirnhälfte war die Quelle epileptischer Entladungen, die sich rasch über das gesamte Gehirn ausbreiteten. So häufig und so heftig waren sie, daß sie das Gehirn schwer zu schädigen drohten, sogar zu einer lebensbedrohlichen raschen Abfolge von Anfällen anzuwachsen schienen. Alle möglichen Medikamente in unterschiedlichen Kombinationen hatten versagt. Es blieb nur der Ausweg, die Hirnhälfte, in der die Krampfpotentiale ihren Ursprung hatten, chirurgisch zu entfernen. Die gesamte Hirnrinde und ein großer Teil der darunterliegenden weißen Substanz, die aus Verbindungsbahnen besteht, wurden weggeschnitten. Der übriggebliebene Stumpf wurde völlig isoliert, indem alle in ihn führenden und aus ihm hinausziehenden Nervenbahnen durchschnitten wurden. Glücklicherweise kamen die epileptischen Anfälle dadurch zum Stillstand. Doch die erwarteten operationsbedingten Ausfälle traten jetzt hervor: eine unvollständige Lähmung des linken Armes und Beines und eine Erblindung der rechten Netzhauthälften.

Da das linke Bein und der linke Arm nicht ausschließlich von der rechten Hemisphäre gesteuert werden, sondern ein geringer Teil der Nervenfasern aus der linken Hirnhälfte Einfluß auf die Bewegung dieser Extremitäten hat, fiel das linke Bein nicht völlig aus. Paul konnte, wenn auch mit einer deutlichen Behinderung, gehen. Nur in sehr geringem Maße war dagegen der linke Arm beweglich, im Alltag nicht zu gebrauchen. Sprechen konnte Paul dagegen fließend, und er machte reichlich Gebrauch von dieser Fähigkeit. Obwohl nur die linke Hirnhälfte verblieben war, erlebte er die Welt nicht anders als andere Jungen, nichts deutete auf eine veränderte Empfindungsfähigkeit hin (Abbildung 4). Die rechten Netzhauthälften waren vollständig erblindet. Ein paar hundert Darbietungen von Lichtreizen verschiedener Größen, Intensitäten, unterschiedlicher Kontraste, Farben und unterschiedlicher Zeitdauer ließen nicht die geringste Spur von Wahrnehmung erkennen. Selbst wenn Paul versuchte zu erraten, ob ein Licht im blinden Netzhautbereich erschienen war oder an welchem Ort ein Lichtpunkt gewesen sein könnte, offenbarte dies nicht den kleinsten Rest verbliebener Sehfähigkeit.

Zweimal im Jahr kam Paul für einige Tage in die Klinik zur Verlaufskontrolle und zur Therapie, vor allem seiner motorischen Schwierigkeiten wegen. Jetzt, einige Jahre später, zeigte ich ihm eines Tages während einer Nachuntersuchung einen roten Lichtpunkt weit innerhalb seines blinden Bereichs. Paul behauptete zu meiner Überraschung, ein Licht zu sehen. Sicher war das Licht irgendwo reflektiert worden, und umherirrendes Streulicht war in den sehenden Bereich seiner Netzhaut gelangt. Aber die genaue

Abb. 4: Diese Zeichnung fertigte ein 15jähriger Junge an, der seit vier Jahren als normaler Mensch nur mit der linken Hirnhälfte lebt.

Vermessung aller in Frage kommenden reflektierenden Flächen und eine Absenkung der Lichtintensität schloß jedes Streulicht aus. Dennoch behauptete Paul, im blinden Bereich zu sehen. Ich begann den blinden Bereich systematisch mit Licht zu stimulieren. Nach wenigen Tagen wurde der Eindruck eines Lichtes im zuvor blinden Areal deutlicher. Ein Lichtpunkt von etwa zwei Zentimeter Durchmesser ließ Paul einen Lichtschein von ungefähr fünf Zentimeter Breite und zwanzig Zentimeter Länge wahrnehmen. Sollten sich wirklich visuelle Leitungswege zu noch aktiven Zellverbänden im verbliebenen Stumpf der rechten Hirnhälfte reaktiviert haben, oder sind im Laufe der Jahre funktionsfähige Verbindungen zur noch intakten Hirnhälfte entstanden? Nur eine funktionelle Kernspinto-mographie konnte Auskunft geben.

Während das Gerät Schichtaufnahmen des Gehirns machte, stimulierten wir Pauls Gesichtsfeld mit Lichtblit-zen. Zu unserer Überraschung fanden wir am hinteren un-teren Rand des verbliebenen Stumpfs der rechten Hirn-hälfte einen Rest funktionsfähigen neuronalen Gewebes, das durch Lichtreize aktiviert wurde. Die Funktionsfähigkeit dieses Restgewebes mußte sich in den letzten Jahren gebildet haben. Paul kam jetzt häufiger in die Klinik, und ich führte jeweils eine Woche lang ein intensives Sehtraining durch. Bald sah er die gebotenen Lichtpunkte deutlich, und es reichten zunehmend schwächere Lichtpunkte aus, um einen Seheindruck hervorzurufen. Erneut durchgeführte Schichtaufnahmen des Gehirns mit dem Kernspintomographen, während das Gesichtsfeld mit Lichtblitzen gereizt wurde, zeigten uns auch eine signifikante Steigerung der Hirnaktivität, seitdem die Sehleistungen sich so deutlich verbessert hatten. Aber zu unserem Erstaunen hatte nicht nur die Aktivität in dem verbliebenen geringen Rest der rechten Hemisphäre zugenommen, sondern die Aktivität der linken Hemisphäre war ebenfalls ganz deutlich gesteigert. Dies war insofern sonderbar, als die Netzhauthälfte, die ihre Information in die linke Hemisphäre schickt, ihre Sehleistungen in keiner Weise verbessert hatte. Es hatte den Anschein, als hätte die linke Hemisphäre, entgegen allen anatomischen Lehrbuchauffassungen, Information aus den ehemals blinden rechten Netzhauthälften erhalten und verarbeitet. Wäre dies so gewesen, so hätte die linke Hemisphäre Sehleistungen im gesamten Gesichtsfeld hervorgebracht. Um dieser Vermutung nachzugehen, reizten wir nun bei einer erneuten Kernspintomographie nur einen Punkt tief im ehemals blinden Gesichtsfeldbereich. Und tatsächlich fanden wir eine Aktivierungserhöhung in der linken Hirnhälfte, die Informationen aus den rechten Netzhauthälften, gemäß der üblichen Lehrmeinung, gar nicht verarbeiten sollte. Es hatte nun wirklich den Anschein, daß eine Hirnhälfte zumindest für das Sehen die Funktion beider Hirnhälften übernommen hatte.

Solche Einzelbeobachtungen machen die Frage unausweichlich, ob wenigstens eine Hirnhälfte notwendig ist, damit Sehfunktionen entstehen können. Was wäre, wenn nun auch die zweite Hirnhälfte gar nicht existierte? Am erwachsenen Menschen ist so etwas nicht untersuchbar. Ein Erwachsener ohne Großhirn fällt in tiefe Bewußtlosigkeit, und Sehfunktionen sind dann nicht mehr zu überprüfen. Anders verhält es sich jedoch bei Kindern, deren Großhirn schon von Geburt an fehlt. Verfügen diese Kinder über einen unversehrten Hirnstamm, so sind sie durchaus wach und Sehfunktionen exakt beurteilbar.

6

Am Rande des Bewußtseins –
Kinder ohne Großhirn

Michael war ein solches Kind. Computertomographische Aufnahmen zeigten einen Hirnstamm normaler Gestalt. Vom Großhirn war dagegen nur ein kleiner Rest von wenigen Millimetern Dicke im Bereich des Stirnhirns übriggeblieben. Vom übrigen Großhirn hatte sich nichts erhalten (Abbildung 5). Eine Untersuchung der elektrischen Aktivität des Gehirns mittels Elektroden, die auf die Kopfhaut aufgesetzt wurden, zeigte keine Aktivität in dem verbliebenen dünnen Hirnmantel. Alle Fähigkeiten, die das Kind beibehalten hatte, mußten also durch den Hirnstamm vermittelt sein. Für sein Alter von zwei Jahren war Michael ein kleines Kind. Ein zartes Wesen mit mageren, runzeligen Armen und Beinen, einem auffallend kleinen Kopf, dessen faltenreiche Haut an überlagerte Äpfel erinnerte. Schon bald über den Augenbrauen senkte die Stirn sich nach hinten, lief aus in ein viel zu flaches Schädeldach, das ein leichter Haarflaum überdeckte.

Beschäftigte man sich nicht näher mit dem Kind, so fiel aus der Entfernung einem flüchtigen Betrachter zunächst gar nichts Besonderes auf, abgesehen von dem etwas ungewohnten Äußeren. Die dem Untersucher bekannten Zeichen einer veränderten Physiognomie verbargen sich dem Laien eher hinter dem Eindruck einer unbestimmten Eigenartigkeit, als sich in aller Augenfälligkeit zu präsentieren. Arme und Beine wurden spontan, ohne sichtbare Einschränkung bewegt. Bisweilen drehte sich der Kopf nach links oder rechts, als wendete das Kind sich einem Objekt

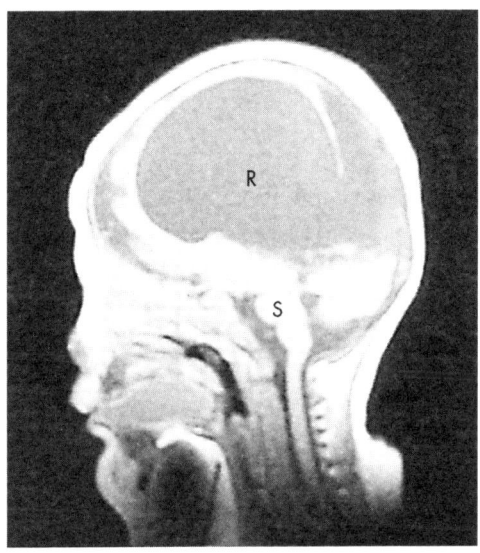

*Abb. 5: Schnittaufnahme des Kopfes eines Kindes ohne Großhirn. «R» be-
zeichnet den Raum, den bei einem gesunden Kind das Großhirn einnimmt.
Im Fall des kleinen Patienten ist dieser Raum mit Flüssigkeit (Liquor cere-
brospinalis) gefüllt. Der Hirnstamm, hier mit «S» bezeichnet, ist hingegen
weitgehend intakt geblieben.*

der Umwelt zu, das seine Aufmerksamkeit erregt. Selbst die
Augen führten in Größe und Richtung abwechselnde
Blicksprünge aus, als würde die Außenwelt mit Interesse
betrachtet. Die Mutter interpretierte die wohl eher auto-
matische Bewegungsabfolge ihres Kindes als willentlich
geplante Handlungen, versuchte Gesinnungen und Absich-
ten, die sie selbst in das Kind hineingedeutet hatte, zu lenken, indem sie mit allerlei Appellen an des Kindes Einsicht
in es drang. Das Kind konnte all dies nicht verstehen. Ihm
fehlten ein funktionsfähiges Großhirn und damit auch die
Hirnstrukturen im Bereich des oberen Schläfenlappens und
des Scheitellappens, deren Intaktheit eine Voraussetzung
für Sprachverständnis ist. Ob der Hirnstamm allein, zu dem
auch Fasern der Hörbahn ziehen, bereits einen Hörein-

druck vermittelt, weiß niemand. Die Augen- und Kopfbewegungen des Kindes, die Interesse für die Außenwelt anzuzeigen schienen, waren offenbar nur eine Art motorischen Leerlaufs. Das Fehlen der Sehrinde im hinteren Großhirn würde offenbar auch kein Sehen erlauben. Lichtreize, gleich welcher Intensität oder welchen Kontrasts auf einem dunklen Hintergrund, riefen nicht die geringste Reaktion hervor. Die Augen bewegten sich auch in Dunkelheit, als gelte es, die reichhaltigste Umgebung zu betrachten. Kein noch so heller Lichtpunkt konnte in Wirklichkeit den Gang der Augenbewegungen beeinflussen, nie wurde der Blick auf ihn gerichtet. Es bestand völlige Blindheit, obwohl Augen und Sehnerv sich bei genauer Untersuchung als völlig normal erwiesen. Helles Licht vermochte lediglich die Pupille zu verengen. Aber dieses, nur durch seinen Hirnstamm gesteuerte Kind, bewegte sich, trank, reagierte auf Berührungen und weinte, als sei es ein ganz normaler Säugling.

Das gleiche Bild zeigte sich bei mehreren anderen Kindern, die entweder gar kein Großhirn mehr besaßen oder bei denen sich nur noch funktionsunfähige Rudimente des Großhirns erhalten hatten. Eines dieser Kinder ohne Großhirn haben wir fast ein dreiviertel Jahr lang mit Lichtreizen stimuliert, um auch die geringste Chance wahrzunehmen, funktionsfähige Strukturen des Hirnstamms, die Sehen vermitteln könnten, in Gang zu setzen. Aber die Mühe war vergebens, das Kind blieb blind. Es mußte blind bleiben, da offensichtlich beim Menschen keine Strukturen des Hirnstamms existieren, die Sehfunktionen generieren könnten. Ohne Großhirn ist beim Menschen also keine Sehfunktion beobachtbar. Die Annahme einiger Forscher, nach Zerstörung des Großhirns könnten Strukturen des Hirnstamms unbewußte Sehfunktionen vermitteln, erweisen sich dadurch als unhaltbar. Aus solchen Befunden ist mit Recht zu schließen, daß die als unbewußt angenommenen Sehfunktionen bei hirngeschädigten erwachsenen

Patienten ebenfalls nicht durch den Hirnstamm zustande kamen, sondern von noch funktionsfähigem Restgewebe des Großhirns erzeugt wurden.

Aber solch glückliche Verläufe einer Hirnschädigung, wie wir sie bei Paul kennengelernt haben, der selbst nach Entfernung einer ganzen Hirnhälfte im gesamten Gesichtsfeld Sehfunktionen entwickelte, sind seltene Einzelfälle, die keine Verallgemeinerung erlauben. Die wenigsten Hirnschädigungen haben einen wissenschaftlich spektakulären Ausgang. Sie sind schicksalhafte Begebenheiten, die einige Patienten von früher Kindheit an begleiten. Bei manchen Kindern konnten wir durch ein gezieltes Gesichtsfeldtraining die Entwicklung von Sehfunktionen in einem blinden Gesichtsfeldbereich einleiten. Doch nicht wenige Kinder behielten ihre erblindeten Bereiche, ohne daß eine deutliche Verbesserung zu verzeichnen gewesen wäre. Diese Fälle erscheinen in keinen wissenschaftlichen Abhandlungen, nicht zuletzt deshalb sollen ihre Schicksale hier an einigen Beispielen nachvollzogen werden, zumal sie die Grenzen neuronaler Erholungsfähigkeit aufzeigen.

7
Der Hirntumor

Ihre Begeisterung ließ ein mattes Rot durch die sonst blassen runden Wangen schimmern, als Gabi von ihrem kleinen Hund erzählte. Welch eine Freude sie mit ihm hatte und welche Wünsche, als sie ihn vor kurzem zum Geschenk bekam, ihr Ziel gefunden hatten. Ihre Mutter versuchte ihr viele Wünsche zu erfüllen, da das Kinderleben schon bald zu Ende gehen würde. Im Alter von vier Jahren war tief in der weißen Substanz der rechten Hirnhälfte ein Tumor entdeckt worden, der sich als bösartig erwies. Nachdem die Geschwulst chirurgisch dem Hirn entnommen worden war, mußten sich erneut ausbreitende Tumorherde in mehreren Operationen entfernt werden. Viel Zeit des kleinen Lebens war in Kliniken vergangen, in weißen Krankenzimmern, in sterilen Untersuchungsräumen. Alle waren nett mit ihr, auch die Ärzte, die sie beschauten, beklopften, Ernstes untereinander sprachen, das sie nicht verstand. Man bereitete den Tag vor, an dem sie wieder operiert werden sollte. Die Schwester würde ihr wieder auf einer Seite die Haare schneiden und sie bis zur nackten Kopfhaut kahlrasieren. Nach der Spritze wird Gabi bald einschlafen. Wenn sie aufwacht und alles gutgegangen ist, wird sie schon bald aufstehen dürfen, dann dauert es auch nicht mehr lang, bis sie nach Hause darf. Aber für wie lange? Wie lange wird dann ein fast normales Leben möglich sein, wird sie wieder zur Schule gehen können? Vielleicht wird sie bald aufs neue in die Klinik müssen, alles noch einmal erdulden, und was wird danach? Die letzte Operation lag schon zwei Jahre zurück. Es galt nun, mit neuen Untersuchungsmethoden Defizite der Hirnleistung zu erkennen und diese durch systematische Trainingsverfahren zu mildern versuchen. Die Bösartigkeit des Tumors ließ dem Kind wenig Zeit. Wenn man Glück hatte, ein paar Jahre, wahrscheinlich weniger. Sollte man die kurze Spanne mit Therapien ausfüllen, ihr von dem wenigen noch nehmen?

Gabi besuchte die zweite Klasse der Grundschule und lebte jetzt annähernd so wie andere Kinder ihres Alters. Doch in Wirklichkeit konnte Gabi in der Schule nicht mithalten. Am schlimmsten waren die Sehprobleme. Schichtaufnahmen des Gehirns, die nach der letzten Operation angefertigt worden waren, ließen Hohlräume, die durch die Entnahme des Tumors entstanden waren, erkennen. In der rechten Hirnhälfte hatten sie ihre größte Ausdehnung und weiteten sich bis in die linke Hemisphäre. Massive Faserverbindungen des Sehsystems liegen in diesem Bereich. Eine Netzhauthälfte beider Augen, es war die rechte, war vollends blind. Der Tumor hatte sich aber schon in die zweite Hirnhälfte gefressen. Auch hier hatte die Operation eine kleine Höhle hinterlassen, Verbindungsfasern des Sehsystems waren unterbrochen. Als ich sie untersuchte, zeigte sich ein zwar verkleinertes, aber doch für die grundlegende visuelle Orientierung ausreichendes Gesichtsfeld. Mit diesem Restgebiet intakten Sehens ist das Lesen jedoch ein mühevoller Akt. Das gesamte Sehsystem ist irritiert und schätzt räumliche Verhältnisse falsch ein. Auch Gabi zeigte hier ganz typische Reaktionen. Man brauchte ihr nur horizontal ausgerichtete Linien zwischen zwei und zwanzig Zentimeter Länge vorzulegen und sie zu bitten, diese genau in der Mitte durch einen Bleistiftstrich in zwei gleichgroße Stücke zu unterteilen, um so die verschobene Raumeinschätzung zu erkennen. Ganz konstant verlagerte sie die Mitte weit nach links, je länger die Linie war, desto größer der Irrtum. Auch das Absuchen der Umwelt mit einem systematischen Muster aufeinanderfolgender Augenbewegungen war beeinträchtigt. Die Augenbewegungen ließen typische Zeichen einer Hirnschädigung erkennen. Das linke Bein war nur geringfügig von einer Lähmung betroffen, so daß das Gehen keine große Mühe machte. Dagegen hatte die Lähmung den linken Arm verkrampft, Gabi hielt ihn im Ellenbogen angewinkelt.

Fast immer erschien ein weiches Lächeln in dem von den Medikamenten rund gewordenen Kindergesicht. Leicht hätte man ihre stille Art, die zurückhaltende, manchmal für einen Augenblick zögernde Stimme für Schüchternheit gehalten, hätte sie nicht ebenso in lebendigen, oft fast sich überstürzenden Bildern erzählen können. Gabi besuchte mich immer wieder einmal, wir führten die ihr schon bekannten Untersuchungen durch, um zu sehen, ob sich nichts verschlimmerte, das Gesichtsfeld nicht noch kleiner würde. Der Tumor bildete sich erneut, war auf den computertomographischen Röntgenbildern wieder deutlich zu sehen. Sie wurde in einer anderen Stadt operiert, von einem Neurochirurgen, der sie schon von Anfang an betreute. Sie kehrte zurück, unverändert in ihrer stillen Art und ihrem weichen Lächeln. Bald entstanden neue Tumorknoten. Die letzte Operation war schon gewagt, erneut wurde alles Denkbare erwogen, was dann doch nicht verwirklicht werden konnte. Noch einmal habe ich sie gesehen, bevor sie starb.

Manch andere tumorkranke Kinder haben dagegen überlebt. Auch bei Birgit hatte sich, noch als sie das erste Schuljahr besuchte, ein Hirntumor entwickelt. Schon fast zwei Jahre waren seit der Operation vergangen. Wie im Falle von Gabi waren die beiden rechten Netzhauthälften erblindet. Der linke Arm wurde in einer spastischen Lähmung im Ellenbogen angewinkelt, das linke Bein beim Gehen plump und tapsig mitgeführt. In letzter Zeit war sie wenig belastbar, immer müde, konnte sich nicht lange konzentrieren. Daß es ihr bei der Autofahrt zur Klinik, in der ich sie untersuchte, immer wieder einmal übel wurde, mußte nicht beunruhigen. Sie vertrug das Autofahren nie so gut. Die dauernde Müdigkeit machte mir aber Sorgen. Ich drängte ihre Mutter, sich doch bald um einen Termin für eine radiologische Untersuchung zu bemühen. Birgit, die immer alle Untersuchungen demütig hinnahm, ohne Eifer, doch in ergebener Erfüllung der Notwendigkeit, ließ den Gedanken an eine computertomographische Untersuchung, in der Schichtaufnahmen des Gehirns angefertigt wurden, nicht in ihre Nähe. Niemals würde sie dort hingehen, alles tun, nur um diese Untersuchung zu vermeiden. Die Röntgenuntersuchung in der engen Röhre hatte sie schon einige Male erduldet, das würde sie nicht schrecken. Es mochte eine entsetzliche Ahnung in ihr aufgekommen sein; ihre Hoffnung, der Tumor würde sich nicht erneut gebildet haben, mochte unsicher geworden sein und war der Angst gewichen. Unser Reden, Drängen, Versprechen konnte Birgit schließlich von der Notwendigkeit der Untersuchung überzeugen. Sie würde sich schon überwinden.

Ein großer Tumor war an der Schädelbasis gewachsen und begann, den Hirnstamm, der Steuerzentren für lebenswichtige Funktionen enthält, zu komprimieren. Der Tumor drückte bereits auf Nervenbahnen des Hirnstamms, die die Wachheit und das allgemeine Aktivierungsniveau des Großhirns regulieren. Dadurch erklärte sich die Müdigkeit, die Antriebslosigkeit und geringe Aufmerksamkeitsspanne. Ein Teil des Tumors war in den Thalamus eingewachsen, hatte dort den rechten lateralen Kniehöcker, eine entscheidende Schaltstation des Sehsystems, zerstört. Daher die Erblindung der rechten Netzhauthälften.

Den Tumor vollständig aus dem empfindlichen Thalamus herauszuschneiden war schwierig und nicht ungefährlich. Ich besuchte Birgit bald nach der Operation, als sie in ihrem Glück, daß alles überstanden, alles gut verlaufen war, mit einer großen sichelförmigen Operationswunde über der ausrasierten rechten Schläfe in ihrem weißen Bett saß. Ein kleiner Tumorrest mußte im Thalamus verbleiben. In wenigen Wochen wird er durch spezielle Betrahlungsverfahren restlos zerstört sein. Dann werden mehrere Bündel einer Gammastrahlung im restlichen Tumorgewebe aufeinandertreffen, es abtöten. Auch dies gelang. Ihre frühere Müdigkeit hatte sich aufgelöst, die häufige Übelkeit war nicht wieder aufgetreten. Nur die Lähmung des linken Armes und Beines, die Teilerblindung konnten sich nicht bessern, niemand hatte dies erwartet.

Viele Jahre habe ich sie immer wieder einmal getroffen. Der Tumor schien vollständig entfernt zu sein, keine neuen Tumorherde hatten sich gebildet.

Diese Beispiele zeigen, daß Hirntumoren nicht dem Erwachsenenalter vorbehalten sind. Dabei entwickeln sich manche Tumorarten bevorzugt in einem ganz bestimmten Lebensalter und siedeln sich vorwiegend in bestimmten Hirnarealen an. Während z. B. die bösartigen Sarkome in jedem Alter auftreten können, häufen sich andere zwischen dem Vorschulalter und der Pubertät. Tumoren können aus entartetem Hirngewebe oder aus anderen Gewebsstrukturen des Schädelinnenraums wie etwa den Hirnhäuten hervorgehen. Bei einem Teil der Hirntumoren handelt es sich um Metastasen von Tumoren anderer Organe, wie z. B. der Lunge, der weiblichen Brust oder auch der Haut. Solche Metastasen sind jedoch typische Tumoren des erwachsenen Menschen. Das Spektrum kindlicher Tumoren reicht von absoluter Gutartigkeit bis zu höchster Aggressivität. Die bösartigeren unter ihnen streuen Krebszellen aus, die in anderen Gebieten der Hirnsubstanz siedeln, sie zerstören und komprimieren, da das ungehemmte Tumorwachstum Raum für sich beansprucht.

Anderen Tumoren fehlt dagegen die Tendenz, sich zu vermehren. Sie bleiben auf einen Bezirk beschränkt, lassen sich operativ vollständig entfernen und wachsen nicht mehr nach. Die ersten Symptome, die ein Hirntumor auslöst, hängen von der Beschaffenheit und der Lokalisation des Tumors ab. Zu ihnen gehören anhaltender Kopfschmerz und Erbrechen, Störungen der Sensibilität und des Sprachvermögens, Persönlichkeitsveränderungen, Lähmungserscheinungen und Epilepsien. Doch Hirntumoren können zu einer erstaunlichen Größe heranwachsen, ohne daß der Patient irgendwelche Symptome an sich feststellt. Die Heimtücke, mit der Tumoren unser Gehirn zerstören können, zeigt das Schicksal eines erwachsenen Patienten, der an dem häufigsten und zugleich bösartigsten aller Hirntumoren des Erwachsenenalters litt, dem Glioblastoma multiforme, das unbemerkt in seinem Gehirn wuchs und nur durch einen seltsamen Zufall entdeckt wurde.

Beim Holzhacken war ein Aststück hochgeschleudert worden und hatte Herrn Hirt am Kopf getroffen. Der Schlag war so heftig, daß er für einen Augenblick das Bewußtsein zu verlieren drohte und zu Boden stürzte. Rasch stand er wieder auf den Beinen. Nur eine leichte Benommenheit blieb einige Zeit bestehen. Das Ganze war wohl ein kleiner Zwischenfall, ein unbedeutender Heimwerkerunfall, über den man sich nun wirklich keine Gedanken machen sollte. Dennoch konnte es nichts schaden, den Arzt zu fragen, ob wirklich wieder alles in Ordnung sei. Daß der Hausarzt ein Computertomogramm, eine Schichtaufnahme des Gehirns, anfertigen ließ, war eine reine Vorsichtsmaßnahme. Aber der Röntgenarzt machte eine Entdeckung, die niemand erwartet hatte. Sie traf Herrn Hirt in völliger Unbekümmertheit des Alltags, zerstörte jede Lebensplanung, stellte die nächsten Wochen, Monate und Jahre ernsthaft in Frage. Im Bereich des rechten Schläfenlappens des Gehirns sei etwas zu sehen, aber keine Prellung und auch keine Blutung. Es könnte ein Hirntumor sein. Aber dies sei ja noch nicht ganz sicher, und schließlich könnte der Tumor sich als gutartig erweisen. Auf alle Fälle müsse Herr Hirt sich in der Neurochirurgie untersuchen lassen.

Der unbeschwerte Lauf des ganz normalen Lebens hatte damit unvermutet angehalten. Schwer zu ertragende Vorstellungen hatten die leichten Gedanken des Alltäglichen ersetzt. Vielleicht war am Ende doch alles nicht so schlimm. Einige Wochen später stand ein Bett in der neurochirurgischen Klinik für ihn bereit. «Das sieht eher so aus, als wäre die Sache gutartig», hatte der Arzt in der Neurochirurgie ihm gesagt, aber er müsse dennoch operiert werden. Trotz allem war das eine gute Nachricht. Irgendwann, schon in einer Woche würde alles vorbei sein, und das Leben würde weitergehen.

Es waren nur noch zwei Tage bis zur Operation, als Herr Hirt mir seine Geschichte erzählte. Mittlerweile spürte er, daß seine linke Hand etwas ungeschickt geworden war. Das linke Bein war ebenfalls unsicher beim Gehen, so daß Herr Hirt lieber im Bett lag. «Bei mir ist es gutartig», hatte er mir gleich gesagt, als ich mich vorstellte. Ich hatte mir die Aufnahmen von seinem Gehirn angesehen und mit den Kollegen in der Neurochirurgie gesprochen. Herr Hirt gehörte vermutlich zu den Glücklichen auf dieser Station, für ihn bestand die Aussicht, geheilt zu werden. Herr Hirt war wenig älter als 40 Jahre.

Es war schon dunkel geworden, als ich Herrn Hirt einen Tag nach seiner Operation besuchte. Kaum hatte ich das Zimmer betreten, da sprang er auf und kam mir entgegen. Dabei hatte er den linken Arm angewinkelt und klopfte sich mit der rechten Hand auf den angespannten Muskel. «Sehen Sie, wie ich wieder drauf bin. Alles wieder in Ordnung, mir geht's wieder ausgesprochen gut.» Ich hatte gerade den Neurochirurgen getroffen, der Herrn Hirt operiert hatte. Bei der Operation war schon klar geworden, daß der Tumor nicht gutartig war. Es war einer der bösartigsten Hirntumoren, die wir kennen. Glioblastoma multiforme lautete die Diagnose. Morgen sollte Herr Hirt sie erfahren. Ich setzte mich zu ihm aufs Bett, wir unterhielten uns noch lange. Ich habe Herrn Hirt nie mehr gesehen.

Eine Woche später, als ich wieder Patienten untersuchte, war Herr Hirt bereits entlassen. Er starb noch innerhalb desselben Jahres.

«Ich habe Angst. Ich kann diese Angst nicht ertragen. Ich bin einfach zu schwach, um mit dieser Angst fertig zu werden», sagte mir ein etwa 60jähriger Mann, der bereits wußte, daß er an einem äußerst bösartigen Hirntumor litt – es war der gleiche, an dem Herr Hirt gestorben war. Die Wahrheit war nicht zu beschönigen, denn bald würde sein Zustand sich so verschlechtern, daß er ohnehin erkennen würde, wie es um ihn stand. Jeden Morgen, schon beim Aufwachen trat die Wirklichkeit ihm von neuem ins Bewußtsein; er konnte die Angst und Hoffnungslosigkeit, die ihn den ganzen Tag gefangenhielt, kaum zügeln. Sie beherrschte ihn bis zum Einschlafen, bis dann oft böse Träume kamen. Die unumstößliche Gewißheit, daß er schon in wenigen Monaten sterben werde, begleitete ihn unablässig. Wenn er mir seine Angst gestand, so wollte er nicht eine medizinische Auskunft in sachlicher Kälte, sondern hoffte auf persönliches Engagement bei der gemeinsamen Suche nach einem Ausweg. Einen medizinischen Ausweg gab es nicht. Die meisten Patienten, die an diesem Tumor leiden, sterben schon innerhalb eines Jahres, nach einem weiteren halben Jahr ist keiner mehr am Leben. Es gab kein Entkommen aus der Endgültigkeit des medizinischen Befundes. Was aber kann man tun, wenn das Sterben unabänderlich bevorsteht?

Ärzte, Psychologen und Pflegepersonal sollten Sterbenden zuverlässige Helfer sein, die ihnen bei der Bewältigung von Angst, Depression und Schmerz zur Seite stehen. Sie sollten sich der Bedürfnisse Sterbender annehmen, anstatt sie, wie ich es häufig erlebte, als austherapierte Fälle zu behandeln, an denen man jedes medizinische Interesse verloren hat, die nur als Überreste gescheiterter Therapieversuche auf der Station versorgt werden. Es ist nicht möglich, an dieser Stelle einen Leitfaden für den Umgang mit

Sterbenden zu geben. Bei jedem Patienten gestaltet sich die Begleitung anders, ist abhängig von der jeweiligen körperlichen und geistigen Verfassung, vom Alter, dem Bildungsstand und der individuellen Persönlichkeitsstruktur. Sterbebegleitung kostet Engagement und Zeit, mehr als im Klinikalltag meistens zur Verfügung steht.

8
Ein ganz normaler Schlaganfall

Leben und Gesundheit sind nicht allein durch Tumoren und Unfälle bedroht. Schon mit der Geburt gilt es ein riskantes Ereignis zu durchstehen. Ein Hirngefäß kann sich verschließen, Hirnteile werden nicht mehr ausreichend durchblutet, die Versorgung einiger Hirngebiete kann völlig zum Erliegen kommen. Neuronenverbände stellen ihre Funktion ein und sterben ab. Die Verklumpung des Blutes ist nur eine mögliche Ursache, die solch ein dramatisches Geschehen zur Folge hat. Die Blutklümpchen werden mit dem Blutstrom in die Arterien des Gehirns gespült, verstopfen dort nicht selten mehrere Gefäße. Das Kind tritt dann bereits mit etlichen Hirninfarkten in das Leben. Auch spontane Verschlüsse einzelner Hirngefäße kommen vor, oft ohne daß die Ursache dafür je gefunden wird. Der Blutdruck mag plötzlich sinken, seine Kraft nicht ausreichen, die letzten Verästelungen des baumartig verzweigten Gefäßsystems zu füllen, und von ihnen ernährte Hirngebiete sterben ab.

Wie so viele seiner Schicksalsgenossen hatte Christian während der Geburt einen Hirninfarkt erlitten. Bald trat eine Lähmung des rechten Armes und Beines zutage. Der rechte Arm führte nur ungelenke Bewegungen aus, wirkte wie die Hand verkrampft. Spielzeug, vor allem buntes und solches, dem rasselnde, rappelnde, klingelnde oder andere – für erwachsene Ohren strapaziöse – Geräusche zu entlocken waren, konnte ungezügelte Begeisterung entfesseln. Doch nach dem, was ihn interessierte, griff er nur mit der linken Hand. Erschien ein Objekt geräuschlos rechts von ihm, so nahm er keine Notiz davon. Der Verdacht, daß die mangelnde Blutversorgung auch die Sehstrahlung betroffen hatte, über die die visuelle Information in die Sehrinde des Hinterhauptlappens des Gehirns geleitet wird, bestätigte sich in der Untersuchung. Sobald ein Lichtpunkt links von dem Ort geboten wurde, zu dem Christian gerade blickte, löste er prompt eine Augenbewegung und ein Hinwenden des Kopfes aus. Rechts von dem Punkt, zu dem der Blick gerade gerichtet wurde, konnte Christian keinen Reiz registrieren. Christian war schon mehr als zwei Jahre alt, ohne gehen zu können, die Lähmung des Beines machte jeden Schritt unmöglich. Auch eine Sprachentwicklung hatte nicht stattgefunden. Wir fragten uns, ob überhaupt noch eine Entwicklung zu erwarten sei, ob noch genügend Hirngewebe verblieben war, das Hand- und Beinmotorik steuern könnte und das vielleicht gar Sehfunktionen übernehmen würde. Mit einer besonderen Technik, die als *funktionelle Kernspintomographie*[9] bezeichnet wird, bestand die Möglichkeit, Restfunktionen im Gehirn sichtbar zu machen. Gemeinsam mit einem Physiker, der sich auf die Erforschung der Anwendungsmöglichkeiten solcher Verfahren spezialisiert hatte, und einem erfahrenen Röntgenarzt konnten wir die Frage, ob noch funktionsfähiges Hirngewebe bei Christian existierte, beantworten. Wir hatten schon eine ganze Anzahl von Kindern auf diese Weise untersucht. Da die Kinder sich während der Untersuchung keinesfalls bewegen dürfen, wurden sie mit einem geeigneten Medikament in Schlaf versetzt.

Es war ein langer Weg durch einen kahlen Gang, an dessen Ende man nach ein paar Wendungen nach links und rechts durch schwere gläserne Flügeltüren vor dem Aufzug stand. In blaugestrichenen Blechwänden wurde man in ein Tiefgeschoß befördert. Hier unten waren die Geräte am besten vor dem störenden Einfluß elektromagnetischer Wellen geschützt. Christians Eltern mußten nur noch ein paar Fragen beantworten, und dann konnten wir beginnen. Das Medikament, eine in Tee gelöste Flüssigkeit, trank Christian ohne Klage. Es dauerte keine halbe Stunde, bis er schlief. Das Zentrum des Untersuchungsraums war ein vielleicht drei Meter langer und kaum mehr als einen halben Meter breiter Kasten, dessen Oberfläche etwa bis in Hüfthöhe reichte. Die Oberseite bildete eine Mulde, die sich über die ganze Länge der Konstruktion hinzog. Für einen Menschen bequem genug, um darauf zu liegen. Diese kastenartige Elektroliege stand frei in der Raummitte, nur mit einem schmalen Ende stieß sie an die gelblichweiß lackierte Verkleidung eines Gerätes, das bis zur Decke reichte. In seiner Mitte öffnete sich die kreisrunde Mündung einer Röhre, die weit ins Innere der Maschine führte. Die Liege verlängerte den Boden dieser Röhre weit in den Raum hinaus. Wie ein elektrisch betriebenes Chamäleon, das seine Zunge nach einer Fliege ausgestoßen hat und sie in einer Zeitlupenaufnahme im weit geöffneten Maul verschwinden läßt, wurde ein Patient mit sterilem Summen in die Röhre eingefahren.

Christian schlief, als wir ihn auf die Liege des Magnetresonanztomographen betteten und den Kopf in feststellbaren Stützen stabil lagerten. Auf die Augen setzten wir eine Brille, ähnlich einer Skibrille, die mit den Rändern fest auf der Haut abschloß. Das Glas war durch eine undurchsichtig schwarze Platte ersetzt. Sie enthielt Leuchtdioden, die, elektronisch gesteuert, ein Schachbrettmuster oder einen Lichtpunkt vor den Augen aufleuchten und wieder erlöschen ließen. So fuhr das Kind in die Röhre des Tomographen ein. Die Schnittbilder des Gehirns entstehen dadurch, daß ein mit hoher Frequenz an- und abgeschaltetes Magnetfeld den Kopf des Kindes umgibt. Dadurch wird an bestimmten Atomen, den Bausteinen der Gehirnsubstanz, ein Prozeß angeregt, die sogenannte *Kernspinresonanz*. Es kommt zur Abstrahlung eines Signals, das von einer Spule wie von einer Antenne aufgefangen wird. Ein Computer kann aus derartigen Signalen, die Auskunft über den Zustand des Gehirngewebes geben, ein Bild von einem

Schnitt durch das Gehirn herstellen, in dem Gehirnstrukturen und ihre Schädigung in unterschiedlichen Grauabstufungen nachgezeichnet werden. Auch das in kleinsten Hirngefäßen abfließende Blut wird angeregt, Signale auszusenden, die die Stärke der Durchblutung des untersuchten Hirngewebes erkennen lassen. Die Erhöhung der Durchblutung einer Hirnregion steht im Zusammenhang mit der Erhöhung der Aktivität der Nervenzellen dieses Gehirngebietes. Aufnahmen des Gehirns, während das Sehsystem durch An- und Abschalten der Leuchtdioden in der Brille aktiviert wird, vergleicht der Computer mit Aufnahmen, die er zuvor ohne eine solche Reizung des Sehsystems erstellt hat. Der Computer zeichnet dann eine Erhöhung der Durchblutung während der Reizung als farbiges Gebiet in die Bilder des Gehirns ein. Unterschiedliche Farben geben die Stärke der Durchblutungsänderung an, farbige Flächen kennzeichnen das Hirngebiet, in dem die Durchblutung sich steigerte. Auf diese Weise gewinnt man eine äußerst genaue Beschreibung der durch die Reizung angeregten Gehirngebiete (Abbildung 6).

Wir sahen die ausgedehnte Schädigung der linken Gehirnhälfte. In der Hirnmitte, wo Empfindungen aus der rechten Körperhälfte empfangen werden, und weiter vorn, wo die Bewegungen des rechten Armes, der Hand und des Beines ihren Ursprung haben, bot sich der Anblick eines im Sauerstoffmangel untergegangenen Hirngewebes. Bis zum hintersten Pol der Hirnhälfte dehnte sich zerstörte Hirnsubstanz aus. Während der Reizung lag das Sehsystem still, ohne Zeichen der Erregung, ohne daß die im normalen Gehirn mit dem Sehen beschäftigten Strukturen bei Christian Information aus der Umwelt empfangen hätten. Die rechte Hirnhälfte dagegen, an der die Schädigung vorübergegangen war und die sich ungestört entwickeln konnte, stellte sich kontrastreich dar. Deutlich grenzte sich die Gehirnrinde, die in reichen Windungen das Großhirn bedeckt, gegen die weiße Substanz ab, in der Faserzüge

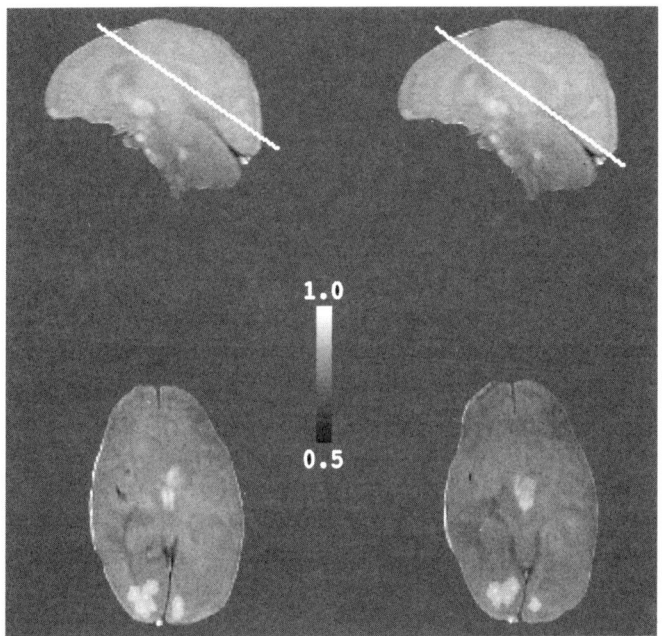

Abb. 6: Die funktionelle Magnetresonanztomographie wurde bei einem zuvor teilweise erblindeten Kind durchgeführt, das nach einem systematischen Sehtraining ein vollständiges Gesichtsfeld zurückgewonnen hatte. Die Aufnahme wurde angefertigt, während die Augen des Kindes mit schachbrettartigen Lichtmustern gereizt wurden. Obere Abbildungen: Gehirn in Seitenansicht. Die hellen Linien geben die Lage der Schnittebene an. In den unteren Abbildungen blickt man von oben auf die Schnittebene. In den hinteren Abschnitten sind die Zonen, in denen durch die Lichtreizung neuronale Aktivität hervorgerufen wurde, als helle Punkte eingezeichnet.

Information zur Rinde leiten, zwischen Rindenarealen vermitteln, Verbindungen zu Strukturen in der Tiefe des Gehirns schaffen. Die unversehrten Kerngebiete, die Schaltstationen, in denen die Köpfe von Nervenzellen sitzen, hoben sich von den sie umgebenden Bahnen ab, und in normalen Grenzen präsentierten sich die mit Flüssigkeit gefüllten Hohlräume des Gehirns, die Ventrikel.

Hätten Zellen in dem zerstörten hinteren Teil der linken Hirnhälfte ein Lebenszeichen gegeben, hätte sich wenigstens eine Stelle im schwerbetroffenen Hirngebiet aktivieren lassen, so wäre nicht ausgeschlossen gewesen, daß dieses funktionsfähige Restgewebe Sehleistungen hervorbringt. Bei vielen Kindern, die nach einer Hirnschädigung erblindet waren, konnten wir durch systematische Reizung der blinden Netzhautbereiche mit Lichtpunkten, die Entwicklung von Sehleistungen anstoßen. Für Christian durften wir eine solch günstige Wende nun nicht mehr erhoffen.

Die Eltern hatten das Ausmaß der Behinderung ihres Sohnes ohnehin immer realistisch eingeschätzt. Wir hatten auch keine Prognosen gestellt, die Anlaß zur Euphorie gegeben hätten. Es war gut, diese funktionellen Aufnahmen des Gehirns angefertigt zu haben, um zu erkennen, daß mit einer Rückkehr der Sehfunktionen in der erblindeten Gesichtsfeldhälfte nicht zu rechnen war. An vielen der Kinder, die uns vorgestellt wurden, hatten sich irgendwelche Therapeuten bereits versucht, hatten oft medizinisch völlig unsinnige Behandlungswege eingeschlagen. Den Eltern war dadurch der Glaube vermittelt worden, es sei eine Besserung zu erwarten. Weder wurde zu Beginn eine dem heutigen Kenntnisstand angemessene Untersuchung durchgeführt, noch wurde der suggerierte Therapieerfolg korrekt überprüft. In aller Regel waren es Leute ohne jedes medizinische Wissen. Den Eltern erzählten sie Haarsträubendes über die Behinderung ihres Kindes und über die Möglichkeiten der Wiederherstellung verlorener Fähigkeiten. Wer keinen Versuch auslassen wollte, um seinem Kind zu helfen, nahm auch diese Angebote an. Nach den Erfahrungen, die ich täglich machen mußte, waren solche unseriösen Angebote, mit denen man am Unglück von Kindern Geld verdiente, ganz offensichtlich keine Ausnahmen. Es hatte fast den Anschein, als bewege sich die überwiegende Mehrheit nichtärztlicher Therapieangebote für behinderte Kinder auf diesem Niveau. Es gibt bundesweit operierende Behindertenorganisationen, deren nichtärztliche Dienste den Erfordernissen einer angemessenen Diagnostik und Therapie bei weitem nicht genügen. Oft gewinnen die Eltern aus solchen Therapieversuchen eine falsche Einschätzung der Erkrankung ihres Kindes, schöpfen uneinlösbare Hoffnungen und Erwartungen – Erwartungen, die irgendwann in schmerzlicher Weise der Realität des Machbaren gegenüberstehen. Glücklicherweise gibt es auch medizinisch fundierte, erfolgversprechende Therapiemaßnahmen, mit begründeten Prognosen und nachweisbaren Besserungen der verlorenen Fähigkeiten. Doch diese seriösen Hilfsangebote bewegen sich unter unhaltbaren Therapiebotschaften, so daß die Eltern kaum einzuschätzen vermögen, was begründet und erprobt und was unseriöses Heilsversprechen ist.

Tina war schon zwölf Jahre alt, ein ganz normales gesundes Mädchen, als eines Nachts die rechte mittlere Hirnarterie, eine wichtige Versorgungsleitung, sich verengte. Die Ursache blieb, wie so oft bei solchen Hirninfarkten in der Kindheit, ungeklärt. Kopfschmerzen plagten sie, als ihre Mutter sie an einem ganz normalen Morgen weckte. Und dann, als sie aufzustehen versuchte, wollte der linke Arm sich kaum bewegen lassen, erschien als grober, ungelenker Körperteil. Pelzig und taub war er an ihrer Seite. Auch das linke Bein mochte nicht recht gehorchen, tapsig und nur mit Mühe dirigierbar, setzte sie es aus dem Bett. Das Sehen war irgendwie verändert, ein Teil der Welt schien abgeschnitten.

Der Beginn dieser Erkrankung lag schon lange zurück, als Tina sich mir vorstellte. Sie hatte damals einige Zeit in der Klinik verbracht. Der Arm, das Bein, das Sehen hatten sich nicht normalisiert. Wohl folgte der linke Arm noch vage ihrem Willen, aber richtig zu gebrauchen war er nicht. Mit Mühe schloß und öffnete sich die Hand, doch sie war ein unnützes Werkzeug geworden. Deutlich zu hören war der unterbrochene Rhythmus ihres Gangs, der jeden zweiten Schritt betont. Tina selbst bemerkte nie, wie sie den Kopf ständig leicht nach links gewendet hielt. Sah sie mich an, so war zwar der Blick auf mich gerichtet, doch zeigte das Gesicht an mir vorbei. Das Sprachvermögen war hingegen nicht betroffen, sie verstand, dachte und empfand wie ein ganz normales Mädchen. Wie alle anderen ging sie zur Schule, hatte sogar den Wechsel auf die Realschule geschafft. Trotz des Untergangs eines großen Hirnteils war ihr Leben wenig eingeschränkt.

In Tinas und in Christians Hirn waren etwa die gleichen Teile verlorengegangen. Die Sehbahn, ein breites Nervenfaserbündel, das die Information durch das Großhirn zu dessen Rinde leitet, war bei beiden Kindern unterbrochen. Die Rinde, die den engen Windungen des Großhirns folgt, war im Bereich des Hinterkopfes abgestorben. Befehle, die den linken Arm, die Hand, das Bein, den Fuß erreichen sollten, hatten ihren Leitungsweg durch das Gehirn verloren, versiegten in zerfallenen Axonen. Nur ein schwacher, bruchstückhafter Rest des Informationsstroms aus der linken Hand, dem Arm und dem linken Bein drang bis zur Großhirnrinde vor, zu Arealen, die uns Hand und Arm und Bein erfühlen lassen. Die etwas mehr zur Stirn gelegene Region, in der Kommandos zur Bewegung von Fingern, Hand, Arm, Bein, Fuß und Zehen der linken Körperhälfte angesiedelt sind, war von ihren Befehlsempfängern getrennt.

Bei allen bisher hier vorgestellten Patienten, die an einer Schädigung des Sehsystems litten, haben wir nur zwei Alternativen kennengelernt. Der Patient oder die Patientin konnte mehr oder weniger gut sehen oder war in einem Teil des Gesichtsfeldes, nach ausgedehnten Schädigungen des Sehsystems, unter Umständen auch im gesamten Gesichtsfeld, erblindet. Es gibt jedoch Beobachtungen, die eine dritte Möglichkeit offenlassen, nämlich die Existenz *unbewußter Sehfunktionen* in einem Gesichtsfeld, das sich bei der Anwendung traditioneller perimetrischer Untersuchungstechniken als blind erweist. Eine Unterscheidung zwischen bewußtem und unbewußtem Sehen ist jedoch nicht einfach zu treffen, da die Begriffe «bewußt» und «unbewußt», mit denen wir solche Phänomene beschreiben wollen, nur sehr unpräzise sind und wenig für wissenschaftliche Abgrenzungen taugen. Experimentatoren in diesem Gebiet haben sich darüber hinaus wenig um methodische Sauberkeit und begriffliche Präzision bemüht, so daß diese Forschungsrichtung kritisch zu überdenken ist.

9
Unbewußtes Sehen

Wenn wir behaupten, jemand habe etwas gesehen oder gehört oder habe etwas im Gedächtnis behalten, so müssen wir uns fragen, wie wir dies eigentlich feststellen. Ob eine Versuchsperson in einem Experiment einen Lichtpunkt, der an einem bestimmten Ort erscheint, sieht, untersuchen wir zum Beispiel dadurch, daß wir die Versuchsperson bitten, nur dann auf einen Knopf zu drücken, wenn sie einen Lichtpunkt an dem betreffenden Ort wahrnimmt. Dabei muß natürlich ausgeschlossen sein, daß sie keinen anderen Anhaltspunkt (z. B. ein mit dem Lichtpunkt auftretendes Geräusch) benutzen kann, um zu erkennen, wann der Lichtpunkt gegenwärtig ist. Drückt die Versuchsperson in einer Anzahl von Versuchsdurchgängen genau dann den Knopf, wenn der Lichtpunkt anwesend ist, und können wir sagen, daß dieses Ergebnis nicht durch Zufall entstanden sein konnte, so läßt sich zu Recht behaupten, die Versuchsperson habe den Lichtpunkt entdeckt. Solche kleinen Wahrnehmungstests gehören zur klinischen Routine, um blinde Areale im Gesichtsfeld von Patienten aufzuspüren. Die Genauigkeit, mit der man festlegt, wann ein Lichtpunkt als entdeckt gilt und wann nicht, ist keine wissenschaftliche Böswilligkeit. Unsauberkeiten der Messung können schwerwiegende Folgen haben. Ich will hierfür nur ein Beispiel erzählen:

Eines Tages rief mich ein Student an. Er hatte große Angst, war mit den Nerven am Ende. Vor einigen Jahren hatte er einen Autounfall erlitten, bei dem die Sehnervenkreuzung beschädigt worden war und in dessen Folge ein

Professor der Augenheilkunde einen blinden Bereich in seinem Gesichtsfeld fand. Kürzlich wurde das Gesichtsfeld erneut untersucht und es stellte sich heraus, daß der blinde Bereich sich erheblich vergrößert hatte. Die Art des Gesichtsfeldausfalls und seine fortschreitende Vergrößerung ließen den Verdacht auf einen Hirntumor an der Schädelbasis aufkommen. Man konnte die Aufregung des jungen Mannes also durchaus nachvollziehen. Ich bat ihn, bald in die Klinik zu kommen. Zunächst machte ich eine Übersichtsuntersuchung, in der ich die Grenzen des blinden Bereichs bestimmte. Dazu saß er vor einer Halbkugel von 66 Zentimetern Durchmesser und mußte seine Augen auf einen Punkt in der Mitte der Halbkugel richten. Ein Lichtpunkt bewegte sich aus verschiedenen Startpositionen vom Rand der Halbkugel zur Mitte. Sobald er den Lichtpunkt sah, sollte er einen Knopf drücken. So ließen sich blinde und sehende Bereiche trennen. Die Grenze des blinden Bereichs stimmte ziemlich genau mit der Grenze der ersten Messung, die nach dem Unfall durchgeführt wurde, überein. Ich wiederholte die Untersuchung an einem mit höchster Genauigkeit messenden, computerisierten Gerät und konnte meine Diagnose bestätigen. Der blinde Bereich hatte sich nicht vergrößert. Wo immer in der Welt diese Untersuchung unter Beachtung aller methodischen Regeln wiederholt worden wäre, niemand wäre zu einem anderen Ergebnis gekommen. Eine solche Übereinstimmung ist nur möglich, weil ganz zweifelsfrei festgelegt ist, wie hell und wie groß die erzeugten Lichtreize sein müssen, wie lange sie gegenwärtig sein dürfen, wie die Halbkugel auszuleuchten ist, wie Augenbewegungen zu kontrollieren sind und dergleichen mehr. Das falsche Ergebnis der zuvor durchgeführten Untersuchung hatte seine Ursache darin, daß einige dieser Regeln nicht oder nicht streng genug beachtet worden waren. Wenn man sich vorstellt, es gäbe überhaupt keine derartigen Regeln und jeder würde nach seinem Gutdünken blinde Bereiche ausmessen, dann würde jeder seine eigene Diagnose stellen, es wäre kaum Übereinstimmung zwischen verschiedenen Untersuchungsergebnissen zu erzielen. Aber nur eine Messung kann richtig sein, denn der blinde Bereich hat nur eine einzige Ausdehnung.

Es gibt jedoch Befunde, die unserer Unterscheidung in blinde und sehende Gesichtsfeldbereiche einen Bereich, der weder als blind noch als sehend zu bezeichnen ist, hinzufügen, einen Bereich des Gesichtsfeldes nämlich, in dem eine Art «unbewußten» Sehens zu bestehen scheint.

Vor mehr als 20 Jahren wurde in einem Experiment mit hirnverletzten Erwachsenen gezeigt, daß nach einer vermuteten Zerstörung der Sehrinde einer Großhirnhälfte Patienten behaupten können, in der zugeordneten Netzhauthälfte erblindet zu sein, aber sich dennoch unbewußte Sehfunktionen in dem offenbar blinden Bereich erhalten haben.[10] Wann immer ein Licht in diesem Bereich erschien, berichteten die Patienten, dieses weder zu sehen noch ein Gefühl für die Anwesenheit des Reizes zu besitzen. Zeigte man jedoch sehr kurzzeitig einen Lichtpunkt an einer bestimmten Stelle der blinden Netzhauthälfte, dann an einer anderen Stelle und beim nächsten Mal wiederum an einem anderen Ort und ließ die Patienten jedesmal, nachdem der Lichtpunkt erschienen und wieder verschwunden war, raten, an welcher Stelle der Lichtpunkt gewesen sein könnte, so rieten die Patienten überzufällig häufig richtig: Nachdem der Lichtpunkt erloschen war, zeigten die Patienten signifikant häufig zu der Stelle, an der das Licht tatsächlich aufgeleuchtet hatte. Man schloß daraus, der Lichtpunkt müsse von den Neuronenverbänden des Sehsystems registriert worden, seine Position erkannt worden sein, ohne daß es dabei zu einem bewußten Seheindruck kam.

Als dieses überaus interessante Phänomen zum ersten Mal beschrieben wurde, stellte sich die Frage, ob es nach Verlust eines oder beider Hinterhauptslappen des Großhirns eine Art unbewußten Sehens gibt und wie dies durch Hirnmechanismen zu erklären sei. Das war aber keine wissenschaftliche Frage, solange die Unterscheidung zwischen bewußt und unbewußt nur ganz intuitiv erfolgte. Daß die Patienten berichteten, nichts zu sehen, und angeben, nicht einmal das Gefühl der Anwesenheit eines Reizes zu haben, heißt nämlich nicht, daß überhaupt keine bewußte Empfindung beim Auftauchen eines Lichtpunktes entstanden ist. Es könnte nach der Hirnschädigung eine neue, den Patienten vorher unbekannte Art Empfindung aufgetreten sein, die das normale Gehirn nicht als Sehen, nicht einmal als Gefühl der Gegenwart eines Reizes eingestuft haben mochte. Patienten zeigen sich bisweilen ratlos, wie sie solche neuen Erlebnisse bezeichnen sollen. Es könnte eine sehr schwache Empfindung entstanden sein, an der die Patienten sich zwar unwillkürlich orientierten, die sie jedoch nicht weiter beachteten und an die sie sich bis zum Ende des Experiments nicht mehr erinnerten. Fragt man die Patienten im Anschluß an das Experiment nach ihren Empfindungen, so erwähnen sie diese ungewöhnlichen Erlebnisse möglicherweise auch deshalb nicht, weil sie nicht annehmen, daß diese Empfindungen durch die Darbietung der Reize entstanden sind. Möglicherweise fehlt auch der Zugang der Empfindung zu den Regionen des Gehirns, die sie sprachlich formulieren. Einer der ersten Patienten, an denen ich eine Variante des obigen Experiments durchführte, berichtete zwar, nichts zu sehen, doch beschrieb er ganz ungewöhnliche Empfindungen. Dieser Patient, der einen Hirninfarkt erlitten hatte und dessen Sehfähigkeit untersucht wurde, indem er in eine Halbkugel eines Durchmessers von 66 Zentimeter blickte und die Augen unbeweglich auf einen Punkt in der Mitte der Halbkugel richtete, gab für weite Bereiche seines Gesichtsfeldes an, völlig erblindet zu sein. Zeigte man einen Lichtpunkt in einem bestimmten Teil seines Gesichtsfeldes, so entdeckte er den Lichtpunkt nach einiger Übung absolut zuverlässig. In diesem Fall wurde durch den Lichtpunkt eine Empfindung hervorgerufen, die so deutlich war, daß der Patient stets beteuerte, nichts zu sehen, bei dem sich jedoch das ganz eindeutige Gefühl der Gegenwart eines Reizes entwickelt hatte.

Ein anderer Erwachsener, bei dem eine schwere Hirnschädigung eine Erblindung beider rechten Netzhauthälften hinterlassen hatte, konnte in einem eingrenzbaren Bereich seines blinden Areals in mehr als 90 von 100 Fällen richtig erraten, ob ein Lichtpunkt gezeigt worden war oder nicht. Jedesmal beteuerte er jedoch, sehen könne er aber nichts. Ich zeigte ihm daraufhin in zufälliger Reihenfolge einmal einen Lichtreiz in dem völlig blinden Bereich des Gesichtsfeldes, in dem er die Gegenwart von Lichtreizen nicht erraten konnte und einmal in dem angeblich blinden Bereich, in dem er fast immer richtig erriet, ob ein Lichtpunkt anwesend war. Letzteren Bereich nennen wir *Ratefeld*. Des Patienten Aufgabe bestand nun darin, beide Darbietungen zu vergleichen und zu sagen, ob der Reiz sich im noch funktionsfähigen Ratefeld befand oder ob er im völlig blinden Bereich auftauchte. Der Patient konnte signifikant häufig angeben, in welchem Gebiet der Reiz erschienen war. Obwohl er zunächst behauptete, nur zu raten, bemerkte er beim Vergleich der Reizdarbietung im völlig blinden Bereich oder im Ratefeld einen Unterschied der Empfindungen. Seine Empfindung, wenn der Reiz sich im Ratefeld befand, konnte er sprachlich zunächst nicht formulieren. Es war kein richtiges Gefühl, eher ein Erlebnis, das man vielleicht «Erahnen» nennen könnte, etwas, das im völlig blinden Bereich fehlte. Doch die Darbietung im Ratefeld war damit nicht, wie es zunächst erschien, völlig unbewußt in dem Sinn, daß keinerlei Erlebnis stattgefunden hätte.

Diese Beispiele zeigen, daß die sprachliche Beschreibung nicht geeignet ist, solche Erlebnisse zu fassen. Sie taugen nicht, um das Fehlen jeder Empfindung zuverlässig abzugrenzen oder gar fehlendes Bewußtsein zu bestimmen.

In einer ganzen Reihe wissenschaftlicher Aufsätze wurde

berichtet, daß Patienten, die Reize angeblich nicht sehen konnten, diese dennoch zu entdecken und zu lokalisieren vermochten und in der Lage waren, Muster und Farben zu unterscheiden.[11] Nur wenige Autoren merkten an, daß die Patienten in einigen Experimenten doch etwas gesehen haben, während andere behaupteten, jeder Seheindruck habe bei den Patienten gefehlt. Aber diese Annahme, daß die Patienten keine bewußte Wahrnehmung gehabt hätten, stützte sich in allen Arbeiten nur auf die lapidare Frage der Untersucher, ob die Patienten etwas gesehen hätten. In keinem Fall wurde dieser Aspekt jedoch nach wissenschaftlichen Kriterien untersucht, obwohl die Annahme, die Sehleistungen der Patienten seien unbewußt, gerade die zentrale Aussage dieser Forschung war.

Alltagssprachlich kann man den Unterschied zwischen einer unbewußten Entdeckung, Lokalisation oder Unterscheidung von visuellen Reizen und dem bewußten Sehen eines Reizes an einem bestimmten Ort dadurch charakterisieren, daß bei der unbewußten Verarbeitung eines visuellen Reizes das subjektive Erlebnis des Sehens und auch jedes andersartige Erlebnis fehlen. Aber die subjektiven Erlebnisse einer anderen Person sind uns nicht zugänglich. Der Untersucher kann nicht in die subjektive Erlebniswelt seiner Patienten blicken. Er kann nur anhand des Verhaltens der Patienten, zum Beispiel anhand eines Knopfdrucks, einer Aussage, wie «ich habe den runden Lichtpunkt rechts oben gesehen», oder aufgrund einer physiologischen Reaktion, zum Beispiel durch die Registrierung elektrischer, vom Gehirn generierter Potentiale, feststellen, ob ein Reiz gesehen wurde. Die Verarbeitung visueller Reize wird dadurch unbewußt, daß ein Patient in genau derselben Weise wie der Untersucher feststellen muß, ob eine Reizverarbeitung in seinem Gehirn stattgefunden hat, da das Wahrnehmungserlebnis ausbleibt.

Angenommen, ein Patient hat in den beschriebenen Experimenten den Knopf nur gedrückt, indem er geraten hat, ob ein Reiz anwesend war. Will er wissen, ob sein Raten richtig war, so muß er jetzt, genau wie der Untersucher, feststellen, ob er den Knopf nur dann gedrückt hat, wenn ein Reiz gezeigt wurde. Das heißt, er muß herausfinden, ob der Reiz in seinem Gehirn registriert wurde und ob das Gehirn seine Hand auf den Knopf drücken ließ, ohne daß er den Reiz gesehen hat. Man kann ganz objektiv und für jeden nachvollziehbar überprüfen, wie ein Patient feststellen muß, ob sein Gehirn die Reize verarbeitet hat. Ist er darauf angewiesen, dies genauso festzustellen wie der Untersucher oder jede andere Person außer ihm selbst, so bezeichnen wir die Reizverarbeitung als *unbewußt*. Den Begriff «bewußt» können wir nun nicht unter Zuhilfenahme alltagssprachlicher Begriffe wie «subjektive Empfindung», «Seheindruck» und dergleichen definieren. Denn diese Begriffe sind selbst unklar und lassen einen weiten Interpretationsspielraum, der dem Denken zahlreiche Fallen stellt, in denen es sich ständig zu verfangen droht. Außerdem ist die subjektive Welt einer Person für andere Personen unzugänglich und weder beobachtbar noch direkt meßbar. Was wir aber objektiv überprüfen können, ist, wie eine Person im Fall «bewußten» Sehens feststellt, daß sie die Reize gesehen hat.

Eine gesunde Versuchsperson wird in einem der geschilderten Experimente angeben: «Ich habe die Lichtpunkte immer gesehen.» Diese Behauptung erweist sich, wenn der Untersucher das Experiment auswertet, als richtig. Die Versuchsperson kann also das Ergebnis des Experiments voraussagen, ohne das Experiment auswerten zu müssen. Sie hat einen anderen, einen privilegierten Zugang zu dem Ergebnis des Experiments. Einen Zugang, der jeder anderen Person verschlossen bleibt. Wir können ganz objektiv untersuchen, wie genau jemand das Ergebnis eines Experiments, in dem er die Versuchsperson ist, voraussagen kann. Und zwar ohne über die Information zu verfügen, über die jeder Untersucher verfügen muß, wenn er wissen will, ob die Versuchsperson die gebotenen Lichtpunkte gesehen hat. Man kann jetzt nicht nur überprüfen, ob eine Person einen Reiz entdecken, lokalisieren und von anderen Reizen unterscheiden kann (wir nennen dies eine Untersuchung erster Ordnung). Es lassen sich darüber hinaus ganz exakt experimentelle Verfahren beschreiben, die dazu dienen, herauszufinden, wie genau eine getestete Person das Ergebnis des Experiments voraussagen kann, ohne über die Information zu verfügen, die jede andere Person benötigt, wenn sie den Ausgang des Experiments kennen möchte. Ein solches Experiment nennen wir dann «Experiment zweiter Ordnung». *Ist eine Person zu solch einer korrekten Voraussage des Ergebnisses des Wahrnehmungsexperiments fähig, so sagen wir, die Person hätte die Reize bewußt wahrgenommen.*

Bei dieser bewußten Empfindung muß es sich nicht um «normales» Sehen gehandelt haben. Von «normalem» Sehen kann man nur dann sprechen, wenn die entstandene bewußte Empfindung sich von dem Sehen eines Reizes, der im ganz normalen Gesichtsfeld erscheint, in keiner Weise unterscheidet. Entsprechend kann man sagen, daß ein Reiz, der im Ratefeld geboten wird, keinerlei bewußte Empfindung hervorruft, wenn das Auftauchen des Reizes im Ratefeld sich in nichts von der Darbietung dieses Reizes in einem völlig blinden Gesichtsfeldbereich unterscheidet. Wird die Darbietung im Ratefeld jedoch nur eine Nuance anders erlebt als völlige Blindheit, besteht also im Erleben ein Unterschied zwischen der Darbietung im völlig blinden Bereich und im Ratefeld, so muß die Reizung irgendeine Art Empfindung hervorgerufen haben. Dann kann der Patient an der auftretenden Empfindung erkennen, ob ein Reiz anwesend ist und braucht nicht zu raten. Anstatt von einem «Ratefeld» sollte man dann von einem *Empfindungsfeld* sprechen.

Wir wissen aber nicht, welche Empfindung bei Darbietung des Lichtreizes in diesem Feld entsteht. Wenn wir dies in Erfahrung bringen wollen, müssen wir unseren Patienten bitten, die Darbietung des Reizes im Empfindungsfeld mit der Darbietung des Reizes im normalen Gesichtsfeld zu vergleichen. Nur wenn der Patient hier keinen Unterschied zu erkennen vermag, läßt sich annehmen, daß in beiden Gebieten des Gesichtsfeldes ein normales «bewußtes» Sehen entstand. Dann hat sich das, was man zunächst als Ratefeld angesehen hat, jedoch als ein ganz gewöhnliches Gesichtsfeld entpuppt.

Die Durchführung eines solchen Experiments, in dem die Empfindungen, die ein Lichtreiz in verschiedenen Netzhautgebieten auslöst, verglichen werden, ist jedoch nicht so einfach. Der Patient muß zunächst in einem Vorexperiment lernen, welche oftmals bisher unbekannten Empfindungen durch den Reiz hervorgebracht werden können. Die detaillierte Beschreibung des Experiments zweiter Ordnung ist darüber hinaus etwas technisch und komplex und soll hier nicht im einzelnen ausgeführt werden. Auch die genaue Charakterisierung der Begriffe «bewußt» und «unbewußt» ist recht trocken und beinhaltet schwierige formallogische Aspekte, auf die ich hier nicht weiter eingehen will.[12] Ein Beispiel soll das «unbewußte» Sehen illustrieren.

Herr Berger war der erste Patient, der an diesen Experimenten teilnahm. Ein Jahr zuvor, an einem Sommernachmittag, hatte ein Bekannter ihn mit dem Auto zum Fußballspiel mitgenommen. Herr Berger saß auf dem Beifahrersitz. An einer ganz gewöhnlichen Einmündung einer Nebenstraße passierte es. Ein von rechts kommendes Fahrzeug hatte die Vorfahrt nicht beachtet, rammte das Auto, in dem Herr Berger sich befand. Sein Kopf wurde gegen den rechten Türholm geschleudert, das Gehirn dabei an der rechten Schädelwand gequetscht. Wie ein Ball sprang es zurück gegen die linke Schädelinnenseite. Erinnern konnte sich Herr Berger daran später nicht. Er verlor augenblicklich das Bewußtsein. Zahlreiche Nervenzellen starben durch den

Schlag. Verbindungen zwischen Nervenzellen wurden zerrissen, überlebende Zellen in ihrer Funktion gestört, Blutgefäße des Gehirns öffneten sich, Blut trat in das Hirngewebe.

Fast zwei Monate war Herr Berger bewußtlos. Die Ärzte hätten nicht gedacht, daß er überlebt, aber er wachte wieder auf. Herr Berger erzählte, wie er mit einem ganz jungen Kerl, der einen Motorradunfall hatte, im Zimmer gelegen habe. Der habe überhaupt keinen Durchblick mehr gehabt. Mindestens zweimal hätten sie ihm den Magen ausgepumpt, weil er die Flüssigseife vom Waschbecken getrunken habe. Herr Berger hatte ihn nicht davon abhalten können, weil seine rechte Körperhälfte damals fast vollständig gelähmt gewesen sei. Aber Herr Berger gab sich jetzt ganz zufrieden, weil die Lähmung mittlerweile fast verschwunden sei. Am Anfang sei es außerdem noch schwergefallen, die Worte zu finden. Auch das sei weggegangen. Er wisse schon, daß er jetzt zu viel rede. Seine Frau sei jetzt manchmal ganz entnervt von seinem andauernden Gequassel. Sie fand auch seine Persönlichkeit seit dem Unfall deutlich verändert. Und dann halt der Gesichtsfeldausfall.

Die rechte Hälfte des Gesichtsfeldes beider Augen schloß ein Gebiet ein, in dem Herr Berger nach eigener Aussage vollkommen erblindet war. In einem angrenzenden Bereich gab er zwar an, nichts zu sehen, wenn man einen Lichtpunkt zeigte. Versuchte er zu raten, ob ein Lichtpunkt anwesend sei, so waren seine Antworten jedoch in 99 Prozent der Fälle korrekt. Nun konnte man die Lichtpunkte in zufälliger Reihenfolge abwechselnd im normal sehenden Bereich, im völlig blinden Bereich und in dem Bereich, in dem er richtig riet, zeigen. Wenn ein Ton hörbar war, befand der Lichtpunkt sich in einem dieser Bereiche. Meinte Herr Berger nichts zu sehen, war er aufgefordert zu raten. Anschließend sollte er jedesmal angeben, ob er nur geraten habe bzw. wie sicher er sich der Anwesenheit des Lichtpunktes war.

Nun ließ sich einfach durch Zahlenwerte ausdrücken, wie gut der Patient an dem betreffenden Ort einen Lichtpunkt entdecken konnte und ob er seine eigene Fähigkeit, Reize an einem dieser Orte im Gesichtsfeld zu entdecken, richtig einschätzte. Im völlig blinden Bereich und im normal sehenden Bereich schätzte er sich, wie erwartet, richtig ein. Im dritten Bereich war seine Einschätzung in der Regel falsch. Er gab meist an, nichts entdecken zu können, obwohl er fast immer korrekt riet. Doch gelegentlich hatte er den Eindruck, es könne ein Reiz dagewesen sein, ohne den Reiz jemals zu sehen. Und tatsächlich schätzte er häufiger, als es dem Zufall entsprochen hätte, seine Fähigkeit, Reize zu entdecken, auch hier richtig ein. Obwohl Herr Berger behauptete, in diesem dritten Bereich, den ich für einen Ratebereich hielt, nichts zu sehen und auch nicht das deutliche Gefühl der Gegenwart eines Reizes zu haben, stellte sich unter experimentellen Bedingungen heraus, daß die Fähigkeit hier Reize zu entdecken, nicht völlig unbewußt war. Sobald er vergleichen sollte, ob er einen Unterschied bemerkte, wenn der Lichtpunkt im Ratefeld oder wenn er im völlig blinden Gesichtsfeld gezeigt wurde, konnte er häufiger, als es dem Zufall entsprochen hätte, einen Unterschied feststellen, der sich aber sprachlich nicht angemessen formulieren ließ. Es ergab sich hier eine feine Abstufung zwischen bewußt und unbewußt, die experimentell genau feststellbar war. Der Patient schätzte dabei seine eigene Leistung ein, ohne das Experiment erster Ordnung auswerten zu müssen, indem er seine Reaktionen hätte registrieren und sie mit der Anwesenheit der Lichtreize hätte in Beziehung setzen müssen. Auf diese Vorgehensweise wäre der Untersucher angewiesen gewesen. Das Experiment zeigt, daß der Patient einen besonderen Zugang zu seiner Fähigkeit hat, Lichtpunkte zu entdecken. Die Zuverlässigkeit dieses Zugangs haben wir durch die Untersuchung der Zuverlässigkeit seiner Einschätzung der eigenen Fähigkeit, Reize zu entdecken, gemessen, und *wir definieren diese Zuverlässigkeit als Grad, zu dem die Entdeckung des Lichtpunktes bewußt ist.*[12]

10

Was ist Bewußtsein?

Mit dem Aufkommen des psychologischen Positivismus und Behaviorismus haben Philosophen und Psychologen der allgemein anerkannten Auffassung widersprochen, jeder Mensch verfüge über den subjektiven Bereich nur ihm zugänglicher Erfahrungen, über die nur ihm bekannte Welt seines Bewußtseins. Jede Person habe einen privaten, privilegierten Zugang zu dieser Welt ihrer subjektiven Bewußtseinsinhalte. Keine andere Person könne in die subjektive Welt einer anderen Person gelangen.

Während manche die Existenz der subjektiven Welt und eines privilegierten Zugangs zu den Inhalten unseres Bewußtseins schlichtweg abstritten,[1,2] räumten ihm andere zwar eine Existenz ein, vertraten jedoch die Auffassung, dieser Bereich des Psychischen hätte keine Bedeutung für die wissenschaftliche Erklärung und erlaube keine andere Voraussage als das, was auf naturwissenschaftlichem Weg erkennbar und formulierbar sei.[3] Die behavioristische Sicht des Menschen und der Tiere kann zwar als überholt, nicht jedoch als widerlegt betrachtet werden, denn die Argumente gegen diese behavioristisch-naturwissenschaftliche Sicht der Psychologie waren genausowenig scharfsinnig und überzeugend wie die Argumente der Vertreter des Behaviorismus. Es war eher ein Wandel der Mode über die Psychologie zu denken, der zu einer Abkehr von der rein naturwissenschaftlichen Psychologie führte. Mit der darauf folgenden Hinwendung zu einer als «kognitiv» bezeichneten Psychologie war die Welt des Psychischen zwar rehabilitiert, ein wissenschaftstheoretischer Erkenntnisfortschritt war jedoch nicht zu erkennen. Es war vielmehr eine dem Zeitgeist unterworfene Rückkehr zur Interpretation der Erkenntnisse der naturwissenschaftlich orientierten Psychologie durch Verwendung vager Begriffe, die sich auf Psychisches bezogen, jedoch mit der Wendung zur kognitiven Psychologie keinen Deut an Klarheit hinzugewonnen hatten.[14] Wissenschaftstheoretiker, Philosophen, Hirnforscher und Laien schrieben unermüdlich Aufsätze und Bücher über den Zusammenhang von Psyche und Gehirn, das sogenannte «Leib-Seele»-Problem war Thema ungezählter Doktorarbeiten und Habilitationsschriften, und viele machten dieses Problem zu ihrem Lebenswerk. Aber man scheute die mühevolle Aufgabe, genau herauszuarbeiten, was mit dem «Psychischen», dem «Bewußtsein» oder – in traditioneller Ausdrucksweise – mit der «Seele» gemeint ist.

Diese Autoren trifft auch heute noch die Kritik, die der Psychologe J. B. Watson schon 1913 vorbrachte, als er schrieb, sie «... sagen uns nicht, was Bewußtsein ist, sondern fangen einfach an, etwas hineinzulegen ...»[15] Watson äußerte diese Kritik deshalb, weil ihm daran lag, den Wahrheitsgehalt psychologischer Aussagen nachprüfbar zu machen. Ob eine Aussage über das Psychische oder das Bewußtsein oder, um eine traditionellere Bezeichnung zu gebrauchen, über die Seele wahr oder falsch ist, hängt nämlich davon ab, was man unter den in der Aussage vorkommenden Begriffen versteht. Wenn aber die Begriffe wie «das Psychische» oder «das Bewußtsein» oder «die Seele» für jede Interpretation nach Gutdünken offengelassen werden und die Wahrheit der Aussage sich nach der jeweiligen Interpretation richtet, so ist damit auch offen, ob die Aussagen über das Psychische, das Bewußtsein oder die Seele wahr sind. Welchen Erkenntniswert haben aber vorgeblich wahre Aussagen, die so formuliert sind, daß ihr Wahrheitsgehalt nicht feststellbar ist, weil gar nicht klar ist, was genau gemeint ist. Die Einführung eines wissenschaftlich adäquaten Bewußtseinsbegriffs, der erlaubt, das zu beschreiben, was mit einem unpräzisen alltagssprachlichen oder philosophischen Begriffsrahmen zu beschreiben versucht wurde, ist Gegenstand dieses Kapitels.

Im zurückliegenden Kapitel wurde bereits auf experimentellem Weg nachgewiesen, daß eine exakte Unterscheidung zwischen bewußter und unbewußter Wahrnehmung möglich ist. Wenn es nun bereits gelungen ist, den Grad, zu dem eine Wahrnehmung bewußt ist, experimentell zu bestimmen, so sollte es auch keine besondere Mühe mehr machen, das subjektive Wahrnehmungserlebnis und schließlich das *Bewußtsein* wissenschaftlich zu fassen.

Die Alltagssprache ist für eine exakte Beschreibung dessen, was man intuitiv unter «subjektivem Erlebnis» oder gar unter «Bewußtsein» versteht, viel zu unbeholfen. Wir verwenden deshalb die Sprache der formalen Logik. Wir haben den Begriff «bewußt» bereits so festgelegt, daß wir gesagt haben, jemand nehme einen Reiz, z. B. einen Lichtpunkt, bewußt wahr, wenn er den Ausgang eines Wahrnehmungsexperiments voraussagen kann, ohne über die Information zu verfügen, über die jede Person außer der Versuchsperson selbst verfügen muß, um den Ausgang des Experiments festzustellen. Da Herr Berger seine Fähigkeit, den Lichtpunkt am Ort r zu entdecken, richtig einschätzen kann, nimmt er den Lichtpunkt definitionsgemäß bewußt wahr. In der Sprache der Logik schreiben wir dies als $D\ p,l,r$. Der Buchstabe p ist die Abkürzung für Herrn Berger, l steht für den Lichtpunkt, und r bezeichnet den Ort, an dem der Lichtpunkt erscheint. Jetzt zum Sinn dieses logischen Spiels: Es gibt einen Logikkalkül, der sogenannte «Abstraktionen» enthält.[16] Die Abstraktion ist mathematisch exakt unter genauer Angabe der Regeln festgelegt, mit denen das Zeichen μ für diese Abstraktion zu gebrauchen ist. Anschaulich ausgedrückt, leistet die Abstraktion folgendes: Wenn der formallogische Ausdruck $L\ a,b$ bedeutet «a liebt b», so bezeichnet die Abstraktion $\mu(L\ a, b)$ «die Liebe des a zu b». Da sich außerdem zeigen läßt, daß die Anwendung der Regeln dieses Kalküls nicht zu Widersprüchen führt, können wir nun unter Verwendung des Abstraktionszeichens mit mathematischer Exaktheit ausdrücken, was wir unter «Herrn Bergers *bewußter* Wahrnehmung des Lichtpunktes *l* am Ort *r*» verstehen. *Die Formel μ(D p,l,r) bezeichnet Herrn Bergers bewußte Wahrnehmung des Lichtpunktes l am Ort r.* Wir legen außerdem fest, daß *μ(D p,l,r)* ein (subjektives) *bewußtes Ereignis* (aus Herrn Bergers Erlebniswelt) bezeichnet. Dieses Verfahren zur Begriffsfestlegung kann entsprechend auch für andere Ereignisse der subjektiven Welt verwendet werden. Die Darstellung ist hier erheblich verkürzt. So werden z. B. zu dieser Formel noch Zahlenindices verwendet, die ausdrücken, zu welchem experimentell ermittelten Grad ein Ereignis bewußt ist.

Welcher Art die bewußten Ereignisse sind, ob mehrere bewußte Ereignisse identisch oder verschieden sind, läßt sich in einem Experiment 3. Ordnung feststellen. In ihm werden bewußte Ereignisse miteinander verglichen und so genauer eingegrenzt. Diese Experimente sollen hier aber nicht weiter beschrieben werden.[17] Absicht dieses Kapitels war es, deutlich zu machen, daß der Bereich der bewußten subjektiven Welt durchaus wissenschaftlich exakt faßbar ist.

Unter dem Bewußtsein einer Person innerhalb eines bestimmten Zeitintervalls können wir dann die Gesamtheit aller bewußten Ereignisse verstehen, die sich innerhalb des betreffenden Zeitintervalls bei der Person einstellen.

Ob die in zahlreichen Aufsätzen beschriebene Fähigkeit, im angeblich blinden Gesichtsfeld Reize zu entdecken, zu lokalisieren und zu unterscheiden, wirklich unbewußt war, ist sehr fraglich. Angesichts fehlender Präzisierung der grundlegenden Begriffe «bewußt» und «unbewußt» und aufgrund der völlig untauglichen Prüfung, inwieweit die Sehleistung nun unbewußt war, ist die Frage nicht zu beantworten. Entsprechend sind die Ergebnisse dieser Experimente auch wenig hilfreich bei der Untersuchung der neurobiologischen Grundlagen bewußten Sehens beziehungsweise unbewußter visueller Leistungen.

II

Wie Bewußtsein im Gehirn entsteht, und wie es vergeht

Trotz der Vorsicht, mit der die Ergebnisse der meisten Untersuchungen der Frage nach der Existenz unbewußter Sehleistungen zu betrachten sind, läßt sich doch auch Begründetes zu den möglichen neurobiologischen Grundlagen bewußter Ereignisse oder auch des Bewußtseins sagen.

Da man unter dem Bewußtsein einer Person zu einer bestimmten Zeit die Gesamtheit dessen verstehen kann, was dieser Person zu der betreffenden Zeit bewußt wird, ist es nicht sinnvoll, nach einem einzigen Ort des Bewußtseins zu suchen. Sinnvoller ist es statt dessen zu fragen, welche Voraussetzungen erfüllt sein müssen, damit es überhaupt zu einer bewußten Erfahrung kommt. Eine notwendige Voraussetzung dafür, daß bewußte Erfahrung entsteht, ist die Existenz eines funktionsfähigen Gehirns. Dieses Gehirn muß darüber hinaus auf einem hinreichend hohen Aktivierungsniveau gehalten werden. Dieses Aktivierungsniveau wird durch Neuronenverbände des Hirnstamms gesteuert, zu denen das sogenannte *aktivierende retikuläre aufsteigende System* gehört. Hier entspringende Axone erreichen das gesamte Großhirn und bestimmen die Höhe der Hintergrundaktivierung. Ausgedehnte Schädigungen dieses Aktivierungssystems lassen die Patienten in tiefe Bewußtlosigkeit fallen, in der alle bewußten Erfahrungen erlöschen. Bestenfalls erhalten sich, je nach Stadium der Bewußtlosigkeit, noch sehr elementare Erfahrungen.

Da das Bewußtsein aus der Gesamtheit seiner Einzelleistungen besteht, kann man fragen, durch welchen Hirnmechanismus die jeweilige Einzelleistung, wie zum Beispiel das Sehen, bewußt wird. Darüber, welche Hirnfunktionen aus unbewußter Reizverarbeitung bewußtes Sehen entstehen lassen, gibt es traditionell zwei Hypothesen. Eine besagt, daß die bei hirngeschädigten Patienten beschriebene, als unbewußt angesehene Fähigkeit, visuelle Reize zu entdecken, zu lokalisieren und zu unterscheiden – obwohl diese Patienten nach dem Experiment berichten, nichts gesehen und ausschließlich geraten zu haben –, dadurch entstehen, daß die im Hinterhauptslappen des Großhirns angesiedelten Strukturen des Sehsystems nicht völlig abgestorben sind. Nach der Schädigung mochte ein verbliebener Rest des Sehsystems noch fähig gewesen sein, die ankommende Information auf sehr reduziertem Niveau zu verarbeiten. Dieses verminderte Arbeitsniveau könnte zum Registrieren eines Lichtpunktes und zu seiner Lokalisation an einem bestimmten Ort ausreichend gewesen sein. Es dürfte, nach dieser Erklärung, jedoch zu schwach gewesen sein, um einen bewußten Seheindruck hervorzubringen.[18]

Die zweite Erklärung beruft sich auf mögliche Funktionen des sekundären Sehsystems. Außer der zuvor beschriebenen Verbindung von der Netzhaut über den Sehnerv zum lateralen Kniehöcker und von dort über die Sehstrahlung zum Hinterhauptslappen des Großhirns existiert noch eine Verbindung zum entwicklungsgeschichtlich alten Hirnstamm. Es wäre denkbar, daß diese Struktur, die vermutlich unsere Vorfahren schon vor mehr als dreihundert Millionen Jahren zum Sehen benutzten, rudimentäre Sehfunktionen behalten hat, die aber nicht die Ebene der bewußten Erfahrung erreichen. Tierexperimentelle Untersuchungen an Affen, denen der Hinterhauptslappen des Großhirns entfernt worden war, sollten zeigen, daß visuelle Restfunktionen, wie sie bei hirnverletzten Menschen beobachtet wurden, auch nach völligem Verlust des fraglichen Teils des Großhirns fortbestehen.[19]

Doch es lag eigentlich auf der Hand, daß in diesem Fall

Affe und Mensch nicht vergleichbar sind. Nach Entfernung beider Hinterhauptslappen des Großhirns kann ein Affe sich zum Beispiel soweit erholen, daß er wieder zu einer fast normalen visuellen Orientierung befähigt wird, er Gegenständen aufgrund seiner visuellen Resterfahrung auszuweichen vermag und gezielt nach Futterstücken greifen kann.[20] Eine solches Wahrnehmungsrepertoire setzt weit komplexere verbliebene Hirnmechanismen voraus, als die simplen Leistungen, die ein Mensch nur dann zeigt, wenn er gezwungen wird zu raten. Während die rudimentären Leistungen des geschädigten Sehsystems des Menschen ganz offensichtlich durch Neuronenverbände des Hinterhauptslappens bewerkstelligt werden, die die Schädigung überlebt haben, dürfte die verbliebene visuelle Orientierungsfähigkeit von Affen ganz andere neuronale Mechanismen voraussetzen, die andere Hirnareale als den Hinterhauptslappen involvieren und die dem hirngeschädigten Menschen nicht zugänglich sind. Ein Mensch bewegt sich nach einer solchen Hirnschädigung in einer normalen Umwelt wie ein Blinder. Die beschriebenen Restfunktionen erlauben keine visuelle Orientierung. Es sind nur unter speziellen Laborbedingungen dem Gehirn zu entlockende rudimentäre Leistungen. Doch diese Unvergleichbarkeit von Affe und Mensch hielt zahlreiche Forscher nicht davon ab, visuelle Restfunktionen von Affen, denen der Hinterhauptslappen einer oder beider Hirnhemisphären abgetragen worden war, zu untersuchen und so zu tun, als seien Affe und Mensch in dieser Hinsicht vergleichbar. Verwenden wir die hier eingeführte Terminologie, so bedeutet dies, daß Affe und Mensch schon auf dem Niveau von Experimenten erster Ordnung grundsätzlich verschieden sind.

Dessenungeachtet wurde auch ein Experiment zweiter Ordnung, wie ich es vor fünfzehn Jahren an hirngeschädigten Patienten durchgeführt und dessen Variante für die tierexperimentelle Forschung ich beschrieben hatte,[12] vor kurzem an Affen ausgeführt.[21] Man entfernte bei den Tieren einen großen Teil des Hinterhauptslappens einer Hirn-hälfte. Diese Schädigung hätte im Falle eines Menschen zu halbseitiger Blindheit geführt. Die Affen vermochten in diesem Bereich, wie erwartet, Lichtreize weiterhin pro-blemlos zu entdecken, zu lokalisieren und zu unterschei-den. Entsprechend den Experimenten an hirngeschädigten Patienten wurden die Affen trainiert, einen bestimmten Knopf zu drücken, wenn kein Reiz erschien, und einen an-deren Knopf zu betätigen, wenn der Reiz in einem normal sehenden Bereich der Netzhaut auftauchte. Zeigte man den Lichtreiz in dem Netzhautbereich, in dem man bei den Affen ein Ratefeld vermutete, so drückten sie den Knopf, den sie gelernt hatten zu betätigen, wenn kein Reiz anwe-send war, sie ihn also nicht sahen.

Dies war zwar eine Nachahmung des von mir vorge-schlagenen Experiments zweiter Ordnung (vgl. S. 99 ff.), doch die Interpretation der Ergebnisse beruht auf einem elementaren Denkfehler. Die Untersuchungen an Patien-ten haben uns schon gelehrt, daß das, was man zunächst für ein Ratefeld hält, sich als Empfindungsfeld entpuppen kann. Die Patienten stufen die Empfindungen, die durch Lichtreize im Empfindungsfeld ausgelöst werden, nicht als Sehen ein. Offenbar handelt es sich auch nicht um einen verschwommenen oder schwachen Seheindruck, nicht einmal um ein Gefühl in einem den Patienten bisher ver-trauten Sinn. Es ist oft eine vorher nicht gekannte, kaum beschreibbare Art der Empfindung, die offenbar erst durch die Hirnschädigung entstanden ist. Auch beim Affen mag die Hirnschädigung in dem vermuteten Ratefeld eine neue Art der Empfindung, einen vielleicht bisher nicht gekann-ten Erlebnisbereich hervorgebracht haben, der dennoch eine erstaunlich genaue visuelle Orientierung ermöglicht, aber nicht mit Sehen im gewöhnlichen Sinn vergleichbar ist. Da die Affen nur die Wahl hatten, entweder normales Sehen oder Nichtsehen durch Knopfdruck anzuzeigen, mochten sie sich für Nichtsehen entschieden haben. Dies schließt aber nicht aus, daß hier dennoch eine ganze Welt intensiver Empfindungen entstanden sein könnte. Daß Affen nach Entfernung beider Hinterhauptslappen, die einen Menschen vollständig erblinden lassen, sich dennoch in der beschriebenen Weise visuell hervorragend orientieren können, läßt die Möglichkeit bestehen, daß bei Affen nach einer solchen Hirnschädigung, anders als beim Menschen, eine intensive, durch visuelle Reize ausgelöste Welt bewußter Erfahrungen entsteht. Die Eingrenzung derartiger bewußter Ereignisse bei Tieren erfordert über die beschriebenen Experimente hinausgehende experimentelle Verfahren und eine sorgfältige logische Analyse der Ergebnisse.

Neuere kritische Untersuchungen über die Existenz unbewußten Sehens weisen darauf hin, daß es dann zu einem uneingeschränkten oder gar fehlenden Bewußtsein für die eigene Fähigkeit, Reize zu entdecken, zu lokalisieren und zu unterscheiden, kommt, wenn das durch die visuellen Reize im Hinterhauptslappen des Großhirns hervorgerufene Aktivierungsniveau zu gering ausgefallen ist.[18] Das geringe Aktivierungsniveau kann sich dadurch einstellen, daß die Nervenzellen soweit geschädigt sind, daß die normale Funktion nicht mehr aufrechterhalten bleibt. Daß Lichtreize zwar noch entdeckt, lokalisiert und unterschieden werden, die bewußte Wahrnehmung jedoch möglicherweise ausbleibt, ist auch erklärbar durch die nach einer Hirnschädigung reduzierte Anzahl funktionsfähiger Nervenzellen. Dafür sprechen unter anderem die Ergebnisse einer soeben abgeschlossenen, exakt durchgeführten Untersuchung,[22] in der (möglicherweise) unbewußte Sehfunktionen auch bei Patienten mit einer Schädigung des Sehnervs nachgewiesen wurden. Die Zahl der noch aktivierten Zellen, die zum unversehrten visuellen Cortex des Gehirns gelangten, reichten vermutlich nicht mehr für die Entstehung bewußten Sehens aus.

Es gibt aber keine Beweise dafür, daß manche Hirnteile eine bewußte Wahrnehmung hervorrufen, während andere nur zu einer unbewußten Reizverarbeitung fähig sind. Eine Voraussetzung für die Entstehung bewußter Erfahrung ist offenbar, daß hinreichend viele Nervenzellen hinreichend stark aktiviert werden.

Zahlreiche Untersuchungen an hirngeschädigten Patienten zeigen eindeutig, daß unsere bewußten Ereignisse das Schicksal aller durch das Hirn vermittelten Leistungen teilen. Ist eine Hirnregion, deren Funktion notwendig ist, damit eine Hirnleistung zustande kommt, völlig zerstört und kann die Leistung von keiner anderen Hirnregion übernommen werden, so ist sie unwiederbringlich verloren. Dann ist dieser Teil unserer Person nicht mehr existent, während die übrigen Leistungen unvermindert fortbestehen.

Alles, was wir über das Gehirn, über die Entstehung psychischer Leistungen und über das Bewußtsein wissen, läßt nur die Erkenntnis zu, daß unsere Wahrnehmungen, Empfindungen, unsere Erinnerungen, unser gesamtes Denken und Planen, Verstehen und Sprechen, alles, was uns je bewußt werden kann, ein funktionierendes Hirn voraussetzen. Nichts spricht dafür, daß auch nur die rudimentärste Bewußtseinsfähigkeit ohne unser Gehirn möglich wäre. Die zahllosen Beobachtungen an hirngeschädigten Patienten haben uns deutlich gemacht, daß die Schädigung bestimmter Hirnareale ganz spezielle Leistungen ausfallen lassen kann, obwohl alle anderen Fähigkeiten völlig intakt bleiben. Nur das Sprachverständnis oder nur die Sprachproduktion (vgl. Kapitel 5), nur das Bewegungssehen oder nur das Erkennen von Gesichtern (vgl. Kapitel 16), nur das Erkennen der Existenz einer Raum- und Körperhälfte (vgl. Kapitel 13) und vieles mehr können selektiv verlorengehen, während alle anderen Bereiche des menschlichen Leistungsspektrums unangetastet weiterbestehen. Neuropsychologen nennen dieses Prinzip des gezielten Ausfalls nur einer ganz bestimmten Funktion die *Dissoziation* von Hirnleistungen. Das bedeutet nicht, daß jede Hirnleistung nur genau an einem Ort des Gehirns repräsentiert ist. Meist sind es mehrere Gebiete des Großhirns und des Hirnstamms, die miteinander verbunden sind und gemeinsam bestimmte psychische Leistungen generieren. Trotzdem kann der Ausfall einer der beteiligten Hirnstrukturen die Funktion aller Zellverbände dieser interagierenden Hirnbereiche zum Erliegen bringen. Dann geht die durch sie hergestellte psychische Leistung verloren, vorausgesetzt sie wird von keinem anderen intakten Gehirngebiet übernommen.

In den zurückliegenden Kapiteln wurde über Menschen berichtet, denen sogar eine ganze Hälfte des Großhirns operativ entfernt worden war oder bei denen eine Hirn-hälfte ihre Funktion weitgehend eingebüßt hatte. Fehlte die rechte Gehirnhälfte, so waren zwar schwere Einschränkungen der Bewegungsfähigkeit der Gliedmaßen der gegenüberliegenden Körperhälfte die Folge. Es kam auf dieser Körperhälfte zur Verminderung der Empfindungs-fähigkeit, und es konnten sich andere Leistungsdefizite ein-stellen. Fehlte die linke Gehirnhälfte oder war sie weitge-hend zerstört, so zeigten sich ebenfalls Einbußen der Beweglichkeit der gegenüberliegenden Extremitäten sowie Veränderungen der Sensibilität. Trat die Zerstörung oder der Verlust dieser Hirnhälfte in frühester Kindheit ein, so war die Sprachentwicklung zwar verzögert und die Sprach-fähigkeit erreichte nicht vollständig das Niveau des gesun-den Menschen, doch konnte die verbliebene rechte Hirn-hälfte die Sprachfunktionen weitgehend übernehmen. In solchen Fällen kann sich eine geistige Behinderung einstel-len, bei der zahlreiche intellektuelle Leistungen, wie das Verstehen von Zusammenhängen, Schlußfolgerungen zie-hen, Lernen, im Gedächtnis behalten und manches mehr, deutlich eingeschränkt sind. Bei keinem der bisher unter-suchten Patienten bestand jedoch der geringste Anhalts-punkt dafür, daß sie mit der Zerstörung einer Gehirnhälfte das Bewußtsein verloren hätten und zu menschlichen Au-tomaten geworden wären. Sie blieben vollständige Personen, manchmal gar mit einem intellektuellen Leistungsspektrum, das das vieler Gesunder übertraf. Dies zeigt, daß bewußte Ereignisse oder das Bewußtsein nicht in einer bestimmten Hirnhälfte entstehen. Jede Hemisphäre des Gehirns kann für sich uneingeschränkt bewußtseinsfähig sein.

Die schwersten Abweichungen vom normalen Gehirn, die noch überlebt werden, fanden sich bei Kindern, deren Großhirn völlig fehlte. Wie beschrieben, bewegen manche dieser Kinder sich in fast normalem Umfang, sie trinken und schreien, doch sind sie blind. Eine Entwicklung über solche Elementarfunktionen hinaus findet nicht statt. Weder kann sich ein Sprachverständnis noch die Sprachproduktion entwickeln, Lernen ist nicht nachweisbar. Sieht man eines der Kinder mit einem solch minimalen Gehirn agieren, so wird man intuitiv keinen Zweifel daran hegen, daß dieses Kind ebenso Bewußtsein besitzt wie ein normaler Säugling.

Aber dieser Eindruck kann trügen. Der Hirnstamm solcher Kinder enthält zwar Strukturen, die notwendig dafür sind, daß Bewußtsein zustande kommt, wie z. B. die *Formatio reticularis*, ein neuronales Netzwerk, das den Hirnstamm auf einer Länge von wenigen Zentimetern durchzieht. In ihr entspringen Axone, die das Großhirn erreichen und dessen Grundaktivierungsniveau steuern. Schädigungen der Formatio reticularis trüben, je nach ihrem Ausmaß, das Bewußtsein der Patienten. Das Spektrum der Folgen einer Schädigung der Formatio reticularis reicht von Schläfrigkeit mit schwerer Weckbarkeit bis zur tiefen Bewußtlosigkeit, dem Koma, in dem der Patient nicht mehr weckbar ist und in dem er nicht mehr auf Reize reagiert. Die Tatsache, daß Strukturen des Hirnstamms für das Auftreten von Bewußtsein beim gesunden Menschen notwendig sind, läßt nicht den Schluß zu, daß diese Hirnstrukturen allein bereits Bewußtsein entstehen lassen könnten. Bei der Untersuchung der Frage, ob unbewußtes Sehen durch Strukturen des Hirnstammes vermittelt werden kann, wurde ebenso deutlich, daß der Hirnstamm allein beim erwachsenen Menschen weder bewußte noch, wie früher vermutet wurde, unbewußte Sehleistungen zustande bringt. Andererseits erlaubt die Komplexität des Verhaltens von Kindern, deren Großhirn sich nicht entwickelt hat, dennoch die Vermutung, daß die Existenz einfacher Bewußtseinszustände nicht völlig auszuschließen ist, auch wenn diese letztlich nicht nachweisbar sind.

Weil die Möglichkeit nicht auszuschließen ist, daß der Hirnstamm allein, zumindest bei Kindern ohne Großhirn, rudimentäre Bewußtseinszustände generiert, muß die Definition des Todes auch den Ausfall aller Hirnstammfunktionen fordern. Sind jedoch außer den Funktionen des Großhirns auch alle Funktionen des Hirnstamms unwiederbringlich zum Stillstand gekommen, so ist das Bewußtsein endgültig erloschen, der Tod ist eingetreten. Wenn kein funktionsfähiges Großhirn und kein lebendes Stammhirn mehr existieren, können Herz- und Kreislauffunktionen dennoch für längere Zeit apparativ stabil gehalten werden. Obwohl der Körper dann eine gewisse Zeit überleben kann, haben alle Hirnleistungen, einschließlich nur denkbarer Bewußtseinszustände, den Körper verlassen, ohne jemals zurückkehren zu können. Nach dem Stillstand aller Großhirn- und Stammhirnfunktionen ist das Gehirn für Ereignisse der Umwelt unerreichbar. Kein Signal kann von Nervenzellen fortgeleitet werden. Die Fülle der Umwelt, die Sinneszellen aktivierte, Potentiale durch Nervenbahnen schickte, Neuronen, die in dichten Zellgespinsten Erregung und Hemmung austauschten, sich zu Aktivierungsmustern abstimmten, um unsere subjektive Welt zu generieren, liegen still. Die Außenwelt gleitet am toten Körper ab. Kein Gegenstand wird sichtbar, kein Ton zum gehörten Klang, keine Berührung zur Empfindung. Spuren eines ganzen Lebens, die sich im Gedächtnis niederließen, sind gelöscht. Nichts kann erinnert, nichts mit Früherem verglichen werden. Weder das eigene Sterben noch der Augenblick des

Todes können ein Zeichen hinterlassen. Im Absterben der für das Gedächtnis notwendigen Strukturen des Gehirns kann nicht einmal der Tod als Erinnerung überdauern.

Die Berichte von Menschen, die dem Tod nahe waren, über seltsame Empfindungen, Wahrnehmungen und Erlebnisse sind natürlich keine Geschichten aus dem Reich der Toten. Diese Menschen waren nicht tot, ihr Gehirn hatte seine Funktion erhalten, ermöglichte Empfindungen und Wahrnehmungen und besaß sogar die Fähigkeit, das Erlebte im Gedächtnis zu bewahren, um es später zu berichten. Ein wirklicher Stillstand aller Hirnfunktionen macht all dies unmöglich. Der Tod ist nicht wahrnehmbar, löst keine Empfindung aus, ist kein Ereignis in der Zeit, hinterläßt keine Gedächtnisspur, ist nichts, was erlebt werden könnte, da im Tod keine Hirnfunktionen mehr bestehen, die all dies vermitteln könnten. Der Tod hat keine erfahrbaren Eigenschaften, ihm fehlt jedes Attribut der Existenz. Niemand kann seinen eigenen Tod erfahren. Er ist somit kein Ereignis des Lebens. «Tod» ist lediglich die biologische Schwelle zum unwiederbringlichen Erlöschen aller Hirnfunktionen, die wir als außenstehende Beobachter am Gehirn anderer Menschen oder Tiere feststellen können. Er ist markiert durch den Stillstand des Gehirnkreislaufs, das Anhalten aller elektrischen Aktivität, das Versiegen des Hirnstoffwechsels, die Reaktionslosigkeit bis zum Fehlen selbst der Reflexe des Hirnstamms. Aber er existiert nicht als erlebbares Ereignis in der Welt des Sterbenden. Nur das Sterben, solange es bewußt verläuft, ist noch ein Ereignis des verbleibenden Lebens.

Menschen haben in ihren Mythologien seit dem Altertum, wahrscheinlich schon in weit früherer Zeit, von der wir keine Zeugnisse besitzen, versucht, den Tod zu begreifen, sich eine Vorstellung von ihm zu machen. Aber wir können uns die Nichtexistenz, durch die der Tod charakterisiert ist, nicht vorstellen, da es nichts Vorstellbares gibt. Es ist, als wollten wir uns vorstellen, wie es uns während der Jahrmilliarden seit Bestehen des Universums erging, als wir noch nicht geboren waren.

So wie die biblische Vorstellung, der Mensch und die Tiere seien in ihrer heutigen Gestalt erschaffen worden, durch die Einsicht in die Evolution ihre Gültigkeit verlor, wie die Astronomen die Auffassung, die Erde sei eine Scheibe, widerlegten, so ist es eine einfache Folgerung aus den Ergebnissen neurobiologischer und vor allem der neuropsychologischen Forschung, daß ein Weiterleben nach dem Erlöschen jeglicher Hirnfunktion ausgeschlossen ist. Bewußtsein ist an Hirnfunktionen gebunden, kein Argument spricht dagegen. Die Vorstellung eines Weiterlebens ohne funktionsfähige Hirnstrukturen ist eine Metaphysik, der alle wissenschaftlich fundierten Erkenntnisse der Neurobiologie und Neuropsychologie widersprechen. Wenn die Nervenzellen des Gehirns keine Aktionspotentiale mehr entstehen lassen, wenn keine Überträgerstoffe mehr ausgeschüttet werden, wenn also die Funktion des Gehirns für immer eingestellt ist, so existiert diese Funktion der Neuronen nicht in einer transzendenten Welt weiter. So wenig wie nach dem Hirntod die Hirnfunktion außerhalb des Gehirns weiterleben kann, so wenig können durch sie hervorgebrachte Leistungen wie Wahrnehmen, Empfinden, Handeln, Denken, das Erleben der Zeit und des Raumes und all das, was das Bewußtsein einer Person zu irgendeiner Zeit ausmacht, an einem dieser Welt unzugänglichen metaphysischen Ort ihre Existenz fortsetzen. Der Glaube, es könne eine Weiterexistenz unseres Bewußtseins ohne funktionsfähige Hirnstrukturen geben, mag dem Wunsch entspringen, das Bewußtsein über den Tod hinaus zu retten. Doch wir müssen erkennen, daß solche Vorstellungen nicht der Wirklichkeit entsprechen und durch alle Erkenntnisse über die biologischen Grundlagen des Psychischen widerlegt werden.

12
Die Entwicklungsgeschichte des Bewußtseins

Die zurückliegenden Kapitel haben deutlich gemacht, daß unser Bewußtsein, unsere Persönlichkeit, unser Erleben, Denken und Handeln Ergebnisse von Hirnfunktionen sind. Menschliches Bewußtsein ist, wie das Gehirn, aus dem es hervorgeht, das Ergebnis eines Evolutionsprozesses, der dem Tierreich entspringt, in dem wir tief verwurzelt sind und dessen Wesenszüge wir in uns tragen.[23] Das menschliche Gehirn ist nicht mehr als ein in einigen Aspekten fortentwickeltes Säugetiergehirn ohne metaphysische Besonderheit. Daher können wir annehmen, daß unser menschliches Bewußtsein auch Elemente tierischen Bewußtseins einschließt. Ein kurzer Überblick über die Evolution des Menschen soll den Zusammenhang von tierischem und menschlichem Gehirn verdeutlichen.

Die frühesten Vorstufen unseres Gehirns bestanden aus neuronalen Netzwerken, die sich in primitiven Lebewesen, die die Erde hervorgebracht hatte, zu etablieren begannen. Aus ihnen entstanden nach vielen Zwischenschritten der Evolution die Gehirne der Fische, die noch sehr einfach aufgebaut waren. Bereits hier könnten sich die ersten bewußten Ereignisse abgespielt haben. Wir wissen nicht, ab welcher Stufe der Evolution im Gehirn die ersten bewußten Ereignisse auftraten. Die Gehirne früher Fische besaßen bereits Strukturen, die man als Vorläufer der entwicklungsgeschichtlich ältesten Hirnteile von Säugern und auch des Menschen betrachten kann, die der Regulation basaler Körperfunktionen dienen. Aus Teilen dieser «Urgehirne» entwickelten sich bei den Säugetieren Hirnstrukturen, die in die Vermittlung von Empfindungen wie Angst, Aggression, Sexualtrieb, Hunger und Durst, also bewußter Zustände, eingebunden sind. Wir können nicht ausschließen, daß diese alten Hirnteile auch bei den ersten Fischen elementarste Empfindungen entstehen ließen. Damit ist denkbar, daß die vor mehreren hundert Millionen Jahren existierenden Fische, aus denen die landlebenden Tiere hervorgingen, die auch unsere Urahnen sind, bereits einfachste Elemente eines Bewußtseins besaßen.

Im Karbon, vor cirka 300 Millionen Jahren, traten Cotylosaurier auf, die Stammgruppe der Reptilien, aus denen sich die echsenartigen Therapsiden entwickelten. Zu ihnen gehörten die Theriodontier, säugetierähnliche Reptilien mit einem säugetierartigen Gebiß, die vermutlich bereits warmblütig und behaart waren. Im späten Trias, vor etwa 200 Millionen Jahren, wurden aus ihnen die ersten Säugetiere. Spätestens auf dieser Entwicklungsstufe lassen sich in den Gehirnen Strukturen des limbischen Systems erkennen, die in wenig veränderter Form auch im menschlichen Gehirn zu finden sind. Obwohl wir es nicht schlüssig beweisen können, müssen wir aufgrund der Ähnlichkeit des limbischen Systems von Säugern – vielleicht auch ihrer Vorläufer, der Theriodontier – und des limbischen Systems des Menschen annehmen, daß hier entstehende Empfindungen (d. h. bewußte Ereignisse im oben genannten Sinn des Begriffs) beim Menschen mit denen seiner Vorfahren vergleichbar sind. Eine Entwicklungslinie früher Säugetiere führte zu den Affen, schließlich zu den Menschenaffen, von denen sich die Menschen vor vermutlich 6 Millionen Jahren trennten.[24] Diesen Zeitpunkt der Abspaltung der Menschen legen jedenfalls molekulargenetische Untersuchungen nahe. Obwohl fossile Menschenaffen wie Proconsul und Sivapithecus von einigen Autoren als mögliche letzte gemeinsame Vorfahren von Menschen und Menschenaffen in Betracht gezogen werden, ist dieser gemeinsame Ahne keineswegs gesichert. Erst vor etwa 4 Millionen Jahren tritt mit Ardipithecus ramidus in Äthiopien ein Wesen auf, das ein auffällig weit zur Unterseite des Schädels verlagertes Hinterhauptsloch (das Foramen magnum, die Austrittsöffnung des Rückenmarks aus dem Schädel) und kleine Eckzähne besitzt. Es bestehen große Ähnlichkeiten mit den Australopithecinen, deren älteste Vertreter bereits vor 4,2 Millionen Jahren in Ost- und Südafrika nachgewiesen sind. Hier scheint sich der Übergang vom kletternden Menschenaffen zum zunächst teilweise, später ausschließlich aufrecht gehenden Vorläufer heutiger Menschen vollzogen zu haben.

Es ist eine Frage der Definition, bis zu welchem Stadium der Evolution man unsere Vorfahren als Tiere bezeichnen will und ab welcher Entwicklungsstufe man von einem Menschen spricht. Auch die Abspaltung der Menschenaffen von der Entwicklungslinie der Menschen, der Erwerb des aufrechten Gangs oder der Beginn des Gebrauchs von Steinwerkzeugen markiert keinen Entwicklungssprung, bei dem sich ein bis dahin fehlendes Bewußtsein etabliert hätte. Der Übergang vom tierischen zum menschlichen Gehirn ist fließend, und auch das menschliche Bewußtsein ist zweifellos nach und nach aus dem tierischen Bewußtsein entstanden. Es existiert kein Entwicklungssprung, durch den aus dem Tier etwas kategorial ganz Verschiedenes, nämlich der Mensch geworden wäre, kein Sprung vom unbeseelten Tier, dem Bewußtsein fehlt, zum beseelten, bewußtseinsfähigen Menschen.

Der älteste gefundene Australopithecine dürfte zumindest eines aufrechten Gangs fähig gewesen sein. Mit einem Gehirnvolumen zwischen etwa 300 und 500 cm³, das dem von Schimpansen entspricht, standen die Australopithecinen dem heutigen Menschen mit einem Gehirnvolumen von etwa 1500 cm³ in ihrem intellektuellen Leistungsspektrum noch sehr fern. Dennoch steht aufgrund des Entwicklungsstandes ihres Gehirns außer Zweifel, daß Australopithecinen bereits Empfindungen erlebten, die den unsrigen vergleichbar sind, daß also bewußte Ereignisse in ihnen abliefen. Somit besaßen sie bereits unzweifelhaft Komponenten unseres Bewußtseins. Vor etwa 2,5 und 1,5 Millionen Jahren traten der Homo habilis und Homo rudolfensis auf, deren Hirnschädelkapazität diejenige der Australopithecinen überstieg und bei Homo rudolfensis mehr als 750 cm³ betrug. Diese frühen Menschen scheinen sich aus dem Australopithecus africanus, einer Australopithecinenart, die in Südafrika beheimatet war, entwickelt zu haben. Homo rudolfensis, Homo habilis und möglicherweise schon ihre Vorfahren, die Australopithecinen, verwendeten einfache Geröllwerkzeuge, deren Alter bis zu 2,7 Millionen Jahren reicht. Ob diese frühen Menschen bereits eine Lautsprache besaßen, ist unbekannt. Die Abdrücke ihrer Schädelinnenseite (Endokranialausgüsse) lassen die Windungen der beim heutigen Menschen für die Sprachfähigkeit wichtigen Hirnregionen schon deutlich erkennen. Aus der Anwesenheit des Hirnwindungsreliefs in den für das Sprachverständnis und die Sprachproduktion entscheidenden Regionen der linken Hirnhälfte (Wernicke- und Broca-Region) läßt sich jedoch noch nicht ableiten, daß diese Hirngebiete bereits Sprachfunktionen übernommen hätten. Es scheinen lediglich die morphologischen Voraussetzungen für die Sprachfähigkeit bestanden zu haben.[25]

Die gelegentlich vertretene Annahme, Bewußtsein sei an Sprachfähigkeit gebunden, ist ohne sachliche Begründung. Das zeigt sich bereits am Beispiel von Patienten, die infolge einer Hirnschädigung ihre Fähigkeit verloren haben, sich sprachlich zu äußern. Sie haben deshalb jedoch nichts von ihrem Bewußtsein eingebüßt.

Bei Homo erectus, der auf Homo habilis folgte und seit 1,8 Millionen Jahren bis vor 200 000 Jahren lebte, hatte die Hirnschädelkapazität sich gegenüber Homo habilis wieder deutlich erhöht. Innerhalb der Schädelfunde von Homo erectus läßt sich ein schwacher Trend zu einer im Laufe der Zeit immer größeren Hirnschädelkapazität erkennen. Einzelne, nur 200000 bis 400000 Jahre alte Schädel weisen gar eine Hirnschädelkapazität von über 1200 cm³ auf, mit einem gegenüber früheren Menschen vergrößerten Broca-Areal. Bereits vor 1,5 Millionen Jahren stellte Homo erectus beidseitig bearbeitete Steingeräte zum Schneiden, Schaben und Schnitzen her.

Bis vor 32000 Jahren reichen die jüngsten Funde des Homo sapiens (Neandertaler). Seine Hirnschädelkapazität betrug bis zu 1750 cm³ (Fund: Amud I) und übertraf damit sogar die durchschnittliche Gehirnschädelkapazität heutiger Menschen. Das Gehirn hatte nicht nur an Masse zugenommen, sondern es zeigte auch eine weitere Differenzierung, z.B. in den Sprachregionen. Man kann davon ausgehen, daß Neandertaler eine Lautsprache besaßen und daß ihr Empfinden und Erleben mit dem heutiger Menschen vielleicht nicht identisch, ihm jedoch bereits sehr ähnlich war. Es handelte sich um einen äußerst robust gebauten Menschen mit dicken Schädelknochen, ausgeprägten Überaugwülsten, einer flachen Stirn und einem fliehenden Kinn. Seine groben Werkzeuge, die bis heute überdauert haben, lassen auf eine sehr einfache Lebensweise als Jäger und Sammler schließen. Zeugnisse künstlerischen Schaffens fehlen noch, doch sind bereits Anzeichen eines Beerdigungskults nachzuweisen.

Schon vor etwa 100000 Jahren lebte der anatomisch moderne, dem heutigen Menschen anatomisch entsprechende Homo sapiens sapiens. Alles deutet darauf hin, daß dieser sich in Afrika entwickelte, über den Nahen Osten nach Europa einwanderte und den Neandertaler verdrängte. Mit seinem Erscheinen setzt in Europa eine kulturelle Revolution ein. Feingearbeitete Steinklingen, Harpunen und Speerschleudern werden gefertigt. Ornamente und Tierdarstellungen befinden sich oft auf höchstem handwerklichem und künstlerischem Niveau. Da er das Gehirn heutiger Menschen besaß, dürfen wir davon ausgehen, daß sein Bewußtsein auch dem heutiger Menschen entsprach. Der

Neandertaler und möglicherweise auch Homo erectus starben aus und stellen damit nicht weitergeführte Seitenzweige der Entwicklungslinie dar, die zum modernen Menschen führte.

Obwohl die Befunde über die Menschheitsentwicklung lückenhaft sind, reichen sie doch aus, um eine kontinuierliche Vergrößerung und Ausdifferenzierung des Gehirns und um eine allmähliche Zunahme als typisch menschlich betrachteter Leistungen annehmen zu können. Mit der Fortentwicklung des Gehirns verbesserte sich dessen Leistungsfähigkeit in vielen Bereichen, und Fähigkeiten, die aufgrund einer veränderten Lebensweise und eines gewandelten Körperbaus nicht mehr gebraucht wurden, verkümmerten. Dafür erweiterten sich die Wahrnehmungsfähigkeit, die Gedächtnisleistung erhöhte sich in gigantischem Ausmaß, logisches, planendes Denken entstand, und manches andere, neu hinzugekommene Vermögen erschloß bisher unbekannte Ausschnitte der Welt. Mit zunehmender Differenzierung des Gehirns werden neue bewußte Ereignisse, wie z. B. bewußte Wahrnehmungserlebnisse, Emotionen, bewußt ablaufende Denk- und Planungsprozesse, bewußtwerdende Erinnerungen und vieles mehr, geboren worden sein. Versteht man unter dem Bewußtsein, das ein Lebewesen innerhalb eines bestimmten Zeitintervalls besitzt, die Gesamtheit seiner innerhalb dieses Zeitintervalls auftretenden bewußten Ereignisse und vergegenwärtigt man sich, wie die unterschiedlichen neuronalen Netzwerke des Gehirns ganz verschiedene bewußte Ereignisse entstehen lassen, so macht es keinen Sinn zu fragen, wann sich das Bewußtsein als ein psychisches Gesamtereignis im Menschen etabliert habe. Die bewußten Ereignisse (im oben genannten Sinn), die das Bewußtsein heutiger Menschen bilden, haben sich langsam entwickelt, einige vielleicht gleichzeitig, andere nacheinander. Wir wissen natürlich nicht, welches die ersten bewußten Ereignisse waren, die sich in einem Lebewesen entfalteten. Es mag eine Empfindung gewesen sein, die mit Nahrungsaufnahme, Flucht, Verteidigung oder Fortpflanzung zusammenhing, vielleicht war es auch eine rudimentäre Tastempfindung oder die Empfindung der Fortbewegung des eigenen Körpers, vielleicht aber war es ein Vorläufer der Schmerzwahrnehmung.

Der Mensch ist nicht das einzige bewußtseinsfähige Lebewesen. Die enge stammesgeschichtliche Verwandtschaft, Ähnlichkeiten der Hirnstrukturen, die Vergleichbarkeit des spontanen Verhaltens und der Reaktionen auf Ereignisse in der Umwelt, lassen keinen Zweifel daran, daß auch Tiere bewußte Ereignisse und damit Elemente des Bewußtseins besitzen. Ebenso haben die Gehirne unserer noch eindeutig tierischen Vorfahren mit Sicherheit das hervorgebracht, was wir als «bewußte Ereignisse» bezeichneten (vgl. Kapitel 10) und deren Gesamtheit das Bewußtsein eines Lebewesens bilden.

Zu den elementarsten bewußten Ereignissen, die sicherlich bereits sehr früh in der Entwicklungsgeschichte auftraten, gehört das Bewußtsein der Existenz der Außenwelt und des eigenen Körpers. Wie dieses Bewußtseins im Gehirn repräsentiert ist, wissen wir vor allem durch hirngeschädigte Patienten, die dieses Bewußtsein für die Existenz einer Raum- und Körperhälfte in einer für den Gesunden nicht mehr nachvollziehbaren Weise verloren haben. Das fehlende Bewußtsein für eine Raum- und Körperhälfte, eine Störung, die als *unilateraler Neglect* bezeichnet wird, ist Gegenstand des folgenden Kapitels.[26]

13
Als die Welt nur noch eine Hälfte hatte

Frau Müller war an diesem Frühjahrsmorgen im Garten damit beschäftigt, ein wenig Unkraut auszuzupfen, den Boden an ein paar Stellen aufzulockern, mehr brauchte jetzt noch nicht getan zu werden. Schlagartig stieg eine durchdringende Übelkeit in ihr auf. Nun traten noch heftige Kopfschmerzen hinzu. Frau Müller mußte ins Haus gehen und sich in einen Sessel setzen. Ihre Tochter verständigte den Arzt. Frau Müller wurde sogleich in das nächste Krankenhaus gebracht. Sie hatte vorübergehend einmal den Eindruck, der linke Arm sei etwas schwer beweglich. Aber sonst konnte sie nichts Besonderes an sich feststellen. Die Ärzte haben sie ganz genau untersucht. Einen Katheter haben sie ins Herz vorgeschoben, Röntgenaufnahmen gemacht, Herztöne wurden abgehört, ein Elektrokardiogramm abgeleitet. Danach wurde sie zur Computertomographie des Kopfes in eine Röhre geschoben. Als Diagnose wurde ihr mitgeteilt, sie hätte eine Hirnblutung erlitten. Aber schlimm konnte es nicht sein, dachte Frau Müller, denn über nennenswerte Beschwerden wußte sie nicht zu klagen. In ein paar Tagen würde man sie sicher wieder entlassen. Übelkeit und Kopfschmerzen waren längst verflogen.

Frau Müller lag in einem dieser eisernen Klinikbetten, das Kopfende war an die Wand geschoben. Als ich sie begrüßte, erwiderte sie meinen Gruß, doch sie konnte mich nicht sehen, obwohl ich, links von ihr, am Fußende des Bettes stand. Der Kopf war etwas nach rechts gewendet, und auch die Augen blickten unentwegt nach rechts. Als beobachtete sie etwas auf dem Boden, das ihren Blick wie ein Magnet anzog, ließen ihre Augen nicht ab von dieser Stelle, an der es gar nichts zu betrachten gab. Erst als ich zur rechten Bettseite hinübergegangen war, hob sie den Blick und streckte mir die Hand entgegen. Aber immer wieder wendete sie ihre Augen nach rechts und verharrte dort für einige Zeit. Es schien sie geradezu Mühe zu kosten, den Blick aufzurichten und mich anzusehen. Keineswegs war die Patientin verwirrt. Wir unterhielten uns lange. Frau Müller war völlig orientiert, und es fiel gar nichts Ungewöhnliches an ihr auf. Doch sobald man von der Lähmung ihrer linken Seite sprach, nahm sie das Gespräch nicht an. Sogleich wich sie aus, wechselte das Thema. Wie es denn mit ihrer linken Körperhälfte ginge, ob sie den Arm und das Bein etwas bewegen könne, fragte ich sie. Ungeachtet der vollständigen Lähmung dieser linken Körperhälfte war Frau Müller voller Zuversicht. In den nächsten Tagen wollte sie das Bett verlassen. Ich drängte sie, doch einmal den linken Arm zu heben. Aber die Ärzte seien sehr nett und ganz bemüht um sie, wich sie mir aus und wollte nicht weiter auf meine Bitte eingehen. Erst als ich insistierte, sie möchte ihre Aufmerksamkeit doch ganz auf den linken Arm richten und versuchen, diesen zu bewegen, hob sie ihn ein wenig an, ließ ihn wieder auf das Bett sinken und kümmerte sich nicht weiter um ihn. Sie schien ihre linke Körperhälfte und mit ihr deren Lähmung vollkommen vergessen zu haben. Nur wenn man ihre ganze Aufmerksamkeit auf ihre linke Seite zwang, nahm sie Notiz davon, daß sie auch einen linken Arm hatte. Von der Lähmung dieses Armes hatte sie keine Kenntnis und verstand nicht recht, warum sie nicht aufstehen dürfe. Als ich sie bat, das Krankenzimmer zu beschreiben, machte es ihr keine Mühe, all das aufzuzählen, was sich rechts von ihr befand. Doch die Raumhälfte auf der linken Seite des Bettes hatte offenbar aufgehört zu existieren. Selbst als ich sie mehrmals bat, auch die linke Seite des Zimmers zu beachten, war sie geradezu ratlos, wie sie dieser Bitte nachkommen sollte.

Nicht viel erfolgreicher war der Versuch, eine Lageskizze ihres Krankenzimmers anzufertigen. Keiner der wenigen Einrichtungsgegenstände fehlte in der Zeichnung der rechten Raumhälfte. Daß das Zimmer auch eine linke Seite haben sollte, war ihr jedoch entgangen. Ihre Zeichnung brach mit der Wiedergabe dessen, was aus ihrer Perspektive die Raummitte war, einfach ab. Durch nichts war in ihr die Einsicht zu erwecken, daß das Zimmer nicht nur eine Hälfte haben konnte.

Während der ganzen Untersuchung warf sie nie einen Blick in diese von ihr scheinbar vergessene Hälfte des Raumes. Ich fragte: «Haben Sie denn wirklich das ganze Zimmer gezeichnet? Schauen Sie doch einmal, was sich links von Ihnen befindet.» Frau Müller gab sich keine Mühe, der Aufforderung nachzukommen. «Ich denke, daß ich alles habe», meinte sie statt dessen. «Man könnte noch reinzeichnen, was auf dem Nachttisch liegt, aber sonst fehlt, glaube ich, nichts», gab Frau Müller sich überzeugt. Ich bat sie, meinen Finger einmal mit den Augen zu verfolgen, als ich ihn, von Frau Müller aus gesehen, rechts beginnend, nach links wandern ließ. Während dieser Bewegung blieben ihre Augen auf den Finger geheftet, bis er etwa über der Körpermitte angelangt war. Nun wurden die Augen unsicher. Sie sprangen gelegentlich nach rechts, holten den Finger jedoch mit einer raschen Blickbewegung wieder ein. Als der Finger die Körpermitte überquerte, hatte Frau Müller ihn verloren. «Wo ist mein Finger jetzt, suchen Sie ihn einmal», forderte ich Frau Müller auf. «Jetzt ist er weg, wo haben Sie ihn hin? Ich kann ihn nicht finden», wunderte sich Frau Müller. «Suchen Sie einmal ganz genau, auch auf der linken Seite.» Frau Müller fand die Sache ganz und gar komisch, der Finger konnte sich nicht einfach in nichts aufgelöst haben. Doch er war nun einmal unauffindbar. Eigentlich hätte jetzt auch mein Arm für Frau Müller verschwunden sein müssen, denn mein rechter Arm, die Hand und der gesuchte Finger waren für sie nicht mehr zu entdecken. Und dennoch hatte mein Körper für Frau Müller seine Vollständigkeit behalten. Obwohl sie weder den Finger meiner rechten Hand noch die Hand selbst und den dazugehörigen Arm ausmachen konnte, erschien ihr mein Körper ganz normal: Sie hatte das, was sie nicht sah, zu einem vollständigen Körper ergänzt.

Man könnte versucht sein, sich die gesamte Symptomatik, die Frau Müller zeigte, dadurch zu erklären, daß die rechten Netzhauthälften erblindet sind und Frau Müller vielleicht Schwierigkeiten hat, links von sich Objekte wahrzunehmen. Wenn gleichzeitig eine Augenmuskellähmung bestünde, würde Frau Müller die Augen auch nicht nach links bewegen können. Aber warum wurde dann der Kopf nicht über die Körpermittellinie hinaus nach links bewegt? Und einfach so zu tun, als existiere eine Raumhälfte nicht, paßt überhaupt nicht zu dem, wie Patienten normalerweise eine Erblindung einer Gesichtsfeldhälfte erleben. Diese Patienten sehen den Arm oder den Kopf des Untersuchers nicht, wenn er in den blinden Bereich hineinragt. Ein Patient, der aufgrund einer Hirnschädigung in einem Teil des Gesichtsfeldes erblindet war, sagte einmal spontan zu mir: «Jetzt habe ich Sie gerade enthauptet, weil ihr Kopf im blinden Feld liegt.» Was solche Patienten nicht sehen, wird aber als fehlend erkannt. Auch hier kommen, wie schon erwähnt wurde, durchaus Ergänzungen vor, vor allem dann, wenn die blinden Bereiche nur einen kleinen Teil des Gesichtsfeldes ausfüllen.

Frau Müllers Symptomatik war da eine ganz andere. Als ich ein Blatt Papier, auf dem etwa zwei Zentimeter lange Linien verteilt waren, rechts von ihr zeigte und ihr einen Bleistift in die Hand drückte, nahm sie meine Instruktion schon vorweg. «Wahrscheinlich wollen Sie wissen, ob ich alle Linien auf dem Blatt finde. Soll ich sie mit dem Bleistift ankreuzen?» Eben das sollte sie. «Aber bitte vergessen Sie keine der Linien, suchen Sie genau», ergänzte ich Frau Müller. Als ich wissen wollte, wie groß das ihr vorgelegte

Blatt sei, bezeichnete sie es mit dem Unterton größter Selbstverständlichkeit als ein DIN-A4-Blatt. Von all dieser Einsichtsfähigkeit war bald nichts mehr zu spüren. Frau Müller markierte rasch alle Linien am rechten Rand des Blattes und glaubte nun fertig zu sein. «Haben Sie denn schon alle Linien angekreuzt, sind da nicht noch mehr Linien auf dem Blatt? Schauen Sie doch einmal auf die linke Seite.» Frau Müller war überzeugt, alle Linien gesehen zu haben. Erst als sie das Blatt längere Zeit betrachtet hatte und ich sie unaufhörlich drängte, ihren Blick nach links zu lenken, entdeckte sie weitere Linien. «Da sind ja noch welche», wunderte sie sich, «da habe ich wohl nicht richtig hingeschaut.» Frau Müller wandte alle Mühe auf, um den Blick Stück um Stück weiter in das Innere des Blattes und schließlich zur linken Blatthälfte zu bewegen. Mit allen möglichen Hilfestellungen und Ermunterungen gelang es nach vielen Versuchen, Region um Region des Blattes zu erobern.

Die ganze Zeit hatte das Blatt rechts von der Patientin gelegen. Eine kleine Augen- oder Kopfbewegung hätte genügt, das ganze Blatt in das rechte Gesichtsfeld zu verschieben. Es wäre für sie überhaupt kein Problem gewesen, durch diese Augen- oder Kopfbewegung das ganze Blatt zu sehen. Aber diese Bewegung blieb aus. Frau Müller verhielt sich, als hätte auch die linke Seite von Objekten ihre Existenz verloren, als habe es nicht den geringsten Sinn, mit den Augen das ganze Blatt abzusuchen, da links von dem Bereich, den sie entdeckt hat, nichts mehr existiert, als hörte die Welt gleich links vom rechten Blattrand auf.

Diese seltsame Art, den eigenen Körper und die Umwelt zu erleben, war auch gegenwärtig, wenn Frau Müller ein Objekt aus ihrer Vorstellung zeichnete. Ich bat sie, aus ihrem Gedächtnis eine Sonnenblume auf ein Blatt Papier zu malen: einen runden Fruchtboden und rund herum die Blütenblätter. Sie sollte darauf achten, daß auf der linken Seite nicht weniger Blätter sind als auf der rechten. Auf jeder Seite des Stengels sollte zudem ein Blatt zu sehen sein. Frau Müller hatte nicht die geringste Schwierigkeit, diese einfache Aufgabe zu verstehen. Und dennoch fehlten die Blütenblätter auf der linken Seite. Auch links vom Stengel erschien kein Blatt (Abbildung 7). Meine Bitte, doch noch einmal genau zu überprüfen, ob auf der linken Seite keine Blütenblätter vergessen wurden und wie es um das Blatt links vom Stengel bestellt sei, animierte Frau Müller dazu, ihr Werk noch einmal zu betrachten. Sie deutete mit der Bleistiftspitze auf jedes Blütenblatt, malte dieses und jenes noch etwas aus, kam aber nie auf die Idee, einmal die linke Seite der Blume zu betrachten. Die Blume hatte für Frau Müller keine linke Hälfte. Erst wenn man das Blatt auf den Kopf stellte, so daß die vernachlässigte Hälfte der Blume rechts zu liegen kam, erkannte Frau Müller erstaunt, daß sie da offenbar wieder nicht hingeschaut hat.

Es war Mittag geworden, das Klinikessen wurde vor Frau Müller aufgebaut. Auf dem Teller verteilte sich eine Mischung aus Reis, Gemüse und kleingeschnittenen Fleischstückchen. Frau Müller begann vom rechten Tellerrand zu essen und leerte den Teller zur Mitte hin. Die Speisen auf der rechten Tellerhälfte waren bald getilgt. Speisen auf der linken Tellerhälfte blieben unberührt. Eine fast gerade, senkrecht durch die Tellermitte verlaufende Grenze bildete den rechten Rand der übriggebliebenen Mahlzeit. Für Frau Müller bestand kein Zweifel, daß sie alles aufgegessen hatte. Kein wiederholtes Drängen, den Teller mit den Augen abzusuchen, konnte ihre Auffassung, der Teller sei leer, erschüttern. Als ich sie bat, doch einmal mit der Gabel am Rand des Tellers entlang zu fahren, folgte die Gabel dem rechten Tellerrand, dann bog ihr Weg nach unten ab, um senkrecht durch die Tellermitte zu verlaufen. Dabei blieb versehentlich ein Stückchen Fleisch an der Gabel hängen und gelangte so ein wenig in die rechte Hälfte ihres Tellers. Frau Müller war höchst erstaunt und konnte sich gar nicht erklären, wo dieses Stückchen Fleisch

Abb. 7: Eine Patientin, für die die linke Raum- und Körperhälfte aufgehört hatte zu existieren, zeichnete diese Blume. Obwohl sie sich vorgenommen hatte, auf der linken Seite der Blume genausoviele Blütenblätter zu zeichnen wie auf der rechten, fehlen die Blätter auf der linken Seite. Sosehr die Patientin sich bemühte, meiner Bitte, die fehlenden Blätter zu suchen, nachzukommen, sie konnte nicht feststellen, daß auf einer Seite Blätter fehlen.

so unvermittelt herkam. Aber diese Verwunderung ließ nie den Gedanken in ihr entstehen, der Teller könnte eine linke Seite haben. Wie erwartet, war auch der links vom Teller aufgestellte Nachtisch unauffindbar. Und wieder Erstaunen, als ich ihn nach rechts, in die von ihr registrierte Raumhälfte schob. Die Symptomatik wiederholte sich in einer neuen Variante, beim Versuch, einen Text zu lesen. Von der linken Hälfte der Druckvorlage nahm Frau Müller keine Kenntnis und las folglich nur die rechte Hälfte des vorgelegten Textes. Natürlich hatte dies den Sinn seltsam entstellt. «Ein komischer Text ist das, den Sie mir da gegeben haben», wunderte sie sich. Nie hatte Frau Müller vermutet, daß sie einen Teil des Textes gar nicht registriert.

Auch als die Symptome der Vernachlässigung der linken Raum- und Körperhälfte sich nach einigen Monaten gebessert hatten, blieb Frau Müller immer noch bettlägerig. Die Lähmung des linken Beines hatte sich wenig verändert. So war sie noch lange nicht in der Lage, sich selbst zu versorgen, und deshalb weiterhin auf die Hilfe anderer angewiesen.

Ganz andere Nöte hatte Herr Pohl mit den Symptomen der Vernachlässigung einer Raumhälfte. Er hatte das Pensionsalter längst erreicht, als ihn vor fast einem Jahr ein Schlaganfall traf. Sein linkes Bein war anfänglich gelähmt, doch mittlerweile konnte er mit dem Stock ganz gut alleine gehen. Aber die Vernachlässigung der Welt zu seiner Linken schränkte seine alltägliche Bewegungsfreiheit ganz erheblich ein. Es begann schon bei so einfachen Dingen wie einem Spaziergang. Im Grunde bereitete das Gehen keine Mühe mehr. Dennoch traute Herr Pohl sich nicht einmal, allein in der Klinik umherzulaufen. Da kam es immer wieder vor, daß er Schritte und Stimmen auf sich zukommen hörte. Jeden Augenblick würde er mit den dazugehörigen Leuten zusammenstoßen müssen. Er suchte seine Umgebung mit den Augen ab. Niemand war zu sehen, so sehr er sich bemühte, die, deren Stimmen immer näher rückten, zu erspähen. Plötzlich war dann jemand vor ihm, versuchte gerade noch auszuweichen oder, und auch das geschah gelegentlich, stieß tatsächlich mit Herrn Pohl zusammen. Deutlich zu hören, wie sich Leute nähern, die man nirgends sieht und den drohenden Zusammenstoß mit ihnen zu erwarten, macht aus jedem Spaziergang ein aufreibendes Unternehmen. Herr Pohl fühlte sich äußerst unsicher und vermied jeden Weg, den er allein zurücklegen sollte. Sich gar auf die Straße zu wagen, daran dachte er überhaupt noch nicht.

Schon das morgendliche Waschen war kein leichtes Unterfangen. Herr Pohl erzählte mir, er habe im Bad einen Warmwasser- und einen Kaltwasserhahn. Versuchte er, nach dem Duschen das Wasser abzustellen, so drehte er den rechten Hahn zu, doch das Wasser hörte nicht auf zu laufen. Nun begann die erfolglose Suche nach dem zweiten Wasserhahn, der immer noch geöffnet war. Da konnte es vorkommen, daß er das Wasser einfach laufen lassen mußte, weil er den abzudrehenden Wasserhahn nicht fand.

Beim Frühstück stellte sich ein weiteres Problem: Die Aktion des linken Armes war kaum zu kontrollieren, ganz von selbst pflegte er sich zu bewegen, wie ein fremder Körperteil mit einem Eigenleben, das Herrn Pohl verborgen blieb. Was sich links von ihm befand, warf dieser Arm zu Boden. Regelmäßig wischte dieser ungelenke Arm durch unwillkürliche Bewegungen Kaffeekannen, Zuckerdosen und manches mehr vom Tisch, oder er legte sich in Platten oder Butterdosen. Das Schlimmste sei, erzählte mir Herr Pohl, daß er von alledem nichts bemerkt. Dieser Arm mit seinem Eigenleben verwehrte Herrn Pohl jeden Restaurantbesuch und hielt ihn davon ab, Einladungen zu folgen.

Manche Patienten klagen über eine noch ausgeprägtere Symptomatik als Herr Pohl. Ein Patient beschwerte sich über einen Arm, den jemand, der links von ihm im gleichen Bett zu liegen schien, ständig zu ihm hinüberstreckte und sogar ungeniert auf ihn legte. Der Mann wandte sich mit der Bitte an den Arzt, den seltsamen Bettnachbarn dazu anzuhalten, seinen Arm bei sich zu behalten. Doch es war des Patienten eigener Arm, der ihn belästigte. Der war ihm fremd geworden, kam von einer Körperhälfte, die für ihn nicht existierte, bewegte sich unbemerkt, als gehörte er einer anderen Person. Es gab sogar Patienten, die rasierten nur die rechte Hälfte des Gesichts, wuschen nur eine Körperhälfte und schlüpften nur mit dem rechten Arm oder Bein in Kleidungsstücke.

Mit der Zeit hatte sich Herrn Pohls Vernachlässigung der linken Raumhälfte schon sehr gebessert. Wenn er alle Anstrengung unternahm, sich nach links zu orientieren, kehrte die Erinnerung an die Existenz der linken Raumhälfte zurück. Dann vermochte er sich auch zu zwingen, Augen und Kopf kurzfristig in die linke Raumhälfte zu richten. Aber es kostete ihn große Anstrengungen. Täglich haben wir die Augen- und Kopfbewegungen nach links, das Absuchen der linken Raumhälfte geübt. Er mußte lernen, den Blick, die Aufmerksamkeit, die Hand, die den Bleistift hält, unter Mobilisierung aller Energie nach links zu zwingen, wenn er nur die rechte Seite einer Blume gemalt hatte. Bald gelang es Herrn Pohl sogar, auch die linke Seite von Objekten zu zeichnen, die linke Hälfte eines Textes ebenso zu lesen wie die rechte, seinen Blick immer wieder in die linke Raumhälfte zu richten und diese systematisch abzusuchen. Wir gingen in der Klinik viel umher und Herr Pohl gewöhnte sich daran, in der linken Raumhälfte nach näherkommenden Personen Ausschau zu halten, wenn er ihre Schritte oder Stimmen hörte und gewann so rasch seine Sicherheit zurück. Spontan nahm er eines Tages seinen Stock unter den Arm und ging völlig frei. Vorher habe er sich beim Gehen immer äußerst unsicher gefühlt. Links gab es nichts, woran er sich hätte orientieren können, das ihm irgendeinen Halt gegeben hätte. Seit die linke Raumhälfte wieder verfügbar sei, habe die Umwelt Stabilität gewonnen.

Die Frage, wie ein solches Nichtregistrieren der Existenz der linken Raum- und Körperhälfte von den Patienten erlebt wird, ist einfach zu beantworten. Patienten, die von dieser Erkrankung genesen sind, berichten lapidar, daß diese Hälfte einfach nicht dagewesen sei. Links habe es einfach nichts gegeben. Eine linke Raum- und Körperhälfte habe nicht existiert, und so ließe sich auch nichts über sie erzählen.

Solch ein halbseitiger Neglect ist nicht spezifisch für den Menschen. Affen reagieren nach einer in ganz bestimmten Hirnregionen experimentell hervorgerufenen Schädigung ebenfalls nicht auf Reize in der vernachlässigten Raumhälfte, wenden den Blick nicht mehr in die betreffende Hälfte ihrer Umwelt und suchen auch kein Futter mehr in der entsprechenden Raumhälfte.[26]

Das Phänomen des einseitigen Neglect macht deutlich, daß in unserem Gehirn bestimmte Strukturen angelegt sind, die in uns die Erkenntnis der Existenz des eigenen Körpers und der Außenwelt entstehen lassen. Sind diese Hirnteile zerstört, hat eine Hälfte unseres Körpers und der Umwelt ihre Existenz verloren. Darüber hinaus sind die betroffenen Patienten von normaler Intelligenz und nichts fällt sonst an ihnen auf. Die Widersprüche, die sich aus ihrem Neglect ergeben, scheinen ihnen spontan nicht bewußt zu sein. Es stört sie nicht im geringsten, daß ihr Körper nur eine Hälfte hat, Gegenstände halbiert sind und die Umwelt etwa über der Mitte ihres Körpers zu Ende geht. In der vernachlässigten Raumhälfte wird nichts erwartet, sie ist nicht denkbar und nicht vorstellbar. Einem nur zur Hälfte registrierten Gegenstand kann gar keine Hälfte fehlen, weil das, was der Patient von dem Gegenstand erkennt, die denkbare Ausdehnung dieses Gegenstandes erschöpft. Es hat den Anschein, als sei im Neglect eine Hälfte des Betroffenen gestorben, aufgelöst im Nichts.

Die Hirnteile, deren Zerstörung einen halbseitigen Neglect hervorrufen kann, sind weit verteilte, miteinander verbundene Strukturen.[26] Eine entscheidende Rolle spielen Neuronenverbände des Parietal- und Frontallappens des Gehirns, die massive Verbindungen miteinander unterhalten. Ebenfalls einbezogen sind Nervenzellverbände im Bereich des Thalamus und der Basalganglien. In der Regel ist der Neglect Folge einer Schädigung der rechten Hirnhälfte. Dabei wird die linke Raum- und Körperhälfte nicht registriert. Doch auch nach Schädigung der linken Hirnhemisphäre kann ein Neglect, der dann für die rechte Raum- und Körperhälfte besteht, auftreten. Er scheint jedoch eher selten beobachtet zu werden.

Es wäre falsch, in den genannten Strukturen des Gehirns notwendige Voraussetzungen dafür zu sehen, daß die Existenz des Raumes und unseres Körpers erfahren werden kann. Wir haben bereits Patienten kennengelernt, denen eine gesamte Hirnhälfte herausoperiert wurde. Sie müßten an einem schweren Neglect leiden, was jedoch höchstens unmittelbar nach der Operation der Fall ist. In zahlreichen unterschiedlichen Experimenten, in denen ich die Fähigkeit zum visuellen Absuchen der Umwelt sowie Augen- und Kopfbewegungen solcher Patienten testete, fand sich nicht der geringste Hinweis auf einen Neglect. In dieser Hinsicht scheint die verbliebene Hirnhälfte die Funktion der fehlenden Hemisphäre zur Gänze übernommen zu haben. Müßten Kinder ohne Großhirn dann nicht einen Neglect für beide Körperhälften und für beide Raumhälften ausgebildet haben? Bisherige Untersuchungen an diesen Kindern stützen eine solche Vermutung jedoch nicht. Die Reizung jeder der beiden Körperhälften kann eine Reaktion hervorrufen und es wird eine Orientierung in beide Raumhälften beobachtet. Dies spricht gegen die Existenz eines Neglect, selbst wenn das gesamte Großhirn fehlt. Doch das Repertoire dieser Kinder ist so eingeschränkt, daß eine detaillierte Untersuchung der Frage kaum möglich ist.

Haben die Symptome eines Neglect sich einmal manifestiert, so sind sie in der Regel nicht von Dauer. Nach wenigen Monaten haben sich die dramatischsten Erscheinungen abgeschwächt oder sind verschwunden. Oft bleibt jedoch noch viele Jahre eine einseitige Aufmerksamkeitsschwäche bestehen. Die Patienten blicken seltener in die vormals vernachlässigte Raumhälfte, neigen dazu, hier häufiger etwas zu übersehen. Eine junge Sekretärin, die nach einem Unfall einen linksseitigen Neglect ausgebildet hatte, suchte mich Jahre nach ihrer Genesung auf, weil sie am linken Rand des Monitors ihres Computers ständig Wörter und Buchstaben übersah. Sie war dieser Störung so sehr ausgeliefert, daß sie ihren Beruf zu verlieren drohte.

Während es sich hierbei um Aufmerksamkeitsstörungen handelt, die sich nur in einer einzigen Raumhälfte auswirken, existieren auch Aufmerksamkeitsstörungen generalisierter Art, die sich nicht auf eine einzige Raumhälfte beschränken. Derartige Verminderungen der Aufmerksamkeit gibt es in vielen verschiedenen Varianten. Eine von ihnen findet man häufig schon im Kindesalter. Sie tritt dann meist gemeinsam mit einer Überaktiviertheit auf, die sich in Unruhe, Zappeligkeit und Schwierigkeiten der sozialen Anpassung äußert. Dieses Störungsbild wird im kommenden Kapitel vorgestellt.

14
Der zappelige Max

Schon lange bevor Max das Schulalter erreicht hatte, fiel seine Zappeligkeit auf. Er gehörte zu denen, die keine Minute stillsitzen konnten. Auf einem Stuhl hing er mehr als er saß, bald nach links, dann nach rechts, mal nach vorne halb auf dem Tisch liegend. Die Beine waren ununterbrochen in Bewegung, schlenkerten in alle Richtungen, als gehörten sie einer zu schnell laufenden, aufgezogenen Spielzeugfigur. Die Hände beschäftigten sich unentwegt mit diesem und jenem, mußten alles anfassen, ausprobieren, um es gleich wieder zur Seite zu legen. Man mochte ihn ermahnen, bitten, doch einen Augenblick Ruhe zu halten, es half nur für Minuten. Die wenigste Zeit hörte Max überhaupt zu, wenn man mit ihm sprach. Wie Arme und Beine, so schienen auch seine Gedanken ungelenkt zu schweifen. Er mußte sich geradezu Gewalt antun, wenn er sich länger mit nur einer Sache beschäftigen wollte. Ständig drängte es ihn zu Neuem, immer zerfiel das Interesse an dem, was er gerade begonnen hatte. Dabei verstand Max leicht und rasch, konnte es oft gar nicht erwarten, bis man zu Ende gesprochen hatte. Manchesmal drängten seine Gedanken geradezu aus ihm heraus. Er war eben ein äußerst lebhafter, schon nervöser Junge. Man hatte die Hoffnung, das würde sich schon legen, wenn er einmal zur Schule ginge. Doch damit begannen erst die ernsthaften Probleme. Ständig hatte er irgend etwas vergessen, wußte manchmal nicht mehr, welche Hausaufgaben zu machen waren, mal hatte er ein Heft verloren, dann war ein Buch nicht mehr zu finden. Und vor allem war es für ihn schon fast eine Tortur, den ganzen

Morgen ruhig sitzen zu müssen. Für Minuten die Aufmerksamkeit auf das zu konzentrieren, was der Lehrer erklärte, seinen Blick unentwegt auf die Tafel zu richten, zu verfolgen, was da geschrieben und gemalt wurde, forderte seine ganze Energie. Es war schon schwer genug, die Gedanken bei der Sache zu halten. Immer wieder bemerkte Max, wie ihm die Bilder seiner Vorstellung entglitten, ihn mit sich führten in eine Welt der Phantasie. Schon hatte er den Anschluß verloren an das, was der Lehrer sagte, versuchte, in dessen Ausführungen wieder Fuß zu fassen, wieder zu verstehen. Nicht immer konnte das gelingen, und wieder entfernten seine Gedanken sich von dem, worauf er sie zu lenken suchte. Ein großer Teil des Unterrichts ging so an ihm vorüber, ohne daß er davon etwas aufgenommen hätte.

Es gab auch gute Tage, an denen Max sich besser konzentrieren konnte. Dann verstand er ohne Mühe den Inhalt dessen, was der Lehrer ausführte, konnte alles gut behalten und die Hausaufgaben fielen ihm nicht schwer. Aber dennoch blieben die Hausaufgaben meistens ein Problem. Vor allem deshalb, weil es ihn fortwährend zu anderem drängte. Dasitzen, sich nur mit dem zu beschäftigen, was gerade zu schreiben, zu rechnen, zu lernen war, ohne abzuschweifen, Zeile um Zeile zu lesen, zu bedenken, hinzuschreiben, Rechenaufgaben zu verstehen, den Lösungsweg zu überlegen, alles gerade untereinanderzuschreiben und dann systematisch einen Rechengang nach dem anderen auszuführen. Nichts sonst denken als das, was man gerade tut, alle Tagträume fernhalten und nur auf diese Zahlenreihe schauen, dann auf jene. Das alles war eine tägliche Qual. Aber die Mutter saß seit einiger Zeit neben Max und wachte wie ein Zerberus, daß er sich nicht von den Hausaufgaben ablenken ließ. Sie konnte jedoch nicht immer an seiner Seite sitzen. Am Nachmittag nahm sie sich die Zeit, aber in der Schule war Max auf sich gestellt. Der Lehrer hatte schon mehrfach bei der Mutter geklagt, Max sei zerstreut, störe den Unterricht, gefiele sich in der Rolle des Klassenclowns.

Man hätte Max ganz falsch eingeschätzt, wenn man glaubte, es sei ihm egal, ob er in der Schule mitkäme. Viel lieber wäre er aufmerksam dem Unterricht gefolgt, ohne die ewigen Ermahnungen durch den Lehrer und ohne sich selbst unaufhörlich beim Träumen zu ertappen. Diesen Widerwillen gegen die Schule, die ihm so wenig Freude bescherte, wäre er liebend gerne losgeworden, und alles wäre einfacher gewesen, wenn er die Hausaufgaben zügig erledigen könnte. Max merkte ja selbst, daß er in der Klasse eine seltsame Rolle eingenommen hatte, die Rolle des Zappelnden, der nicht zuhört. Seine Clownerien mochten ja manche Mitschüler amüsieren, aber eigentlich war er es leid, den Alleinunterhalter spielen zu müssen. Wenn er es auch nicht so offen zugeben wollte, hatte er doch die Mahnungen und Drohungen gehört, seine Versetzung sei gefährdet und er werde sicherlich keinen qualifizierten Hauptschulabschluß erreichen, wenn er so weitermache. Diese Zukunft bedrückte ihn. So leicht, wie seine Eltern glaubten, nahm er die Schule nicht, und es ärgerte ihn geradezu, wenn sein Vater andauernd unterstellte, Max habe den Ernst der Sache nicht begriffen. Immer wieder hören zu müssen, man schaffe die Schule nicht, an einen Wechsel auf das Gymnasium sei überhaupt nicht mehr zu denken, man müsse froh sein, wenn Max einmal eine Lehrstelle bekomme, und dann wisse man auch nicht, ob er zu einer Lehre tauge. Alles geriet ins Wanken, war zu einer Last geworden, die Max über die Tage schleppte.

Um so befreiender empfand er es, nach den Hausaufgaben alles vergessen zu können und mit Freunden unterwegs zu sein. Dann war Max wirklich in Freiheit. Aber die Sorgen kamen zurück, wenn er am Abend nach Hause mußte. Schon auf dem Heimweg mit dem Fahrrad dachte er daran, was er für den nächsten Schultag nicht gelernt hatte. Der Vater würde nachher alles kontrollieren.

Irgendwie mochte er seinen Vater nicht, diesen trockenen, verknöcherten Büroangestellten, der so gar kein richtiges Verständnis für ihn hatte. Für den gab es nur die Schule. Für ihn war Max nur unaufmerksam, desinteressiert und faul. Er schien gar nichts von dem zu verstehen, was wirklich in Max vorging. Ihm wollte Max nun wirklich nicht erzählen, was ihn sorgte. Der Vater hätte es ja doch nicht nachvollziehen können. Welch ein Drama war es, wenn er die Hausaufgaben überprüfte. Jeden Rechtschreibfehler schien er persönlich zu nehmen, wurde bald laut und beschimpfte Max. Wenn es schlecht ausging, warf er das Schulheft durch das Zimmer, und nie war man davor gefeit, sich nicht noch eine Ohrfeige einzuhandeln. Das steigerte Maxens Lust an der Schule keineswegs und trug nicht gerade zur Verbesserung seiner Leistung bei. Es war auch eher die Initiative der Mutter gewesen, Max einmal vom Kinderarzt und Psychologen untersuchen zu lassen. Bei den psychologischen Tests hat Max sich, so gut es ging, zusammengenommen. Manche Aufgaben verlangten schon sehr genaues Hinsehen, das fiel ihm schwer. Aber er schien das alles ganz gut gemacht zu haben. Laut Intelligenztest war er in manchen Aufgaben sogar besser als der Durchschnitt. Wenn er am linken Rand eines Testbogens ein Bild betrachten mußte, zum Beispiel die Zeichnung eines Regenschirms mit einem ganz bestimmten Muster, und diese Zeichnung aus einer Reihe von Abbildungen ganz ähnlicher Schirme herausfinden sollte, traten schon einmal Fehler auf, weil Max nicht genau genug hingesehen hatte.

Max wurde mit dem Verdacht auf eine Hyperaktivitäts- und Aufmerksamkeitsstörung an mich überwiesen.[27] Eine erste sehr grobe Diagnose läßt sich schon aufgrund der Antworten stellen, die die Eltern oder auch die Lehrer auf eine Reihe von Fragen geben, die in standardisierten Fragebögen zusammengefaßt sind.[28] Da interessiert man sich zum Beispiel dafür, ob das Kind häufig zwischen verschiedenen Aktivitäten wechselt, Spiele oft unbeendet läßt, ob motorische Unruhe besteht, das Kind Schwierigkeiten hat, ruhig zu sitzen, wie ausgeprägt das Durchhaltevermögen bei der

Lösung von Hausaufgaben ist, ob das Kind erregbar und impulsiv, unruhig oder übermäßig aktiv ist, ob das Kind nur schwer ruhig spielen kann, ob es andere häufig unterbricht und nicht zuhört, wenn man mit ihm spricht. Nach einem bestimmten Schlüssel wird dann ausgewertet und die Diagnose abgelesen. Als erste Orientierung sind solche Diagnoseschlüssel durchaus brauchbar. Auch Max wurde danach als hyperaktiv und aufmerksamkeitsgestört eingestuft.

Da dies nur eine grobe Diagnose ist, gilt es, das Ausmaß des Aufmerksamkeitsdefizits genauer zu untersuchen. Es wäre jedoch viel zu simpel, von Aufmerksamkeit schlechthin zu sprechen. Was man gemeinhin unter Aufmerksamkeit versteht, setzt sich aus vielen verschiedenen Einzelleistungen zusammen, von denen nicht alle in gleicher Weise gestört sein müssen. Kinder lassen sich aber nicht so lange mit Untersuchungen belasten, bis alle möglichen Aspekte der Aufmerksamkeit hinreichend auf Einschränkungen durchleuchtet sind.

Besonders wichtig für eine erfolgreiche schulische Laufbahn sind Aufmerksamkeitsleistungen im Bereich des Sehens. Mit Rücksicht auf die begrenzte Belastbarkeit der Kinder ist es deshalb sinnvoll, stichprobenartig diese visuellen Aufmerksamkeitsleistungen zu untersuchen. So geschah es auch mit Max. Er saß vor einem Computermonitor und ließ sein Kinn auf einer gepolsterten Stütze ruhen. Ganz ruhig mußte er den Kopf halten. Neben, über und unter den Augen waren eine Art farbiger Knöpfe aufgeklebt worden, von denen dünne Kabel zu Verstärkern, Wandlern und in einen Computer führten. Auf einem zweiten Monitor, den nur der Untersucher im Blickfeld hatte, erschien eine Linie, deren Ausschlag nach oben oder unten jede Bewegung der Augen anzeigte. Max sollte während der Untersuchung unentwegt auf einen Punkt blicken, der entweder stillstand oder sich auf dem Monitor hin und her bewegte, sollte seinen Blick bald auf den linken, bald auf den rechten von zwei gezeigten Punkten richten. Dann mußte er in eine große Halbkugel schauen und durfte die Augen nicht von einem schwarzen Punkt wegbewegen, auch wenn Lichtflecken auftauchten, die ihn abzulenken suchten. So sehr Max sich bemühte, er konnte die Augen nicht so stillhalten, wie andere Kinder seines Alters. Der Grad der Abweichung vom Normalen ließ sich messen, in Zahlen übersetzen und berechnen. Am Ende kam noch eine Art Computerspiel hinzu. In einem Muster waren kleine Linien verstreut, die sich wie kurze Nadeln über den Monitor verteilten. Mit der Computermaus konnte Max einen Pfeil auf dem Monitor verschieben und durch einen Tastendruck einen Punkt auf jede Nadel drucken. Er sollte nun jede dieser Nadeln mit einem Punkt markieren und wenn möglich keine übersehen.

Derartige einfache Testverfahren machen rasch deutlich, ob Kinder in der Lage sind, eine Vorlage systematisch mit den Augen abzusuchen. Normalentwickelte Kinder ab einem Alter von sieben Jahren gehen hier bereits äußerst gezielt und ökonomisch vor. Der Computer registriert jeden Schritt des Lösungswegs und errechnet Zahlen, die Auskunft über die Systematik des Absuchens geben. Max lag außerhalb der Norm, wurde bald chaotisch, verlor den Überblick. Hierin spiegelte sich seine auch sonst beobachtete Neigung zur Sprunghaftigkeit, Oberflächlichkeit und zu seiner geringen Ausdauer. Angesichts dieses Untersuchungsergebnisses lag es auf der Hand, daß an eine normale Schullaufbahn nicht zu denken war. Keines der Kinder, die mir bisher vorgestellt wurden, konnten den schulischen Anforderungen genügen, wenn ihre visuellen Aufmerksamkeitsleistungen in ähnlicher Weise eingeschränkt waren. Nicht daß ihre intellektuellen Fähigkeiten nicht ausgereicht hätten. Weit überdurchschnittlich intelligente Kinder waren darunter. Ihr gutes geistiges Vermögen trat nur so lange hervor, wie die Aufmerksamkeit versammelt war. Nichts wollte mehr gelingen, wenn sie zerfiel. Denken und Handeln verloren bald, was sie aufgegriffen hatten, wurden flüchtig, ohne Ordnung. So sehr die Kinder sich bemühten, die Aufmerksamkeit ließ sich nicht halten und verflog. Deshalb half es auch wenig, Kindern wie Max zuzureden, sie zu ermahnen, zu beschimpfen oder zu strafen. Das waren die probaten Mittel für Kinder, die aufmerksam sein konnten, wenn sie nur wollten. Kinder also, die über eine ungestörte Aufmerksamkeit verfügten, sie aber aus mangelndem Interesse, aus Opposition oder Bequemlichkeit nicht einsetzen wollten. Die Störung der Aufmerksamkeit im Falle von Kindern wie Max bestand gerade darin, daß sie aufmerksam sein wollten, aber nicht konnten.

Solche echten Aufmerksamkeitsstörungen können verschiedene Ursachen haben. Sie treten im Rahmen genetischer Defekte auf oder als Folge eines vorübergehenden Sauerstoffmangels. Man sieht sie bei Kindern, deren Mütter während der Schwangerschaft übermäßig Alkohol konsumiert haben. Meistens sind aber keine derartigen Ursachen auszumachen, und der Grund für die Störung bleibt im dunkeln. Zu vermuten ist eine Verminderung von Überträgerstoffen vor allem in Neuronenverbänden des Vorderhirns.[29] Dies wird jedoch nicht der einzige Mechanismus sein, der Aufmerksamkeitsstörungen hervorbringt, denn zu unterschiedlich sind die Formen dessen, was zu den Aufmerksamkeitsstörungen zählt, und zu vielfältig sind die bisher bekannten Ereignisse, die sie auslösen können.

Es gibt eine Möglichkeit, die Überträgerstoffe durch Medikamente zu beeinflussen.[30] Sie helfen jedoch nicht jedem Kind, können aber in vielen Fällen Erstaunliches bewirken. Man mußte es auch bei Max versuchen. Noch dreimal würde ich dann die Untersuchungen, die er bereits durchlaufen hatte, wiederholen, und dabei würde ich nicht wissen, wann er ein Medikament erhalten hat und wann nicht. Max gehörte zu den Glücklicheren. In zwei Folgeuntersuchungen wirkte er ruhig, sein Zappeln hatte aufgehört. Er konnte seinen Blick konstant auf die gezeigten

Punkte richten, war deutlich weniger ablenkbar und suchte den Monitor weit systematischer als zuvor nach kurzen Linien ab. Der durch das Medikament erzielte Effekt überstieg die Verbesserung durch Wiederholung der Testaufgabe ganz erheblich. Max nahm nun das Medikament regelmäßig ein. Ganz verwandelt sei er, berichtete die Mutter. Sie habe Bekannte getroffen, erzählte sie einmal, spontan hätten sie gemeint, der Max sei ganz verändert, ein so netter Junge sei er jetzt geworden. Und die hätten nichts davon gewußt, daß er Medikamente schluckt. Max war auch zu Hause viel ruhiger geworden, beendete seine Hausaufgaben selbständig. In der Schule fiel er nicht mehr auf. Er gehörte zwar immer noch nicht zu denen, die sich durch besonders hohe Konzentrationsfähigkeit hervortaten, aber es war kein Vergleich mehr zu früher, als er noch keine Medikamente verschrieben bekommen hatte. Seine Schulleistungen waren nun durchaus annehmbar. Nach einem halben Jahr wird man das Medikament vorübergehend absetzen und sehen, ob sein Aufmerksamkeitsproblem und seine Überaktivierung sich gebessert haben. Spätestens in einem oder in zwei Jahren wird er ganz auf das Medikament verzichten müssen. Oft haben die Schwierigkeiten sich dann von selbst gelegt.

Nicht in allen Fällen nehmen eine Hyperaktivität und ein Aufmerksamkeitsdefizit einen so günstigen Verlauf. Einige Kinder befinden sich in einer durch Medikamente nur ungenügend beherrschbaren Unruhe und Rastlosigkeit, daß das Leben mit ihnen zu einer permanenten Anstrengung wird. Ist die Hyperaktivität mit einer geistigen Behinderung gepaart, so sind die Kinder bisweilen kaum zu bändigen. Keine Minute kann man sie aus den Augen lassen. Ständig sind sie in Bewegung, greifen nach allem, laufen ruhelos umher, lassen die Eltern schier verzweifeln.

15

Was ist Lesen? oder
Wie man trotzdem lesen lernt

Aufmerksamkeitsschwächen im Sehbereich können außerordentlich subtil sein, sich so verbergen, daß sie ohne technische Hilfsmittel nicht aufzuspüren sind. Solche unbemerkt bestehenden Aufmerksamkeitsschwächen beeinflussen viele Bereiche. Lesestörungen sind nur eine ihrer Folgen. Viele Kinder, die mir wegen ihrer Leseschwierigkeiten vorgestellt wurden, manifestierten gleichzeitig eine visuelle Aufmerksamkeitsschwäche.[31] Sollten die Kinder einen Text lesen, so traten Augenbewegungen auf, die deutlich von den Augenbewegungen ihrer normal lesenden Altersgenossen abwichen. Es stellte sich die Frage, ob es diese Augenbewegungen waren, die unweigerlich zu Fehlerhaftigkeit und zum Holpern führen mußten oder ob die ungewöhnlichen Augenbewegungen ein Ausdruck von Störungen waren, die die Leseschwäche verursachten.[32]

Der Grundmechanismus des Lesens ist denkbar einfach: Da die Sehschärfe in der Fovea, einem nur 1,5 Millimeter breiten Gebiet im Zentrum der Netzhaut des Auges, am größten ist, richten wir die Augen mit dieser Stelle schärfsten Sehens auf ein zu lesendes Wort. Die Augen stehen dann, während der sogenannten *Fixationsphase,* für wenige hundert Millisekunden still. Während dieser Zeit werden mehrere Buchstaben gleichzeitig identifiziert, das heißt, es wird nicht Buchstabe für Buchstabe gelesen, sondern mehrere Buchstaben werden auf einmal erfaßt. Dann springen die Augen so weit nach rechts, daß die nächsten bisher noch nicht gelesenen Buchstaben scharf gesehen werden.[32]

Auch sie werden wieder gleichzeitig erkannt, und es erfolgt der nächste Sprung nach rechts. Wie viele Buchstaben auf einmal entziffert werden können, hängt vom Schwierigkeitsgrad des Textes ab und von der individuellen Fähigkeit des Lesers. Ebenso bestimmt die Art des Textes und das jeweilige Vermögen des Lesenden, wie lange die Augen auf die zu identifizierenden Buchstaben gerichtet sein müssen. Das Gehirn hat die Aufgabe, die Augen während der Fixationsphase genau so lange ruhig in einer Position zu halten, bis mehrere Buchstaben erkannt wurden. Dann befiehlt es den Augen einen Blicksprung, der genau so groß ist, daß die folgenden Buchstaben identifiziert werden können. Die Augenbewegungen beim Lesen bestehen also aus einer genau berechneten Folge von Fixationsphasen und Sprüngen.

Man kann sich jetzt leicht vorstellen, was geschieht, wenn die Augen nicht ruhig stehen wollen, wenn sie fortwährend einem Impuls ausgesetzt sind, der sie ungeduldig zum nächsten Sprung drängt. Die Fixationsphasen werden zu kurz, die Augen setzen zu früh zum Sprung an, warten nicht, bis die Buchstaben sicher erkannt wurden. Dann wird etwas gelesen, was nicht dasteht, zum Beispiel «Hand» statt «Hund», «Riese» statt «Reise», oder es stellen sich noch abstrusere Verdrehungen des Textes ein. Manchmal fügt das soeben falsch Gelesene sich nicht so recht in den nachfolgenden Text ein. Die Augen springen dann wieder zurück nach links, um die schon angeschauten Buchstaben noch einmal zu überprüfen. Fallen die Sprünge der Augen zu groß aus, so neigt der Lesende dazu, einzelne Buchstaben zu übersehen. Oft sind es Wortanfänge oder Wortendungen, die er verpaßt. Sie bleiben unbeachtet, oder Phantasiegebilde nehmen ihre Stelle ein. Untersucht man die Augenbewegungen der Kinder näher, so findet man oft Auffälligkeiten bei der Aufgabe, den Blick auf einen ruhenden oder bewegten Punkt gerichtet zu halten, mit den Augen zwischen zwei Punkten zu springen oder Vorlagen systematisch abzusuchen. Meist spielen diese leichten Auffälligkeiten im Alltag keine Rolle und sind für sich nicht therapiebedürftig. Sie sind oft nur Ausdruck geringer visueller Konzentrationsfähigkeit und verminderter Systematik von Suchbewegungen der Augen. Solche und manch andere leichten Auffälligkeiten der Augenbewegungen können Begleiterscheinungen, müssen jedoch nicht Ursache der Leseschwäche sein.[32] Es ergibt deshalb keinen Sinn, eine Therapie zur Verbesserung der Augenbewegungen in solchen Testaufgaben einzuleiten. Die Verbesserung der Augenbewegungen allein muß noch lange nicht zu einer Verbesserung der Leseleistung führen. Die Praxis zeigt, daß es weitaus fruchtbarer und ökonomischer ist, das Lesen selbst unmittelbar zu trainieren, anstatt den in seiner Wirksamkeit fraglichen und umständlichen Weg über ein Training der Augenbewegungen zu nehmen. Dies gilt vor allem deshalb, weil ein wirksames Lesetraining höchst einfach ist und rasch zum Erfolg führt, wenn nur einige grundsätzliche neurobiologische Prinzipien beachtet werden, die jedoch meist nicht bedacht zu werden scheinen.

Kinder und auch Erwachsene besitzen oft nicht die Fähigkeit, mehrere Buchstaben gleichzeitig zu erkennen. Manche bewältigen es, nur jeweils einen, zwei oder drei Buchstaben während einer Fixationsphase zu identifizieren. Fällt das gleichzeitige Erkennen mehrerer Buchstaben schwer, so muß die Fixationsphase, also die Zeit, in denen die Augen stillstehen, um die Buchstaben zu erkennen, ausreichend verlängert werden. Darüber hinaus läßt sich die Fähigkeit, mehrere Buchstaben gleichzeitig zu erfassen, durch gezielte Übungsverfahren steigern. Bewegt die Erkennensleistung sich in angemessenem Rahmen, sind nur die Fixationsphasen zu kurz bemessen oder die Blicksprünge zu groß dimensioniert, so läßt die Leseleistung sich meist sehr bald durch ein gezieltes Training der Augenbewegungen beim Lesen verbessern. Man braucht den Kindern nur vorzugeben, wie viele Buchstaben in einer Ruhephase der Augen gleichzeitig erkannt werden müssen, wie lange die Augen auf diese Buchstaben gerichtet sein sollen und wie groß der anschließend ausgeführte Blicksprung sein muß. Ich habe dies z. B. in einem einfachen Computerprogramm realisiert, in dem die gleichzeitig zu lesenden Buchstaben farbig unterlegt werden. Nach einem bestimmten Zeitintervall springt die Markierung zu den nächsten zu lesenden Buchstaben. Die Anzahl der farbig markierten Buchstaben, die Dauer der Fixationsphase bis zum Sprung zu den nächsten Buchstaben und die Größe des Sprungs werden jeweils auf die Leseleistung des Kindes abgestimmt. Kennt man aufgrund der Voruntersuchung diese individuellen Parameter des Kindes, so kann man sie individuell in das Computerprogramm eingeben. In den meisten Fällen genügt es sogar, anstelle der farbigen Markierung einen Zeiger von Hand über den zu lesenden Text zu führen und damit Anzahl der gleichzeitig zu lesenden Buchstaben, Länge der Fixationsphase und Größe des Blicksprungs vorzugeben. Es sind sicherlich schon mehr als tausend Kinder, darunter nicht wenige, bei denen alle anderen Therapien erfolglos waren, die ich nach diesem simplen Verfahren therapierte. Schon nach einer Trainingsstunde läßt sich gelegentlich eine deutliche Reduktion der Lesefehler feststellen. Bis auf wenige Ausnahmen lesen alle Kinder bei mindestens zehnminütigem täglichem Training, das sie zu Hause durchführen können, nach wenigen Monaten zufriedenstellend.

Manchmal sind es nur eine nicht korrigierte Verminderung der Sehschärfe oder ein bisher unentdecktes leichtes Schielen, die das Lesen erschweren. Die Augenuntersuchung steht deshalb immer am Anfang der Suche nach den Ursachen einer Lesestörung. Gelegentlich zeigen sich aber schwerere Erkrankungen des Sehsystems. Michael z. B. war schon seit einem Jahr bei einem Psychologen zum Lesetraining, bevor er mir vorgestellt wurde. Es zeigte sich, daß im Zentrum der Netzhaut mehrere winzig kleine blinde Bereiche entstanden waren. Solche kleinen blinden Flecken werden vom Patienten selbst nicht bemerkt. Das Gehirn ergänzt die Lücken automatisch. Um dies an sich selbst zu beobachten, braucht man nur ein Auge zu schließen. Obwohl jeder von uns einen blinden Fleck an der Stelle, an der der Sehnerv aus dem Auge tritt, besitzt, nehmen wir kein Loch im Gesichtsfeld wahr. Genauso erging es Michael. Man mußte den zu lesenden Text nur vergrößern, bis die Buchstaben die blinden Bereiche so weit überragten, daß sie erkannt wurden. Michael begann von jetzt an fast fließend zu lesen.

Anders ist die Situation im Falle von Kindern, die aufgrund einer Hirnschädigung eine Hälfte des Gesichtsfeldes jedes Auges eingebüßt haben. Blickt ein Kind, dessen rechte Gesichtsfeldhälfte erblindet ist, auf einen Buchstaben, so verschwindet, was sich rechts von diesem Buchstaben befindet im blinden Bereich. Da nur gesehen wird, was links vom Buchstaben liegt, auf den die Augen zielen, müssen die Kinder lernen, mit den Augen solche Sprünge auszuführen, daß jeweils so viele Buchstaben sich im sehenden Gesichtsfeld befinden, wie sie gleichzeitig erkennen können.

Die Vielfalt der Lesestörungen erfordert daher, daß ihre Ursachen, von denen hier nur einige genannt wurden, durch eine differenzierte Diagnostik erkannt und bei der durchgeführten Therapie berücksichtigt werden. Statt dessen ist es immer noch die Regel, Kinder mit einer Leseleistung, die nicht der Altersnorm entspricht, pauschal als «Legastheniker» einzustufen, ohne nach der Ursache der festgestellten Lesestörung zu suchen. So undifferenziert wie die Diagnose ist dann auch die Therapie. Anstatt die jeweilige Ursache der Leseschwäche zu berücksichtigen, wird über alle Kinder die gleiche Legastheniether apie verhängt. Da die Kinder oft ihre falsche Lesestrategie beibehalten, wird diese nicht ausgeräumt, sondern nur verfestigt. Auch wenn man ungeeignete Lesestrategien übt, kann zwar eine gewisse Besserung eintreten, doch wird eine bestimmte

Leistungsgrenze nicht überschritten. Das ist wie mit einem Menschen, der nicht gehen kann, weil es zu seiner Gewohnheit wurde, auf einem Bein zu hüpfen. Trainiert man diese ungeeignete Fortbewegungsart, so wird er mit der Zeit schon rascher und sicherer vorankommen. Die angemessenste Therapie besteht aber darin, ihn den Gebrauch beider Beine zu lehren. Nur so wird er letztlich normales Gehen lernen.

Eine Art der Lesestörung wird dadurch verursacht, daß die Buchstaben der zu lesenden Worte zwar in allen Einzelheiten gesehen werden, es dem Lesenden jedoch nicht gelingt, mit dem Gesehenen die Wortbedeutung zu verbinden. Dies erinnert an manche Formen der nach einer Hirnschädigung eintretenden Störungen des Erkennens von Objekten oder Gesichtern, die sogenannten *Agnosien*. Dabei wird ein Objekt zwar genau gesehen, doch die Patienten sind unfähig zu erkennen, welche Bedeutung das Gesehene hat. So kann jemand z. B. in der Lage sein, einen Schraubenzieher deutlich wahrzunehmen, ohne seine Bedeutung für das Eindrehen von Schrauben zu erkennen. Die Verwendungsweise des Gesehenen bleibt unbekannt. Eine besonders beeindruckende Form der Agnosie ist die Unfähigkeit des Erkennens von Gesichtern. Sie unterscheidet sich insofern von der erwähnten Agnosie für Objekte, als dabei zwar erkannt wird, daß der betrachtete Gegenstand ein menschliches Gesicht darstellt, doch es bleibt dem Betrachter verborgen, zu welcher Person das Gesicht gehört. Sogar das eigene Gesicht kann unerkannt und fremd bleiben. Diese Störung des Gesichtererkennens ist das Thema des folgenden Kapitels.

16

Wenn das eigene Gesicht das eines Fremden ist

«Können Sie mir sagen, was mein Kind sieht?» fragte mich die Mutter eines geistig schwerbehinderten Jungen. Ich hatte in der Untersuchung keinen Anhaltspunkt für eine verminderte Sehleistung finden können. Der Junge entdeckte die gezeigten Lichtpunkte, wo immer sie im Gesichtsfeld auftauchten. Sie mußten nicht heller sein als bei normalen Kindern, um eine Augen- oder Kopfbewegung hervorzurufen. Auch die Sehschärfe bei diesem Kind entsprach der Norm. Der Junge konnte also nicht nur feststellen, daß etwas sich in seinem Gesichtsfeld befand, es wurden auch Augenbewegungen zum Objekt ausgeführt und der Blick auf das Objekt gerichtet. Durch diese Augenbewegung wurde das Bild des Objekts zum Zentrum der Netzhaut, dem Ort schärfsten Sehens verschoben, dessen Sehleistung erhalten war. Aber das, was er sah, hatte keine Bedeutung für ihn, er wußte nicht, wozu die gesehenen Objekte dienten, welchen Zweck sie hatten, wie man sie benutzte, welcher Herkunft sie waren, aus welchem Material sie bestanden, nichts über ihren Aufbau. Die Kapazität seines Gehirns reichte nicht aus, Objekte durch Handhabung und Erprobung selbst zu erforschen oder durch Beobachtung ihrer Verwendung etwas über diese Objekte zu erfahren, die Erfahrungen im Gedächtnis zu speichern. Vielleicht sah der Junge ebenso gut wie jeder Normalsichtige, doch was er sah, war ohne Sinn.

Bereits gegen Ende des letzten Jahrhunderts haben Neurologen über erwachsene Patienten berichtet, deren Fähigkeit, Objekte zu entdecken und alle ihre Details zu sehen, nach einer Hirnschädigung offenbar erhalten war. Doch sie konnten Objekte nicht mehr in ihrer Funktion, ihrer Bedeutung erkennen. Sigmund Freud war es, der für die Unfähigkeit, auf dem Wege des Sehens Objekte zu erkennen, obwohl die Sehfähigkeit unbeeinträchtigt geblieben war, den Begriff der *visuellen Agnosie* vorschlug. Die Diagnose einer visuellen Agnosie ist bei einem Erwachsenen, der sich erst nach einer Hirnschädigung unfähig zeigt, Objekte zu erkennen, nur dann zu stellen, wenn sicher ausgeschlossen ist, daß alle grundlegenden Sehleistungen erhalten sind und ihr Verlust nicht als Ursache der Agnosie in Frage kommt. Ebenso muß gesichert sein, daß die Agnosie nicht durch eine Unfähigkeit, Objekte richtig zu benennen, vorgetäuscht wird.

Von einer vollkommenen Agnosie für Objekte bis zum normalen Objekterkennen gibt es einen fließenden Übergang. Auch im Falle schwerer geistiger Behinderung findet oft ein bescheidener Erkennungsprozeß statt. Oft wird ein Spielzeug als Gegenstand erkannt, den man anfassen, in den man beißen kann und der, so man ihn schüttelt, Töne produziert. Auch wir, die wir uns als normal betrachten, wurden nicht in vollkommener Kenntnis der Welt geboren. Auch wir waren zunächst agnostisch für unsere Umwelt. Nach und nach lernten wir Eigenschaften und Verwendungsweisen der Objekte kennen. Geistig schwerstbehinderte Menschen verharren auf einer ähnlich frühen Stufe der Erkenntnis, nicht selten auf der Stufe vollkommener Agnosie. Ein solches Kind mag alle visuell wahrnehmbaren Eigenschaften von Objekten und Vorgängen sehen, mag Größe, Form, Farbe, räumliche Tiefe, Bewegung, Orientierung und Position im Raum und manches mehr entdecken. Das Kind sieht den Gegenstand jedoch nicht als Kugelschreiber, als Monitor, als Kamera usw., kann keine Funktion mit ihm verbinden.

Der Begriff der Agnosie ist vornehmlich zur Beschreibung erwachsener Menschen gedacht, deren Objekterkennen nach einer Hirnschädigung eingeschränkt oder verloren ist.[33] Die Störung kann ihren Ausdruck zum Beispiel darin finden, daß die Patienten in Bildertests falsche Zuordnungen treffen. Ein Vogel wird zum Beispiel nicht dem Vogelkäfig zugeordnet, eine Glühbirne nicht der Lampe, und die Patienten können die Verwendungsweise von Gegenständen nicht darlegen.

Darüber hinaus werden andere Formen der Erkennensstörung in der Literatur erwähnt. Zu ihnen gehört eine Form der Agnosie, die darin besteht, daß es Patienten nicht gelingt, alltägliche Objekte zu identifizieren, wenn sie aus ungewöhnlichen Perspektiven fotografiert wurden oder ungewöhnliche Positionen einnehmen. Besonders beeindruckend ist die Agnosie für menschliche Gesichter. Auch sie wurde an erwachsenen Patienten nach einer Hirnschädigung beobachtet. Echte Agnosien für Gesichter sind selten. Ich erinnere mich nur an zwei Fälle, an einen etwa fünfzigjährigen Mann, der am Verschluß eines Astes der hinteren Hirnarterie litt, und an eine junge Frau, kaum über Dreißig, die nach einer entzündlichen Erkrankung des Gehirns größte Not hatte, Gesichter wiederzuerkennen. Sehleistungen und Intelligenz waren nicht im mindesten beeinträchtigt.

Ein Patient, der nachts einen Hirninfarkt erlitten hatte, berichtete, er sei aufgestanden, weil ihm unwohl gewesen sei. Als er in den Spiegel blickte, habe er zwar ein Gesicht in aller Deutlichkeit gesehen, aber es sei ihm unbekannt gewesen. Natürlich gab es keinen Zweifel, daß es sein Gesicht sein mußte, doch er konnte sich nicht erkennen. Betrachtete er sein Spiegelbild lange genug, so entstand eine entfernte Erinnerung an sein eigenes Gesicht. In der Klinik erkannte er weder Ärzte noch das Pflegepersonal. Obwohl der Patient sie täglich sah, erschienen ihre Gesichter immer unbekannt und fremd. Genausowenig identifizierte er seine Frau, Kinder und Verwandte. Auf Fotos erkannte er weder das eigene Gesicht noch das anderer, ehemals gut bekannter Personen. Das Erkennen, das durch Sehen nicht gelang, erfolgte unmittelbar, wenn die Person zu sprechen begann. Über diesen auditiven Kanal hatte das Gehirn noch Zugang zu den gespeicherten Episoden, die mit der zu erkennenden Person verbunden waren. Denn Erkennen heißt hier nicht, einsehen, daß das gesehene Objekt eine Person ist. So wäre es bei der Objektagnosie gewesen. Die agnostischen Patienten wußten nicht, daß das erblickte Objekt z. B. ein Kugelschreiber ist, d. h., welche Funktion das Objekt besitzt. Die Agnosie für Gesichter läßt das Wissen darüber, was ein Gesicht ist, welche Funktion es hat, unberührt. Aber die mit diesem Gesicht assoziierte Geschichte ist nicht mehr verfügbar. So z. B., daß dieses Gesicht das eigene ist oder daß der Patient die Person mit diesem Gesicht vor vierzig Jahren heiratete, das Gesicht sich seit dieser Zeit verändert hatte, er die zugehörige Person fast täglich sah. Eine ganze Lebensgeschichte kann man erzählen, wenn man das Gesicht erkennt. Aber der visuelle Zugang zu all diesen Erinnerungen ist bei der Agnosie unterbrochen.

Es scheint aber nicht generell der visuelle Zugriff auf diese Gedächtnisinhalte verschlossen zu sein. Wenn auch der Anblick des Gesichts keine Erinnerung an die betreffende Person weckt, so kann der Gedächtnisinhalt plötzlich offenliegen, wenn ein bekanntes Schmuck- oder Kleidungsstück oder nur eine für die Person spezifische Eigentümlichkeit entdeckt wird. So wurde über eine Dame berichtet, die niemals das Gesicht ihres Mannes erkennen konnte. Doch an seiner Krawatte identifizierte sie ihn sofort. «Wer seine Krawatte so bindet wie der da, kann nur mein Mann sein», erinnerte sie sich.[34] Es gab experimentelle Untersuchungen, die nachwiesen, daß die Agnosie für Gesichter nicht einfach Folge geringer Sehleistungen ist. Die Patienten waren trotz ihrer Agnosie fähig, Fotos des unbekannten Gesichtes von Fotos anderer Gesichter zu unterscheiden, und konnten der Aufgabe, ein Foto des unbekannten Gesichts unter Fotos anderer Gesichter herauszusuchen, korrekt nachkommen. Dennoch waren die Patienten nicht in der Lage, die richtig von anderen Gesichtern unterschiedenen Gesichter zu erkennen, sich an ihre Geschichte zu erinnern.[35] Der visuelle Eindruck des Gesichts scheint also vom Gehirn in allen ihren Nuancen analysiert zu werden. Doch ist es offenbar nicht möglich, durch das Ergebnis der korrekten Analyse des Gesichts die dazugehörige Geschichte aus dem Gedächtnis abzurufen. Wir haben schon erwähnt, daß nicht der gesamte Weg zum Gedächtnisspeicher unterbrochen ist. Nur die Seitenstraße, die die Hirnstruktur zur Analyse der Gesichter mit dem Gedächtnisspeicher verbindet, ist gesperrt.

Patienten mit einem solchen Defizit litten alle an einer Hirnschädigung, die eine bestimmte Region im Hinterhauptslappen einschloß (Gyrus parahippocampalis, Gyrus fusiformis, Gyrus lingualis). Bereits die Schädigung dieser Strukturen in einer Hirnhälfte kann zu einer Beeinträchtigung des Gesichtererkennens führen.[36] Ein schwerer Verlust der Fähigkeit, Gesichter zu erkennen, stellt sich offenbar jedoch nur nach Zerstörung der betreffenden Regionen in beiden Hirnhälften ein. Aber ein beidseitiger Verlust der gleichen Hirnstrukturen, dazu ohne Einschränkung des Sehvermögens, ist die Ausnahme. Und so erklärt es sich auch, warum man eine echte – das heißt durch keine Sehstörung bedingte – Prosopagnosie nur selten bei hirngeschädigten Patienten diagnostiziert.

Eine leichte Einbuße des Wiedererkennens von Gesichtern kann man schon nach ausgiebigem Alkoholkonsum experimentell nachweisen. In einem Forschungsprojekt über Alkoholwirkung, das ich mit einem Kollegen aus dem Institut für Rechtsmedizin durchführte, untersuchten wir diesen Effekt genauer.[37] Die Teilnehmer waren gesunde Versuchspersonen. Sie kamen am Morgen ins Institut, erhielten eine Standardmahlzeit und begannen dann Wein zu trinken. Innerhalb einer vorgegebenen Zeit mußte eine vorausberechnete Menge des Getränks konsumiert werden. In kurzen Abständen wurde Blut aus einer Armvene entnommen und die Blutalkoholkonzentration mit einem Gaschromatographen bestimmt. Der Test begann, wenn eine Blutalkoholkonzentration von etwa einem Promille erreicht war. Vierundzwanzig Stunden zuvor hatten die Versuchspersonen im nüchternen Zustand vier Bilder von Gesichtern gesehen, die sie sich einprägen sollten. Jetzt, einen Tag später, mußten diese Gesichter unter acht unbekannten Gesichtern wiedererkannt werden. Das Wiedererkennen der Gesichter war signifikant schlechter als das Wiedererkennen von geometrischen Formen, die die gleiche Komplexität besaßen wie die zu erkennenden Gesichter. Es waren Formen, die aus Teilen der Gesichter so zusammengesetzt wurden, daß der Eindruck des Gesichts verlorenging. Auch diese Formen mußten die Versuchspersonen sich im nüchternen Zustand einprägen und sich betrunken an sie erinnern. Zudem wurde die Fähigkeit, Gesichter in alkoholisiertem Zustand zu unterscheiden, getestet. In diesen Experimenten ergab sich keine signifikant schlechtere Leistung unter Alkoholeinfluß als im nüchtern Zustand. Der Alkohol wirkte sich offenbar nur auf das Gesichtererkennen aus.

Warum dies so ist, darüber läßt sich spekulieren. Die Hirnstrukturen, die dazu dienen, aus dem Gedächtnis abzurufen, ob ein Gesicht schon einmal gesehen wurde, sind, so will es scheinen, verletzbarer als diejenigen Hirnstrukturen, die für das Wiedererkennen von Formen oder für den Vergleich von Gesichtern zuständig sind. Der Alkohol beeinflußte beide Hirnhälften, und die Wirkung auf das Gesichtererkennen war nicht so ausgeprägt, daß es im Alltag aufgefallen wäre. Schwere Einbußen des Gesichtererkennens bedürfen offenbar schwerwiegender Schädigung der kritischen Areale beider Hirnhälften.

Hat ein Mensch eine bestimmte Blutalkoholkonzentration erreicht, so sind die Hirnfunktionen so beeinträchtigt, daß in allen möglichen Leistungsbereichen meßbare Defizite auftreten. Außer einer leichten Einschränkung des Gesichtererkennens treten Störungen der Beurteilung visuell räumlicher Verhältnisse auf, die Zeitwahrnehmung ist verändert, das Gedächtnis ist gestört, zahlreiche Aufmerksamkeitsleistungen sind abgeschwächt, und auch das Denken, Fühlen, Handeln sind betroffen.

Doch diese neuropsychologischen Leistungsdefizite sind reversibel und werden aufgehoben, sobald sich die Blutalkoholkonzentration des Nüchternen wiederhergestellt hat. Der regelmäßige Mißbrauch des Alkohols führt, wie der Mißbrauch anderer Drogen, zu einer solchen Veränderung an Neuronenverbänden des limbischen Systems, daß das Gehirn nach einem wiederholten Substanzmißbrauch verlangt und daß die Sucht entsteht.[38] Im Gegensatz zu den bisher besprochenen krankhaften Veränderungen des Gehirns ist nicht das Absterben von Nervenzellverbänden die Ursache für die Sucht. Diese entsteht durch eine Veränderung an bereits besprochenen synaptischen Kontaktstellen zwischen Nervenzellen. Der mit langem Alkoholmißbrauch einhergehende Zelltod, der in weiten Bereichen des Gehirns stattfindet, sorgt darüber hinaus für mannigfaltige neuropsychologische Störungen, unter ihnen schwere Gedächtnisausfälle und Veränderungen der Persönlichkeit.

Das Merkwürdige an dieser Art der Hirnschädigung ist, daß dem durch sie neu entstandenen Trieb alles Handeln und Erleben untergeordnet wird, nur um dem Gehirn erneut eine Droge zuzuführen, die es auf Dauer zerstört. Dieser Trieb, den das Gehirn entwickelt, kann derart beherrschend werden, daß der Kranke alle sozialen Bindungen löst, sich bis zur untersten Stufe der sozialen Leiter fallen läßt. Hat der Alkohol seine suchtmachende Wirkung erst einmal im Gehirn entfaltet, ist die Umkehr für den Trinkenden schwer, und oft führt sein Weg in den völligen Zerfall seiner Persönlichkeit. Der Alkoholismus ist eine erworbene Erkrankung unseres Gehirns. Das nächste Kapitel soll den Weg in diese Erkrankung nachvollziehbar machen und einen Eindruck vom Leben in einem sozialen Umfeld vermitteln, das durch späte Stadien des Alkoholismus geprägt ist.

17

Das Regime des Alkohols

Hätte ein Student noch normaler sein können als Olaf? Als jemand, der in einer Kleinstadt zur Schule gegangen war, sein Abitur, ohne den Verdacht geistiger Großartigkeit zu erregen, in gutem Mittelmaß absolvierte und gleich sein Studium begann. Über die studentische Vermittlung hatte er ein Zimmer in einer der vielen bunt zusammengewürfelten Wohngemeinschaften gefunden. Ein Zimmer, das außer Langeweile und einem schwachen Hintergrundgeruch abgestandenen Miefs mancher Studentengeneration nichts enthielt. Die paar Möbelstücke, ausrangierte Relikte biederer Wohnkultur – man konnte sie ja nicht einfach auf den Sperrmüll fahren. Solche Wohnlöcher waren eben erzwungener Teil des studentischen Selbstverständnisses. Man hielt sich ohnehin nicht länger als nötig darin auf.

Mit den übrigen Bewohnern konnte Olaf wenig anfangen. Da war zum Beispiel der Perser mit seiner ebenfalls persischen Freundin, der im Nachbarzimmer ein zum Erbarmen ordentliches Bürgerdasein lebte. Ingenieur oder so etwas Technisches wollte er wohl werden. Das dunkle Brillengestell bildete mit den immer etwas weiten grauen Anzügen und den zum Farblosen tendierenden Tönen der Krawatte ein Ensemble, das unweigerlich das Bild des stets diensteifrigen Bürovorstehers aus einem Film der fünfziger Jahre ins Gedächtnis rief. Schon früh am Morgen strebte er zum Studium aus dem Haus, um erst zu Zeiten nach Büroschluß zurückzukehren. Die Grenzen seiner Kommunikationsbereitschaft waren eng gesteckt. Seine Freundin beschäftigte sich, so man sie sah, damit, dem künftigen Gemahl das Essen zu bereiten. Sie war vermutlich gewohnt, ungefragt nicht übermäßig viel zu reden. Sprach man sie an, so verfiel sie sogleich in Freundlichkeit und Aufgeschlossenheit. Bei ihrem kulinarischen Bemühen störte schon einmal ein auf einer Herdplatte vor sich hinwärmendes Töpfchen, in dem eine weißlich-wachsartige Masse schwamm. Der Gatte in spe beäugte solche Gefäße mit neugierigem Unverständnis, und stets war ihm das rätselhafte Gewärme ein Ärgernis. Dann hatte Siegfried – ein Mitbewohner – wieder Besuch von irgendwelchen Ausgeflippten, die morphinhaltige Zäpfchen schmolzen, um sich einen gemeinsamen Schuß zu setzen. Siegfried sprach gerne über Drogen und gab auch ungebeten mit entrücktem Grinsen eine aktuelle Marktübersicht. Studieren tat Siegfried nur nominell, der Vergünstigungen wegen. Sonst verdiente er sein Geld mit Gebäudereinigung und anderen Gelegenheitsjobs. Dann gab es noch einen langhaarigen Philosophiestudenten, der gelegentlich nachts wie ein seltsamer Vogel einfiel und lieber über Indien als über Philosophie erzählte. Meist auf dem Weg zu einer Kleinkunstbühne, auf der er die Zuhörer für ein eigenwilliges Gemisch aus indischer und europäischer Klangarchitektonik zu gewinnen suchte. Olaf kam mit beiden gut aus, aber jeder lebte in seiner Welt.

Die Abende verbrachte Olaf in Studentenkneipen, bei Bekannten, Freunden. Wie die meisten trank er ein, meist zwei oder auch drei Bier. Es wurde eine Gewohnheit, die zum Ritus des Abends gehörte. Oft blieb Olaf länger in einer Kneipe als die, mit denen er gekommen war. Dann zog es ihn, bevor der Abend enden sollte, noch in ein, zwei weitere Lokale. Und da trank er wieder, wie alle, jeweils ein, zwei oder drei Bier. An manchen Abenden addierten sich die Biere beträchtlich, aber es war wirklich ganz normal, auch gelegentlich einmal angetrunken zu sein. Die Tage, an denen Olaf die Wirkung des Alkohols deutlich spürte, häuften sich, wurden jetzt schon zur Regel. An einem Morgen erzählte Olaf mir, gestern abend müsse ihm jemand eine Droge ins Bier geworfen haben. Er sei kaum noch nach Hause gekommen. Die Straße sei ihm riesig breit erschienen, alles hätte anders ausgesehen. Ich versuchte ihn zu überzeugen, mit dem Trinken aufzuhören, versuchte ihm deutlich zu machen, daß seine Trinkgewohnheiten nicht mehr unproblematisch seien. Olaf sah jedoch nichts Anormales in seinem Bierkonsum, war nicht zu überreden. Bald traf er schon morgens Bekannte auf der Straße, und man trank dann schon mal zwei oder drei Bier, um die Stimmung etwas anzuheben.

Wie bei vielen, die tief in den Alkoholismus gegangen sind, mag auch Olaf den Alkohol benutzt haben, um die ihn wenig befriedigende Lebenssituation lustvoller zu gestalten. Die Lebensbedingungen erschienen von außen betrachtet nicht beklagenswert. Olaf konnte studieren, wohnte, wie man es für einen Studenten angemessen hielt. Doch er hatte weit mehr erwartet. In seinen Augen konnte er auf mehr hoffen als auf ein Studium, das ihn langweilte, das keinen Kontakt zu Dozenten oder Kommilitonen anbot, ihm selbst das Steuer seines Geschickes in die Hand gab. Wen kümmerte es schon, ob er zu Vorlesungen oder Seminaren erschien, ob er sich in Seminaren um ein Referat bemühte oder eine Semesterarbeit abgab. Vielleicht nahm man zur Kenntnis, daß er nur ein passiver Besucher der Lehrveranstaltungen war. Niemanden interessierte es, ob er sich zu einer Prüfung angemeldet, ob er bestanden hatte oder durchgefallen war. Der Student Olaf wurde wie alle anderen verwaltet, und niemand wollte wissen, ob als guter oder schlechter Student. Er erkannte selbst, daß das erste Semester nicht sehr produktiv verlaufen war, doch das betrachtete er als ganz normal. Das zweite Semester war auch verbummelt, aber es konnte immer noch alles anders werden.

Olaf hatte selbst erkannt, daß sich einiges an seiner Studienmoral ändern müsse, es fehlte nur der Antrieb, nun ernsthaft zu arbeiten und sich zu disziplinieren. Wie schwer war es, das Angenehme an sich vorüberziehen zu lassen und sich der Mühe des Studiums zu unterwerfen. Es hatte keine unmittelbare Konsequenz, seinen Wünschen nachzugeben, lieber in den Erfreulichkeiten des Tages zu treiben. Aber immer bedrohender wirkte die unübersehbare Realität, in der Semester um Semester ungenutzt verstreichen, der Schritt aus dem unbekümmerten Dahinschwimmen immer mühevoller wird, Kraft erfordert, die ihm fehlt. Wie soll denn die Zukunft werden? Während der allabendlichen Streifzüge durch die Kneipen hatten solche Sorgen sich bald verloren. Beim Trinken fand sich wieder Selbstvertrauen, stellte sich die Überzeugung, es würde sich schon noch zum Guten wenden, allen dunklen Zweifeln des Tages in den Weg. Noch heute und vielleicht noch ein paar Tage, dann wird es einen neuen Anfang geben. Aber die Tage, an denen nichts geschah, fanden kein Ende, doch jeden Tag wurden die Gedanken beim Trinken leichter, und es kam die Hoffnung zurück, es wird so nicht bleiben, irgendwann wirst du die Wendung in ein produktives Leben schaffen. Viele Semester lagen da schon hinter ihm. Olaf studierte nun nicht mehr, begann morgens zu trinken, trank über den Tag, soff allabendlich bis zur Besinnungslosigkeit, verbrachte sein Leben im Suff auf der Straße.

Karl hatte in einem pfälzischen Dorf schon als Schüler unbemerkt den Weg in den Alkoholismus begonnen. Er mußte jeden Morgen ein paar Stationen mit dem Zug in die nächste Kleinstadt zur Oberschule fahren. Jeden Morgen war Karl schon eine Stunde zu früh am Schulort. Es gab eine Bahnhofsgaststätte, in der sich immer dieselben Früharbeiter trafen. Einige von auswärts ankommende Mitschüler, Arbeiter einer nahegelegenen Fabrik, oft gesehene Gesichter Unbekannter. Doch vor Beginn der Last des Schultages konnte man laut sein, der Lebensfreude ungehemmten Lauf lassen. Morgens als Schüler Bier zu trinken weckte Lebensgeister, hob einen aus der Masse der Soliden.

Karl bewegte sich in seinem Heimatdorf in trinkgewohnten Kreisen. Da waren jeden Abend ein paar laute Freunde zum Feiern, da wurde im Suff das müde Dorf zum Land der Abenteuer, über die am nächsten Tag die abstinenten Biedermänner staunen durften. Sehr bald versuchte Karl, den Alkoholpegel auch tagsüber nicht sinken zu lassen. Nach dem Abitur wurde das Studium bald abgebrochen, die dörfliche Gemeinschaft ließ Karl nicht ins Bodenlose rutschen. Als Alkoholiker lebte er von kleinen Jobs und Arbeitslosenunterstützung.

Doch niemand stützte die Zahllosen, die durch den Alkohol zum untersten Bodensatz der Gesellschaft wurden, in den Städten zu Clochards verkamen. Paris zum Beispiel bot ihnen in Obdachlosenheimen einen Schlafplatz. Zwei junge Obdachlose, die ich in der Pariser U-Bahn getroffen hatte, begleiteten mich zu einem solchen Nachtquartier. Bis zum frühen Abend mußte man das breite Eisentor passiert haben, das wie ein Loch in einem kariösen Zahn die hohe Häuserzeile in einer der ärmeren Pariser Wohnbezirke unterbrach. Dann fiel das schwere Tor ins Schloß, und niemand durfte ein noch aus. Dahinter ein großer Hof zwischen den graubraunen Fassaden mehrstöckiger Altbauten. Gegenüber dem Eisentor eine breite Steintreppe, die zu einem engen, schleusenartigen Durchgang führte. In den ehemals breiten Eingang war ein Glaskasten gebaut, der ähnlich einem Fahrkartenschalter einen nach dem anderen der vorbeischlurfenden ärmlichen Gestalten prüfte und Einlaß gewährte. Der Durchgang war noch geschlossen. Vielleicht waren es zweihundert ausgebrannte Männer auf der tiefsten Stufe der sozialen Leiter, die auf einen Schlafplatz hofften. Marcel, ein kräftiger Kerl von weniger als 50 Jahren, hatte mich, damals noch Student, in seine väterliche Obhut genommen. Er war ein schwerer Alkoholiker. Auch an diesem Abend mochte seine Blutalkoholkonzentration sich in für einen Nicht-Alkoholgewohnten lebensbedrohlichen Höhen bewegen. Aber Marcel war seit

Jahrzehnten an einen enormen Alkoholkonsum gewöhnt. Heute, so versicherte er laut mit sonorer Stimme, sei er geradezu nüchtern. Dabei lehnte er sich zurück, ließ die Arme nach hinten fallen, daß Brust und Bauch unter dem schäbigen grauen Mantel mit seinen viel zu kurzen Ärmeln zum Vorschein kamen. Mit hochgezogenen dichten Augenbrauen und einer Miene, die eine große Botschaft erwarten ließ, verkündete er mir sodann: «Tu vois, hier j'etait ivre comme un chien, mais c'est normal, c'est normal» «Weißt du, gestern war ich besoffen wie ein Hund, aber schau, das ist normal, das ist normal. Keiner kennt Paris so wie ich. Ich sage dir, ich bin ein Typ – incroyable. So einen wie mich gibt es nicht noch einmal. Glaube mir, so einen wie mich kennst du nicht.» Und dann wieder: «Weißt du, gestern war ich besoffen wie ein Hund, aber das ist normal.» Er hat mir diese Geschichte noch oft erzählt während der zwei Stunden, die wir auf Einlaß warteten.

Marcel stammte aus dem Lothringischen. Er war wohl verheiratet, hatte Kinder. Mit der Scheidung begann der Abstieg, jedenfalls beschleunigte dies den Weg in die Endphase des Alkoholismus. Tagsüber trieb es ihn auf den Straßen der Stadt umher, er bettelte, organisierte etwas Eßbares und vor allem Alkohol. Im Sommer schlief er meistens draußen. Die naßkalten Wintertage trieben ihn ins Asyl. Er haßte das Asyl, diese Sammelstelle seiner elenden Ebenbilder.

Es hatte wieder begonnen, große vereinzelte Flocken zu schneien, die sich in dem zertretenen Wasser, das über dem schwarzen, geteerten Hofboden stand, auflösten. Die gelblichen Spiegelbilder der wenigen nackten Glühbirnen schaukelten in den schmutzigen Pfützen.

Heute war der erste Weihnachtsfeiertag. Wir haben lange in der Nässe des fahl beleuchteten Hofes gefroren, bis man uns Einlaß gewährte. Einer nach dem anderen passierte den Schalter, wurde registriert und erhielt ein Stück Weißbrot mit einem angetrockneten Eck Käse. Ein für jeden sichtbares Schild stellte mittwochs und freitags eine Dusche und eine Entlausungsprozedur in Aussicht. Die Eintrittsschleuse führte in ein Treppenhaus, an dessen Wand in fetten goldenen Lettern *Fröhliche Weihnacht* gewünscht wurde. Unter den Feiertagswünschen auf einem schäbigen Küchenstuhl ein Mann in einem löchrigen, ehemals vielleicht weißen Unterhemd. Obwohl kaum Fleisch an ihm war, wirkte das graublasse Gesicht aufgedunsen, mit hängenden Wangen und dem Ausdruck grenzenloser Demut. Unbeweglich saß er da, während ein elektrischer Haarschneider wie ein Rasenmäher seine Bahnen durch das stumpfe Kopfhaar zog, nur kurze Stoppeln hinterließ. Der im grauen Arbeitsmantel hier die Haare schnitt, hatte nichts von der freundlichen Beflissenheit unserer Friseure. Gleichgültig, mit stereotypen ausgreifenden Bewegungen, die sehr dem Schafescheren glichen, führte er das eintönig summende Elektromesser rasch vom faltigen Nacken zur Stirn. Weder der Scherer noch der Geschorene hatten dabei eine Frisur im Sinn. Die Wolle mußte runter mit den Läusen und den Nissen. Von den dreien daneben wartete keiner auf eine Schur. Einer lag, zwei standen breitbeinig, sternhagelbesoffen, im Kampf gegen Erdanziehung und um Gleichgewicht.

Ich stieg die Treppe hinauf, dann links durch eine Tür. Schlechtriechende, klebrigfeuchte Luft floß mir aus der riesigen Halle entgegen. Es hätte eine ehemalige Fabrikhalle sein können mit den himmelhohen Decken, den Fenstern aus schmutzigem, dickem Riffelglas, die auf etwa drei Metern Höhe begannen. Endlos lange Reihen doppelstöckiger grauer Stahlbettgestelle bildeten Korridore, die tief in das schwache Dämmerlicht verliefen. Ich hatte Bett Nummer 200 irgendwas. Ein Wärter in grauem Arbeitsmantel zeigte mir den Weg. Die Nummern standen auf kleinen Blechtäfelchen, die an einer Kette von den Betten hingen. Auf den Gestellen nur blanke Matratzen. Die graubraunen Längsstreifen lösten sich gegen die Mitte der Matratze in einem großen dunkelgrauen Fleck. Der Schmutz zahlloser Vorbenutzer hatte sich mit den Jahren eingelegt. Mir war das obere Bett zugewiesen. Unten schlief jemand fest. Seine Alkoholfahne war in der schmierigen Luft noch auszumachen.

Ich kletterte in die zweite Etage. Zu meiner linken drehte ein Mann mir den Rücken zu. Er schien zu schlafen, nur mit einer löchrigen Unterhose bekleidet. Gegenüber, auf der anderen Seite des Korridors, befand sich jemand in heftiger Diskussion mit dem Bündel seiner Habseligkeiten. Er schien ausgeprägte Halluzinationen zu erleben. Ungeniert entlud sich die Luft im Darm meines Nachbarn lautstark ins Freie. Das Geräusch hatte ihn selbst aus dem Schlaf geschreckt. Rasch hob er den Kopf und starrte fassungslos auf sein Hinterteil, als wolle er die Ursache der Unflätigkeit erspähen. Es dauerte wohl eine halbe Minute, bis er die biologischen Zusammenhänge zu verstehen schien und den Kopf mit erleichtertem Seufzer zurück auf die Matratze sinken ließ. Nach wenigen Minuten wiederholte sich das gleiche Schauspiel von neuem, wieder fuhr mein Nachbar erstaunt aus dem Schlaf, schien verständnislos zu sinnieren und ließ sich dann erleichtert zurück auf die Matratze fallen. Dies akustische und geruchliche Vergnügen mußte ich noch einige Male über mich ergehen lassen, bis ich einschlief.

Der Alkohol trieb nicht nur die ihm willenlos Ergebenen aus der Gesellschaft in das Elend der Asyle. Manchen Kindern aus Ehen, die am Alkoholismus zerbrochen waren, begegnete ich auf der Straße. Zu ihnen gehörte Ernst, der gerade aus dem Gefängnis entlassen worden war. Seine Mutter, eine hoffnungslose Alkoholikerin, sah man oft in einem Park einer süddeutschen Kleinstadt, wie immer besoffen, gelegentlich mit ein oder zwei Freiern im Schlepptau. Sie mußte früher eine gutaussehende Frau gewesen sein. Was von ihrer Schönheit übrig war, erlaubte ihr noch einige Jahre, ihren Lebensunterhalt durch Prostitution zu verdienen. Oder Frank, ein überaus netter und zuverlässiger Junge von 17 Jahren, der aus einer fürchterlichen Alkoholikerfamilie kam. Eigentlich war er nicht homosexuell, aber es machte ihm nichts aus, sein Geld auf dem Schwulenstrich zu verdienen. Kalle aus Hamburg kam aus ähnlichen Verhältnissen, hatte seine ganze Jugend in Heimen zugebracht. Jetzt lebte er vom Betteln und kleinen Diebstählen auf der Straße. Von Anfang an war alles schiefgegangen im Leben dieser Menschen.

Die Ursachen für den Alkoholismus sind vielfältig. Eineiige Zwillinge, genetisch identisch ausgestattete Menschen also, deren Eltern übermäßig tranken, die jedoch in ganz normalen Familien aufgewachsen waren, wurden signifikant häufiger selbst zu Alkoholikern als Kinder nichtalkoholkranker Eltern.[39] Dies läßt auf eine genetische Disposition zum Alkoholismus schließen. Doch viele seiner Ursachen liegen in den Lebensbedingungen.[40] So wird die Neigung zu hohem Alkoholkonsum begünstigt durch eine unbefriedigende berufliche Situation, anhaltende Arbeitslosigkeit, unerfreuliche Partnerschaften, eine unglückliche familiäre Situation, finanzielle Schwierigkeiten, Obdachlosigkeit und vielfältige psychische Belastungen. Manche suchen im Alkohol, was das Leben ihnen vorenthält. Im Alkoholkonsum erblüht die Lebensfreude, die der Tag versagt. Trinken kann die Belanglosigkeit, die Bindungslosigkeit des alltäglichen Umgangs, soziale und psychische Probleme überdecken, einen Ausgleich schaffen. Oft ist es das Trinken, das berufliche und soziale Probleme schafft, oft sind es aber die Probleme, die den Weg in den Alkoholismus weisen. Nicht selten führt der Alkohol zum Leben auf der Straße, doch manchem, dem eine bürgerliche Existenz mißlang, der in die Obdachlosigkeit geriet, hilft das Trinken, sein Leben in Asylen zu ertragen.

Nicht alle gleiten deshalb in die Sucht, die meisten normalen Trinker sind stark genug, dem Alkoholismus zu entgehen. Doch einige lassen im Alkohol ihre Persönlichkeit zerfallen, steigen ab in den Ruin der Sucht. Sie zeigt sich in dem Ausgeliefertsein an den Alkoholkonsum, am Unvermögen, das Trinken zu kontrollieren, den Alkoholkonsum zu reduzieren. Auch der selbsterkannte körperliche Zerfall, das Zerbrechen sozialer Bindungen, das Wissen, daß man immer tiefer in der Sucht versinkt, sich ankündigende Gedächtnisausfälle, der Verlust der Arbeit, all das vermag das Trinken nicht zu unterbinden. Alkoholtoleranz entsteht, immer mehr muß getrunken werden, um den erstrebten Rauschzustand zu erlangen. Ohne Alkohol treten Entzugserscheinungen auf. Übelkeit stellt sich ein, Erbrechen, Zittern, Wahnvorstellungen, Angst, Unruhe kommen auf, Schlafstörungen, Depressionen, Kopfschmerz, Schwitzen, Herzklopfen sind nur einige Erscheinungen. Erneutes Trinken lindert vorübergehend die Symptome, verbessert das Befinden. Es herrscht nur ein Gedanke, das Verlangen nach Alkohol. Das Trinken wird zum Mittelpunkt des Lebens, dem sich alles unterordnet. Alkoholismus ist eine schwere Sucht, deren Therapie sich über Jahre zieht. So vielfältig die auslösenden Bedingungen ihres Entstehens sind, so komplex sind die erforderlichen Therapiemaßnahmen. Doch auch intensive therapeutische Betreuung vermag weniger als die Hälfte der Patienten dauerhaft zu bessern.

18
Wo liegt die Mitte in der Wüste?

Schon zu Beginn des letzten Kapitels habe ich erwähnt, daß eine akute Alkoholbelastung zu vielfältigen neuropsychologischen Störungen führt. Zu ihnen gehört die Fehleinschätzung visuell räumlicher Verhältnisse, die vor allem als Ursache für alkoholbedingte Verkehrsunfälle praktische Bedeutung hat. Wie alkoholisierte Versuchspersonen die Mitte zwischen zwei Raumpunkten einschätzen, läßt sich sehr einfach mittels eines Tests untersuchen, der seit langem zur Bestimmung visuell räumlicher Störungen bei hirngeschädigten Patienten angewendet wurde: der *Linienhalbierungstest*. Es handelt sich dabei um ein äußerst einfaches Verfahren, das auch bei bettlägerigen, schwer betroffenen Patienten rasch angewendet werden kann. Die Patienten oder Versuchspersonen müssen lediglich bei horizontal oder vertikal ausgerichteten Linien unterschiedlicher Länge die Mitte schätzen und den geschätzten Mittelpunkt mit einem Stift markieren.

Nach der Erblindung einer Hälfte der Netzhaut beider Augen und nach dem Verlust der Repräsentation einer Raumhälfte läßt sich häufig beobachten, daß es den Patienten nicht recht gelingt, zwischen zwei Gegenständen die Mitte zu finden. Gelegentlich streifen die Patienten einen Türpfosten oder stoßen mit umherstehenden Objekten wie Stühlen oder Tischen zusammen. Bittet man die Patienten, in eine horizontale Linie von zwanzig Zentimetern Länge genau die Mitte einzuzeichnen, so ist diese regelmäßig zu einer ganz bestimmten Seite verschoben. Patienten mit einer Halbseitenblindheit verlagern die Mitte der Linie in ty-

pischer Weise in Richtung auf die blinde Gesichtsfeldhälfte,[41] wohingegen Patienten, für die eine Raumhälfte
aufgehört hat zu existieren, die Mitte zu weit in die für sie
noch erhaltene Raumhälfte rücken.[41] Gesunde Probanden
treffen die Mitte von Linien einer Länge zwischen zwei
und zwanzig Zentimetern einigermaßen genau.[42]

Man konnte sich fragen, ob das einigermaßen präzise
Auffinden der Mitte, wie es sich bei gesunden Probanden
beobachten ließ, eine Folge der Übung war, die Mitglieder
unseres technisierten Alltags im Einschätzen räumlicher
Verhältnisse erworben haben. Denn es gab Personen, die
die Mitte exakter, und solche, die sie weniger exakt finden
konnten. Hatten die Besseren mehr Übung als die Schlech-
teren? Wieviel machte unterschiedliche Übung, die die
Probanden hatten, aus? Wie genau könnte jemand die Linien in der Mitte unterteilen, der über keinerlei Übung in
vergleichbaren Aufgaben verfügte? Inwieweit war der Sinn
für räumliche Verhältnisse beim Menschen vorprogram-
miert, bedurfte es vielleicht gar keiner Übung, um räumliche Beziehungen richtig einzuschätzen?

Für die Interpretation dieses sehr einfachen Tests, der
häufig zum raschen Auffinden visuell räumlicher Störungen
in klinischen Untersuchungen verwendet wurde, war die
Beantwortung solcher Fragen sehr hilfreich. Durch sie er-
fuhren wir, welche Leistungen in diesem Test auch von
dem Ungeübtesten erwartet werden dürfen. Was mich aber
ganz besonders an der Sache interessierte, war, daß es sich
dabei um eine kulturvergleichende Studie handeln mußte.
Derartige Forschung konnte sich nicht im dunklen Labor
vollziehen. Man mußte Menschen untersuchen, die in
einer Umgebung lebten, in der das Einschätzen räumlicher Verhältnisse nicht gefordert wurde, Menschen, die gar
keine Gelegenheit hatten, visuell räumliche Beziehungen
einzuschätzen. Sollte die Testleistung solcher Menschen
sich nicht wesentlich von der Leistung europäischer Stadt-
bewohner unterscheiden, so sprach dies für eine von An-

fang an in das Gehirn «eingebaute» Leistungsfähigkeit, die ohne besondere Übung gegenwärtig war.

Zu denjenigen, die so gut wie keine Übung im Schätzen räumlicher Beziehungen haben, gehören Tuareg-Nomaden in entlegenen Gebieten der Sahara. Es durften natürlich keine an die sogenannte Zivilisation angepaßten Tuareg sein, keine Leute, die mit Geländewagen die wenigen Touristen aus Tamanrasset oder Djanet ins Hoggar-oder ins Tassili-Gebirge transportierten. Nur weitgehend ursprünglich lebende, in schwer zugänglichen Gebieten nomadisierende Tuareg waren für diese Studie von Interesse. Vor wenigen Jahren traf man sie noch. In ihren Lebensräumen existierten glücklicherweise keine Flughäfen, zu ihnen fuhr keine Bahn und kein Bus. Kein Touristenführer hätte die Unwägbarkeiten einer solchen Reise riskieren wollen. Landschaften der Sahara weit abseits der Pisten zu durchqueren erfordert Expeditionserfahrung und wüstentaugliche Fahrzeuge.

Offen gestanden fand ich die völkerkundlichen Aspekte der Expedition ungleich faszinierender als die Frage nach der Raumwahrnehmung. In das Areal der Sahara, das ich mit einem erfahrenen Partner durchqueren wollte, führten kaum Zugänge, die für ein Fahrzeug passierbar gewesen wären. Wir kannten nur einen Eingang, der jedoch lange Zeit des Jahres unter Wasser stand. Das meist verschlossene Tor zu einer abgeschiedenen Welt. Die Vorbereitungen waren wie bei allen vorhergehenden Reisen langwierig und mühsam. In den letzten Tagen vor der Abfahrt wurden die Fahrzeuge beladen. Allein 500 Liter Dieselkraftstoff und mindestens 300 Liter Trinkwasser mußten pro Wagen in speziellen Tanks untergebracht werden, die Nahrungsmittel sollten zur Not drei Monate reichen, zahlreiche Ersatzteile, Werkzeuge, unaufzählbar vieles, was lebensnotwendig werden konnte, wurde in große Expeditionskisten geordnet, Ersatzräder eingeladen, Sandbleche am Fahrzeug angebracht. Mein Gefährt war mit seinen

Umbauten und Beladungen weit davon entfernt, den Vorschriften der Straßenverkehrsordnung zu genügen. Wer scherte sich schon um Paragraphen, wenn es darum geht, das Auto wochenlang durch Weichsand, Geröll, gebirgige Pfade zu quälen, aus denen Steinspitzen wie Lanzen die Räder bedrohen. Wenn man jeder Nuance des Ächzens und Quietschens des sich verwindenden Fahrgestells lauschte, immer in der Hoffnung, daß nichts Entscheidendes bricht. Irgend etwas brach immer, Reifenpannen zu beheben wurde fast zur täglichen Routine, eine Steckachse auswechseln zu müssen war kein Unglück, gebrochene Blattfedern waren einkalkuliert, Motor und Getriebe waren dagegen unantastbar. Und die Batterien mußten halten. Am Ende einer der letzten Fahrten waren beide Batterien völlig durchgerüttelt. Aber da war ich schon wieder auf der Straße, konnte mich in Algerien anschleppen lassen und fuhr nonstop nach Tunis. Hätten die Batterien ein oder zwei Wochen früher versagt, weit draußen in der Wüste, hätte ich keine andere Wahl gehabt, als das Fahrzeug aufzugeben.

Die Anfahrt bis Algerien war alljährliche Routine. Über die Autobahn bis Genua, dann nahm man die Fähre nach Tunis. Ein entspannter Tag der Überfahrt, auf den der Ärger mit den aufgeblasenen Zöllnern am Hafen von Tunis folgte. Nach ein paar Stunden hatte ihr Wichtigtun, ihr Graben in unseren Gepäckkisten ein Ende. Dann brach schon fast der Abend an. Meist verbrachten wir die Nacht auf dem großen, leeren Platz unmittelbar am Hafen. Bis zum Morgen trieben sich hier allerlei unangenehme Gestalten herum, kleine Diebe und professionelle Kriminelle. Ich hatte mit ihnen schlechte Erfahrungen gemacht. Nicht zuletzt deshalb zogen wir es dieses Mal vor, noch ein Stück ins Land zu fahren, um in den Feldern zu nächtigen. Am nächsten Tag stand uns die algerische Grenze bevor. Das bedeutete erneut, Formalitäten zu erledigen, Kisten auszupacken, in unserer Ausrüstung wühlen zu lassen, jeden

Zöllner mit einer Packung US-Zigaretten zu bestechen, und, Allah sei Dank, man konnte nach Algerien einreisen.

Menschen, die entlang der Teerstraßen oder Pisten lebten, waren für meine Untersuchungen nicht interessant. Sie hatten Kontakt mit dem westlichen Leben, hatten vieles ihrer Ursprünglichkeit eingebüßt. Es dauerte noch Tage, bis wir über holprige, doch problemlos befahrbare Pisten das südliche Algerien erreichten. Hier, in den Tälern des Hoggar-Gebirges begegnete man gelegentlich noch Tuareg-Familien, die weitgehend zurückgezogen und traditionell als Nomaden lebten.

Wir hatten das Nachtlager unweit einer Piste in einem Tal des Hoggar aufgeschlagen. Sehr früh am nächsten Morgen erschien eine Tuareg-Frau, eine zierliche Dame von vielleicht 30 Jahren. Sie kam uns zu begrüßen und um zu sehen, wer die Fremden waren. Den indigoblauen Umhang hatte sie über den Kopf gezogen. Das Gesicht der Frau war nach Tuaregsitte unverschleiert. Nur Männer tragen einen Schleier, den Tagelmoust. Ganz anders als in der arabischen Gesellschaft ist die Tuareg-Frau weitgehend eigenständig, hat eigenen Besitz und vererbt sogar ihren Namen an die Kinder. Ohne weiteres konnte sie selbst Kontakt mit uns aufnehmen. Sie wahrte einen Abstand von etwa 15 Metern zu unserem Standplatz und ließ sich auf der Erde nieder. Ich ging sie zu begrüßen und begleitete sie in unser Lager. Vorsichtig, mit fast ängstlicher Neugier betrachtete und betastete sie die fremdartigen Gegenstände, die die Europäer in die Wüste schleppten. Gerne nahm sie warme Kinderkleidung für den Säugling an, den sie unter dem indigofarbenen Umhang mit sich trug. Sie blieb nicht lange. Etwa eine Stunde später, es durfte nicht einmal sieben Uhr am Morgen gewesen sein, näherte sich ein Tuareg. Ein hochgewachsener, schlanker Mann, in traditioneller Kleidung: in weiten blauen Hosen, darüber eine Art Hemd, das bis über die Knie reichte, und mit einem aus weißem Tuch gewickelten Turban. Die Stoffbahnen waren mehrfach über Nase und Mund geschlungen, breit genug, um bis zur Brust hinabzufallen. Nur die Augenpartie war freigeblieben. Dieser Schleier diente vielleicht als Schutz vor Staub und Sonne, doch fällt unter ihm das Atmen schwer. Ständig hat man das Gefühl, die ausgeatmete Luft verfinge sich in den Gesichtstüchern und bei jedem Atemzug gelänge sie erneut in Mund und Lungen. Mag der Tagelmoust hinderlich sein, ein Tuareg zeigt keinem Fremden sein Gesicht. Kennt man sie etwas besser, sitzt man beim Essen, so lockern sie den Schleier für gewöhnlich und entblößen sich gar bis zum Kinn.

Der frühe Besucher schritt in gebührlichem Abstand langsam um unser Lager, als sei es von einem unsichtbaren Zaun umgeben. Ich ging ihm entgegen, und wir begrüßten uns. Der in westlichen Nationen übliche Händedruck ist hier unbekannt. Man hebt die rechte Hand, winkelt das Ellenbogengelenk so an, daß die Fingerspitzen der geöffneten Hand nach oben zeigen. Nun streichen die Hände der sich Begrüßenden vorsichtig aneinander. Er bedeutete mir, wir möchten gleich zu seinen Zelten kommen. Wir packten einige der für solche Fälle vorbereiteten Gastgeschenke ein und machten uns auf den Weg in das nächste Tal. Vielleicht waren es mehrere Tuareg, die in diesem Lager lebten, und vielleicht fanden sich einige junge Männer, die ich für meine Tests gewinnen konnte. Doch es galt behutsam vorzugehen. Tuareg, die noch traditionell als Nomaden lebten, erwarteten auch von Fremden, daß diese ihre Regeln sozialen Verhaltens beachteten. Sie hatten keine Vorstellungen von andersartig strukturierten Gesellschaften als der ihrigen. Ich würde das Gespräch in einem passenden Augenblick sehr vorsichtig auf meine Untersuchungen lenken müssen. Dann galt es, mit seiltänzerischem Geschick die Unterhaltung so weit in diese Richtung zu vertiefen, bis die entscheidende Frage, ob jemand zur Teilnahme an meinen Tests bereit wäre, gestellt werden konnte. Es wäre mir in höchstem Maße unangenehm gewesen, die Gastfreundschaft und die Normen angemessenen Sozialverhaltens grob zu verletzen und die Feindschaft derer zu provozieren, die mich eingeladen hatten und dem fremden Wüstenfahrer gegenüber ihre Anerkennung zum Ausdruck brachten. Meine Untersuchungen gehörten nun einmal zu den von mir erwarteten wissenschaftlichen Aufgaben. Aber sie waren bei weitem nicht wichtig genug, als daß ich mich ihretwegen den sozialen Normen traditioneller Kulturen widersetzen wollte. Bot sich keine günstige Gelegenheit, die Untersuchungen zwanglos in die Begegnungen mit den Tuareg einzuflechten, so wollte ich eher auf sie verzichten. Eine Konfrontation wegen dieser Daten? Wieviel faszinierender empfand ich es, auf erhaltene Reste der traditionellen Tuaregkultur zu treffen.

Man hatte uns erwartet und geleitete uns zum Lagerplatz. Nebeneinander waren zwei grüne Bahnen aufgespannt, daß sie je eine halbkuppelartige Überdachung bildeten über dicht gepackten, bunt bestickten Ledertaschen. Sie konnten kaum Platz finden unter dem dürftigen Schutz, den die Planen boten. Das Nomadenleben erlaubt keinen Besitz an Möbeln oder anderen ungelenken Gegenständen, die nicht rasch auf Kamele zu verladen wären. Einige, mit einfachen geometrischen Figuren beschnitzte Pfosten, an denen Töpfe, Siebe, Taschen zum Schutz gegen unerwünschte Bodenbewohner hingen. Vor den Zelten hatte der Gastgeber im Kreis Decken als Sitzgelegenheiten ausgelegt. Neben Homa, unserem Gastgeber, hatten sich zwei weitere Tuareg niedergelassen, die sich mit ihren Kamelen auf der Durchreise befanden. Emaruel, ein Mann mittleren Alters im weißen Turban und bis dicht unter die Augen gewickeltem Tagelmoust. Zur morgendlichen Runde in Homas Lager gehörte noch ein junger Tuareg, des Gastgebers Schwiegersohn. Turban und Gesichtsschleier bestanden aus indigoblauem Tuch, der traditionellen Farbe der Targi. Über anhaltende Zahnschmerzen klagte er, enthüllte sein Gesicht und zeigte mir die Quelle seines Martyriums.

Sämtliche Backenzähne des Unterkiefers waren bis zum Zahnfleisch abgefault. Schon der Anblick ließ mich etwas nachempfinden von den großen Schmerzen, die die Stümpfe ihm bereiteten. Keiner dieser Zähne war zu retten. Wie sollte ich ihm helfen? Weder hatte ich Übung im Zähneziehen noch verfügte ich über die passenden Instrumente. Und was wäre, wenn nach mißglücktem Versuch einer Zahnextraktion die Wunde sich entzündete? Nicht auszudenken. Ob es nicht einen Dentisten in Tamanrasset gäbe, fragte ich. Der war teuer, verlange mehr, als ein einfacher Tuareg bezahlen könne. Über die medizinische Versorgung hier im Süden hatte ich wahre Greuelgeschichten gehört. Stets bestand die Gefahr, daß die Behandlung unfachmännisch war, schwer beherrschbare Komplikationen waren zu befürchten. Wahrscheinlich machte ich mir zu viele Gedanken über die Eventualitäten medizinischer Versorgung. Doch ich konnte es nicht wagen, einen Zahn zu ziehen, ohne das Leben des Patienten zu gefährden. Die Tuareg sahen dies weit unbefangener, denn die Wüste ist ein medizinisch leerer Raum. Was in unserer Welt gesundheitliche Kleinigkeiten sind, kann sich hier zu tödlichen Erkrankungen entwickeln. Zahnschmerzen gehören in der Wüste wohl zu den ganz normalen Leiden. Ein befreundeter Tuareg, eine Art Dorfoberhaupt, hatte mir einmal einen Brief schreiben lassen, in dem er mich bat, im nächsten Jahr doch Werkzeuge zum Zähneziehen aus Deutschland mitzubringen. Dann wollte man selbst zu Werke gehen, ohne Desinfektionsmittel, ohne die Möglichkeit der Schmerzbekämpfung und ohne Antibiotika, um Folgeinfektionen einzudämmen. Aus der Warte eines Europäers, der gewohnt ist, ein hochentwickeltes medizinisches Versorgungssystem zu nutzen, mag die medizinische Selbsthilfe der Tuareg unverantwortlich naiv erscheinen. Aber das Leben in der Sahara kennt oft nicht den leichten Ausweg aus Schmerz und Bedrohungen, der uns selbstverständlich ist.

Abb. 8: Der Morgen war kaum angebrochen, als Homa uns zu seinen Zelten bat. Allein die Möglichkeit, noch bestehende Nomadenkulturen zu erleben, war jede Mühe Wert. Doch ich mußte auch versuchen, diese Tuareg für meine Experimente zu gewinnen. Würden sie den Raum in gleicher Weise wahrnehmen wie deutsche Versuchspersonen?

Homas Frau brachte das Frühstück: eine große Schüssel Couscous, die unvermeidliche Alltagsspeise. In den Rand der Schüssel waren Tifinagh-Schriftzeichen eingeschlagen. Vermutlich sollten sie schädliche Einflüsse vom Inhalt des Gefäßes fernhalten. Die Schüssel wurde in die Mitte der im Kreis Sitzenden gestellt, und Homa händigte jedem einen Löffel aus. Nach Sitte der Tuareg essen alle aus einer Schüssel. Teller sind nicht in Gebrauch (Abbildung 8).

Bei manchen Einladungen wurde erwartet, die vorgesetzte Schüssel nicht bis zum Grund zu leeren. Man aß ein wenig, der Rest wurde glattgestrichen und für eine spätere Mahlzeit aufbewahrt. Homa meinte es gut mit seinen Gästen. In vorsichtiger Höflichkeit hatte ich den Löffel mit dem Stiel in den Boden gesteckt und seine Spitze an den Schüsselrand gelehnt. Das taten sie häufig, um eine kurze Essenspause einzulegen oder um anzuzeigen, daß die Mahlzeit abgeschlossen war. Homa unterband solche Versuche. Mit strengem Blick deutete er auf die noch gefüllte Schüssel, schaufelte Essensreste aus den Parzellen der Schüssel, aus denen die anderen löffelten, zu meiner Seite und befahl mir: «iß». Ich wagte nicht, mir den Anschein einer Zögerlichkeit zu geben, und gehorchte. Mir kam auch die Ehre zu, das Übriggebliebene der anderen vertilgen zu dürfen. Homa kratzte alles zusammen, häufte es vor mir auf und gebot: «iß». Mir blieb keine Wahl. Schon während des Essens hatte ich versucht, das Gespräch auf meine Untersuchungen zu lenken, doch die Tuareg gingen nicht darauf ein. Immer wieder verfielen sie in eine Unterhaltung in ihrer Muttersprache, dem Tamaschek. Auch anschließend beim Tee ergab sich keine Gelegenheit zu fragen, ob einer der Tuareg als Versuchsperson fungieren mochte. Welche Grobheit wäre eine solche Frage im feinen Umgangston der Wüste.

Die beiden weißen Reitkamele hatten, während wir aßen, trockene Halme am Rande des Lagers aufgelesen. Emaruel und der Schwiegersohn legten ihnen Decken und die typischen Kamelsättel der Tuareg auf, die am vorderen Ende ein hoher, kreuzartiger Sattelknauf beschließt (Abbildung 9). Zum Abschied wurden nochmals kleine Geschenke ausgetauscht, und die beiden Besucher verschwanden nach Westen in den Hügeln.

Meine Reise hatte gerade erst begonnen, und es würden sich sicherlich noch Tuareg finden, die ich testen konnte. Sollte diese Hoffnung sich nicht erfüllen, so waren die Landschaften der Sahara und die Begegnung mit den letzten Resten der Tuaregkultur ein reicher Ersatz für diesen wissenschaftlichen Mißerfolg.

Auf dieser Reise bogen wir bald nach Osten ab, folgten holprigen Pisten. Nach Tagen begleiteten uns helle, gelbe Sandfelder und immer wieder die weichen Schwingungen der Dünenkämme gegen den reinen blauen Himmel. Zu hohen Gebirgen stiegen sie auf, in schnörkelhaften

Abb. 9: Ein durchreisender Tuareg hat für eine Nacht im Lager eines Stammesbruders Rast gemacht, der mit seiner Familie in entlegeneren Tälern des Hoggar-Gebirges als Nomade lebt. Früh am Morgen bricht er wieder auf, noch bevor die Sonne ihre ganze Kraft gewonnen hat. Für meine Tests war keine Zeit geblieben.

Windungen führten ihre Kämme in tiefe Täler, wurden von der nächsten Düne aufgenommen, die bald in andere Sandgebirge überging. Manchmal waren sie ganz nah, dann zogen sie sich zurück, um fern am Horizont eine weite Ebene zu beschließen. Gegen Abend verließen wir die Piste, lagerten bis zum Morgen in den Dünen. Die lauten Städte, der geregelte Tag, die westliche Lebensform, ihre Normen und Prinzipien reichten nicht bis hier. Noch einen Tag folgten wir einer der verbotenen Pisten durch kiesige oder sandige Ebenen, über leichte Hügel. Dann an einem Nachmittag die Dünen eines großen Erg. Bald schickte er uns ein kaum zu übersehendes Sandfeld entgegen, das sanft in die noch weit entfernten Sandgebirge stieg. Ein normales Fahrzeug käme nur wenige Schritte durch diesen weichen Untergrund. Wir wechselten die Räder, zogen spezielle Sandreifen auf, ließen die Luft aus den

Schläuchen, bis die Reifen flach und breit auf dem heißen Boden standen. Nur mit hochgedrehtem Motor und einem durch ein Zusatzgetriebe halbierten dritten Gang wird genügend Kraft auf alle vier Räder übertragen, um sich mit Schwung durch das Sandgebiet zu pflügen, die Steigungen zu überwinden. Meterhohe Staubfahnen stiegen hinter den Fahrzeugen auf, die der Wüstenwind wie die Kondensstreifen von Flugzeugen über die Ebene trieb. Mal bremsten Weichsandfelder die Wagen ab, mal holperten wir über die harten Sandrippen, die einer Wasserfläche glichen, auf der ein scharfer Wind Welle an Welle gelegt hatte. Lange sind wir so gefahren, und leicht haben die Fahrzeuge die Steigungen überwunden bis in die ersten geräumigen Dünentäler. In einem Tal schlugen wir unser Lager auf. Stieg man zum Kamm der nächsten Düne, breitete sich eine gewaltige Sandwüste aus, gigantisch legten riesenhafte Dünen immer neue Formen aneinander, eine unübersehbare Folge erhabener Figuren, bis über den Horizont hinaus eine Welt der Geometrie aus messerscharfen Grenzlinien und reinen Flächen, eine unberührte Welt, die kein Laut eines Vogels, kein Insekt zu stören wagte.

Ich ging zurück zum Lager. Ein zerquetschter Reifen war zu reparieren, und vor allem ein schwerwiegendes Problem am Bremssystem des Zweitfahrzeugs wartete auf eine Lösung. Für die Durchquerung des Erg war ein defektes Bremssystem kein Unglück, doch der wirklich schwierige Teil stand uns noch bevor. Gebirgige Gegenden mit tiefen Schluchten und steilen Abhängen, bedeckt mit lockeren Steinplatten und Geröll, erforderten zuverlässige Bremsen. Es war schon die Rede vom Umkehren. Wir reparierten so gut es ging und akzeptierten das Risiko. Daß der Verschluß meines zweiten Treibstofftanks, der von den Vordersitzen bis zum Heck des Wagens reichte, nicht völlig abzudichten war, wußte ich bereits von meiner letzten Reise. Das extreme Rütteln und Schaukeln bewegte die 500 Liter Dieselöl wie eine Woge, preßte unentwegt Treibstoff durch die Luftschlitze des Tankverschlusses hinter meinem Sitz. Bald sammelte sich wie gewohnt auf dem Boden des Fußraumes zentimeterhoch das Dieselöl, das bei einer Innentemperatur von mehr als sechzig Grad verdampfte und das Fahrzeug mit beißendem Geruch ausfüllte. Die nächsten Tage stellten keine unüberwindlichen Hindernisse in den Weg. Wir mühten uns über Dünen, zogen rasch durch flache Täler, tasteten uns an Abhängen entlang, suchten festen Boden. An einem Mittag durchfuhren wir die letzten Ausläufer der Sandberge, noch einzelne flache Erhebungen, dann leichtes Hügelland. Der Erg, den wir verlassen hatten, reichte noch weit nach Süden. Wir folgten seinem Ufer, begleitet von riesenhaften Dünen.

In der Nähe einer Wasserstelle ruhten einige Kamele neben bunten Haufen aus Decken und ledernen Transportsäcken. Die kleine Karawane war aus westlicher Richtung gekommen und brachte Waren zu einem einige hundert Kilometer östlich gelegenen Dorf. Wir hielten Abstand und warteten, ob die zugehörigen Tuareg uns willkommen hießen. Der, der uns gemessenen Schritts entgegenging, war wohl der Führer des kleinen Trupps. Unter einem großen weißen Turban hatte er den Gesichtsschleier (Tagelmoust) fest über die Nase gespannt, so daß nur ein schmaler Streifen der Augenpartie zu sehen war. Wir gingen ihm entgegen, hoben den rechten Arm, so daß die Fingerspitzen der offenen Hand zum Himmel zeigten. Nach Tuareg-Sitte strichen wir die so erhobenen offenen Handflächen aneinander. Man begrüßte sich in Arabisch, und dann in Tamaschek, der Sprache der Tuareg, die immer wieder gleichen Fragen: wohin, woher, wie viele Kamele? Noch drei weitere Targi waren gekommen. Alle in Turbanen, Tagelmoust, einem langen, hemdartigen Oberkleid, aus dem die blauen Pluderhosen und nackten Füße in Sandalen schauten. Wir verständigten uns, so gut es eben ging, über Routen und Brunnen mit trinkbarem Wasser.

Die Tuareg fragten nach Zigaretten. Für solche Begegnungen hatten wir immer einen Zigarettenvorrat mitgeführt. Jeder erhielt seinen Obulus. Vorsichtig fragte ich, ob sie sich ein ganzes Paket verdienen möchten und an einem einfachen Test teilnehmen würden. Sie brauchten nur bei einigen Linien auf mitgebrachten Testblättern genau die Mitte einzuzeichnen. Nach zögerlichem Überlegen willigte ihr Führer ein. Auch zwei seiner Begleiter stimmten zu. Die Linienhalbiererei mußte ihnen unsäglich lächerlich erscheinen. Aber sie hatten offenbar Freude an diesem Unsinn. Gewissenhaft und lachend zeichneten sie in jede Linie die Mitte ein, verbesserten sich, wenn sie mit ihrer ersten Entscheidung unzufrieden waren. Außer einer Packung Zigaretten schenkten wir ihnen Pullover für die kalten Wintermonate, in denen die Temperaturen empfindlich unter dem Gefrierpunkt liegen. Ohne ersichtlichen Anlaß begann einer der Tuareg zu lamentieren. Er wollte noch mehr Zigaretten. Im gleichen Augenblick fiel eine eisige Stimmung über die Gesichter seiner zuvor in würdevoller Zurückhaltung aufgetretenen Begleiter. Schon die frühen Expeditionen beschrieben oft fordernde Tuareg, die ihre Ansprüche gern mit Drohgebärden zu unterstützen pflegten. Die drei Tuareg konnten nicht unmittelbar gefährlich werden. Sie führten sicher, wie viele Nomaden dieser Gegend, ihre typischen Tuareg-Schwerter mit. Doch die hatten sie im Gepäck bei den Kamelen zurückgelassen. Ob sie eine Auseinandersetzung wagen würden? Auch ich war nicht wehrlos, konnte den Tuareg entgegenhalten, daß das nicht unser Handel war. Wir haben dennoch einzelne Zigaretten verteilt, um die Situation ein wenig zu entspannen. Ohne Abschied marschierten sie zu den Kamelen. Wir hielten es für ratsam abzufahren, sicherheitshalber die Stunden bis zur Dunkelheit zu nutzen und möglichst viel Distanz zwischen die Tuareg und uns zu legen. Wir wußten nicht, auf welche Ideen sie angesichts unserer beladenen Fahrzeuge weit draußen in der Wüste kommen könnten. Überfälle gehörten hier bis vor wenigen Jahrzehnten zum ehrenvollen Mittel, den eigenen Besitz zu mehren, eine alte Tradition der Tuareg. Doch ich hatte die ersten Daten meines Tests. Es schien, daß die Tuareg in diesem Test räumliche Verhältnisse nicht schlechter einzuschätzen vermochten als ganz normale Deutsche. Die für deutsche Versuchspersonen normale Fähigkeit zur Beurteilung räumlicher Relationen war möglicherweise bei allen Menschen gleich und bedurfte wahrscheinlich keiner Übung.

In den kommenden Tagen umfuhren wir die Südspitze des Erg teils durch steiniges Gelände, dann durch eine nicht endende Ebene und erreichten einen Höhenzug, übersät mit schwarzen Steinen, an dessen Fuß wir den Brunnen fanden, den uns wenige Tage zuvor die Leute der kleinen Karawane beschrieben hatten. Der Wasserspiegel war diesen Sommer weit gefallen. Von ihm floß das Wasser sonst in eine vielleicht einen Kilometer breite Senke. Ausreichend für einen lockeren Baumbestand, für dichten Bewuchs mit Sträuchern und ein wenig Gras. Dieser lichte Waldgürtel zog sich mehrere Kilometer zwischen trockenem Kiesland zur einen und hohen Sanddünen zur anderen Seite hin, verschwand im Hintergrund in einem weiten Tal zwischen Sandsteinfelsen. Der Geruch des Wassers hatte wildlebende Kamele angelockt, doch stand der Pegel jetzt unerreichbar tief im Brunnenschacht. Unmittelbar neben dem Brunnen waren sie verdurstet. Neben der offenen Bauchdecke eines toten Muttertiers lag das weiße Skelett eines noch ungeborenen Embryos.

Die große Trockenheit hatte den Waldgürtel passierbar werden lassen, einen der wenigen Zugänge zu einem rundum von Höhenzügen eingeschlossenen, abgeschiedenen Land geöffnet. Es war ungewohnt, wieder eine Nacht unter hohen Bäumen zu verbringen, die in dem Sand wie vergessene Bohnenstangen wirkten. Der Boden dieser Vegetationszone war sehr weich. Immer wieder gruben sich die Fahrzeuge in Sekunden bis zu den Achsen in den Sand.

Man stieg dann ebenerdig aus. Jetzt begann bei Temperaturen von kaum weniger als fünfzig Grad das Freischaufeln der im Sand versunkenen Räder, Sandbleche mußten unter die Reifen geschoben, das Fahrzeug in Schwung gebracht werden, bis es erneut einsackte. Nach nicht einmal einem Tag war es vollbracht. Zügig durchfuhren wir eine Ebene, rechts am Horizont Gebirge, links zunächst noch hohe Dünen. Dann vor einem kleinen Tafelberg ein Brunnen, gefüllt mit dunkelbrauner, stinkendfauler Brühe. Wenige Meter daneben Tuareggräber. An Altersschwäche stirbt hier nur, wem eine besonders robuste Gesundheit mitgegeben wurde. Nie würde sich ein Arzt in diese Gegend wagen. Der Körper hilft sich selbst oder er stirbt. Schmerz und jede Qual erlebt man hier in ihrer Ursprünglichkeit und in einer für einen Europäer undenkbaren Einsamkeit. Die Gräber sind nicht mehr als längliche Steinhaufen, zusammengetragen von den überlebenden Stammesmitgliedern oder von vorbeiziehenden Nomaden.

Die nächsten Tage führten durch gebirgiges Land: über Geröll, durch enge Täler, unbefestigte Auffahrten. An einem Nachmittag trafen wir jüngere Tuareg, die die Ladung einer kleinen Karawane bewachten. Sie zeigten sich zugänglich, kamen sogleich, fragten nach irgendwelchen Kleinigkeiten und ließen sich leicht für meinen Test gewinnen. Nach kurzer Fahrt entdeckten wir die zugehörigen Kamele. Ein älterer Tuareg hatte sie von einer entfernten Wasserstelle abgeholt. Ganz im Gegensatz zu seinen jüngeren Begleitern trat dieser uns schon bei der Begrüßung feindselig entgegen. Wir ließen ihn gewähren, fanden, bevor es dunkel wurde, einen Lagerplatz am Rande einer Ebene.

Von nun an lagen fast ausschließlich Gebirgsregionen vor uns. In weniger als Schrittgeschwindigkeit ächzten und rumpelten die Fahrzeuge durch nicht enden wollende Steinfelder und über bröckelnde Sandsteinhänge. Fahrer und Fahrzeug bewegten sich an der Belastungsgrenze.

Werden diese ewigen geröllbedeckten Hügel einmal enden, wie lange werden die Fahrzeuge der Belastung widerstehen?

Wir mühten uns lange zwischen zerklüfteten Sandsteinwänden in die Berge. Immer dichter ragten Felsspitzen aus dem Sand, als warteten sie auf Opfer. An einer Engstelle tauchten die Räder meines Fahrzeugs in den weichen Boden, und die Vorderachse fraß sich auf einem Felskegel fest. Die Antriebe der Vorder- und Hinterräder übertrugen dabei derartig entgegengesetzte Kräfte auf das Getriebe, daß sich Wellen und Zahnräder ineinanderkeilten. Ein schwerer Getriebeschaden bedeutete das Ende. Wir würden den Wagen wohl aufgeben müssen. Zudem mußten wir feststellen, daß das enge Tal, in dem ich nun feststeckte, bald keinen Durchlaß mehr gewährte. Vermutlich hatte ein Wassereinbruch nach heftigem Regen tiefe Gräben in den Sand gespült. Es gab keine Wahl. Wir mußten zurück, uns dieses Mal in entgegengesetzter Richtung über die zurückgelegte Strecke quälen. Die Forschungsreise war damit beendet. Hätte ich die Expedition nur wegen der Tests unternommen, hätte man wirklich fragen müssen, ob sich dieses Risiko gelohnt hatte. Meine Kollegen saßen in Labors, verbrachten den Urlaub irgendwo am Strand. Wir steckten dagegen tief in der Sahara in einem gottverlassenen Tal, bei Temperaturen von jetzt 55 Grad im Schatten, und es war nicht sicher, ob wir den Rückweg je bewältigen würden. Es hätte keinen Sinn gehabt zu schwören, daß dies die letzte Wüstenreise war. Ich hatte solche Schwüre nie gehalten.

Aber unsere Lage war sehr schwierig, und ich hatte jetzt andere Sorgen als die Durchführung der Tests. Ich baute die Antriebswelle aus, die die Kraft vom Getriebe auf die Hinterräder übertrug. Mit einem Ruck löste sich die Spannung. Der Schalthebel war wieder zu bewegen, und nach einigen Versuchen griffen auch der erste und zweite Gang. Jeder Schaltvorgang vermittelte jedoch das Gefühl, lockere Zahnräder gegeneinander zu verschieben, die mit beängstigendem Knirschen ineinandergriffen, sich wieder lösten, sich erneut zusammenfügten, bis die Verbindung sich gefestigt hatte. Doch auf den Antrieb der Hinterräder mußte ich verzichten. Nur mit Vorderradantrieb zurückzukehren war ein fast aussichtsloses Unterfangen. Aus eigener Kraft war der Wagen nicht zwischen den Felsbrocken zu manövrieren. Den Nachmittag bis tief in die Nacht sammelten wir Steine und bauten eine mehrere Meter lange feste Piste. Dann zogen wir das Fahrzeug mit Winden aus seiner Falle, drehten es, stellten es auf den notdürftig befestigten Untergrund und zogen es erneut mit Winden durch einen Engpaß zwischen Felsbrocken, die mehr als einen Meter aus dem Boden stiegen.

Die psychische Anspannung ließ mich ohne Unterbrechung arbeiten. Ich trank in der Stunde etwa einen Liter Wasser, das ich mit Elektrolyten angereichert hatte. Doch bis zum nächsten Morgen hatten wir das Fahrzeug befreit. Aber nur mit Vorderradantrieb durch den weichen Sand zu fahren war ein Martyrium. Sobald etwas beschleunigt werden mußte, gruben sich die Räder bis zu den Achsen ein. Das bedeutete freischaufeln, auf Sandblechen anfahren, bis zum nächsten Einsinken in den feinen Sand, das nach wenigen Minuten erneut bevorstehen konnte. Mit Mühe arbeiteten wir uns bis zum zuletzt durchquerten Erg. Ich glaubte nicht ernsthaft eine Chance zu haben, das Fahrzeug durch diese Dünen zu bewegen. Einen Versuch wollte ich dennoch wagen. Zunächst das intakte Fahrzeug. Blieb es stecken, so wäre das unzweifelhaft der Tod. Aber es überwand Düne um Düne. Etwa hundert Meter vor dem Eingang zum Erg hatte ich ein Stück festen Bodens gefunden. Von hier aus wollte ich starten. Das Gaspedal nur einmal etwas zurückzunehmen, die Drehzahl fallen zu lassen hieße einzusinken, den Wagen und die Ausrüstung endgültig zu verlieren. Ich mußte auf voller Geschwindigkeit bleiben, notfalls einen Überschlag beim Sprung über einen steilen Dünenkamm riskieren. Ich ließ den Reifen nur noch wenig Luft, um möglichst breit auf dem weichen Sand zu stehen. Mit höchsten Drehzahlen kam das Fahrzeug auf Geschwindigkeit, jagte die erste Düne hinauf, überstieg ihren Gipfel, beschleunigte hinab ins nächste Dünental. Es blieb keine Zeit zu überlegen, wo es weitergeht, wo man durchkommt, ohne umzukippen, ohne sich zu überschlagen. Plötzlich eine hohe, viel zu steile Sandbarriere. Ich konnte nur nach rechts einer Sandverwehung folgen, die sich hoch in eine Bergwand zog. Bevor sie sich im Fels verlor, traf sie den Gipfel einer Düne. Der Wagen stieg auf dem Sand weit in den Berg, hatte fast den Dünenkamm erreicht. Jetzt fiel die Drehzahl, der Motor begann zu stocken, noch ein, zwei Meter, eine Wendung nach links, das Fahrzeug überstieg mit letzter Kraft die Düne, rutschte einen langen Hang hinunter. Der Motor erholte sich, kam in Schwung, gewann genügend Fahrt für die nächste Sanderhebung – und dann der Blick in flaches Land. Nie hätte ich daran geglaubt, mit dem defekten Wagen dieses weiche, schwierig zu befahrende Dünenfeld zu überwinden, ich dachte, es sei ein letzter, aussichtsloser Kampf. Es wurde ein unerwarteter Sieg, und die Hoffnung, den Rückweg zu bewältigen, gewann Realität. Mir erschien es, als hätten die Gesetze der Physik vorübergehend ihre Gültigkeit verloren. Es waren jedoch noch viele Schwierigkeiten zu bewältigen, und es gab noch abenteuerliche Begegnungen mit Tuareg, über die ich hier nicht berichten kann. Doch es gelang, alle Hindernisse zu überwinden.

An den Linienhalbierungstest hatte ich in letzter Zeit nicht mehr gedacht. Er war zur Nebensache geworden angesichts der lebenswichtigen Probleme, mit denen wir uns täglich auseinandersetzten. Jetzt, wo das Schwierigste bewältigt war, Grund zur Zuversicht bestand, kam mir der wissenschaftliche Aspekt der Reise wieder ins Gedächtnis. Es fanden sich Nomaden, die meinen Test als ein wundersames Spiel ansahen und Gefallen daran fanden zu prüfen, wie genau sie die Mitte der Linien trafen. Es war wirklich nur ein

Spiel in der Wüste, wo jeder am Rand des Lebens balanciert, wo ein entzündeter Blinddarm, eine Infektion, eine Verletzung, kranke Kamele, trockene Brunnen, ein Motor- oder Getriebeschaden das Leben rasch beschließen können. In dieser reinen Einsamkeit, unvorstellbaren Weite einer Welt, in der es keine Zeit zu geben scheint, in einer Stille, in der schon der Flügelschlag eines Vogels zum Ereignis wird, zerstreuen sich die konstruierten Wichtigkeiten unserer zivilisierten Welt, wiegen weniger als eine Handvoll Sand.

Die Daten zu gewinnen war unendlich schwierig. Doch das Ergebnis war, wie es in der Psychologie die Regel ist, nur ein sehr geringer Erkenntnisgewinn. Das Ergebnis ist in wenigen Worten zu beschreiben: Die Tuareg unterteilten die Linien etwas ungenauer als normale Deutsche. Die in meinem Test untersuchte Fähigkeit zum Schätzen räumlicher Verhältnisse besaßen Tuareg und Deutsche jedoch fast in gleicher Weise.[43] Um in diesem Test ungefähr die Leistung deutscher Versuchspersonen zu erzielen, bedarf es offensichtlich keiner Übung. Es handelt sich möglicherweise um eine in allen menschlichen Gehirnen angelegte Fähigkeit. Auch der ungeübteste Patient sollte diese Leistungsgrenze nicht unterschreiten. Tat er es dennoch, konnte man seine Fehler nicht als Folge mangelhafter Übung interpretieren. Dann erhob sich der Verdacht einer durch pathologische Veränderungen ausgelösten Störung des Schätzens visuell räumlicher Verhältnisse.

19
Die Zeit der Nomaden

Nachdem ich nun einen Aspekt der Raumwahrnehmung bei Sahara-Nomaden untersucht hatte, lag es nahe, auch zu erforschen, wie das subjektive Zeitempfinden bei diesen Menschen entwickelt war. Das war vor allem deshalb von Interesse, weil es damals noch Tuareg gab, die weder Uhren noch Radios besaßen und denen uns verfügbare Methoden der Zeitmessung unzugänglich waren. Die vorgesehenen Experimente konnten einen Hinweis darauf geben, mit welcher Genauigkeit ein Zeitsinn arbeitet, der nicht durch den Gebrauch von Uhren erlernt sein kann, sondern beim Menschen offensichtlich genetisch angelegt ist. Ein Forschungsprojekt über Zeitwahrnehmung, das ich damals durchführte, bot Gelegenheit, die nötigen Vergleichsdaten an deutschen Versuchspersonen zu erheben und sie dann mit den an Tuareg gefundenen Ergebnissen zu vergleichen. Frühere Reisen, von denen eine im vergangenen Kapitel beschrieben wurde, hatten überdies gezeigt, daß es durchaus möglich war, Tuareg als Versuchspersonen zu gewinnen. So ergab sich ein Grund für eine neue Forschungsreise. Natürlich waren derartige Motive für mich nur sekundär. Die Wüste und die Reste nomadischer Kulturen, die sich in ihr konservierten, waren ungleich faszinierender. Aber ganz uninteressant war es dennoch nicht, einmal zu prüfen, wie der subjektive Zeitsinn sich entwickelt, wenn man das Schätzen von Zeitintervallen nicht erlernt hat.

Zunächst testete ich das Vermögen von Studenten, Zeitintervalle einzuschätzen. Das ging sehr simpel vor sich:

An einem Gerät leuchtete für ein bestimmtes Zeitintervall ein Licht auf. Sobald das Licht erloschen war, schaltete die Versuchsperson das Licht durch einen Knopfdruck erneut an und ließ das Licht genau so lange brennen, wie sie dachte, daß das Licht zuvor angeschaltet war. Dann löschte sie es mit einem erneuten Knopfdruck aus. Sie reproduzierte so ein vorgegebenes Zeitintervall aufgrund ihres subjektiven Zeitempfindens, ohne Sekunden zu zählen oder andere Hilfsmittel zu benutzen.

Mit einem tragbaren Meßgerät machte ich mich wieder auf den Weg in entlegene Lebenswelten der algerischen Sahara. Auf jeder dieser Reisen warteten Strapazen, und es gab viele ungewöhnliche Erlebnisse, die ich hier nicht berichten kann. Und immer die Vorsicht und das soziale Feingefühl, deren es bedurfte, um Tuareg als Versuchspersonen zu gewinnen.

Doch manchmal ergab sich ganz unerwartet reiche Gelegenheit für wissenschaftliche Untersuchungen, wie zum Beispiel in einer Tuaregsiedlung, die nur über eine der verbotenen Pisten erreichbar war. Solche Routen durften offiziell nicht befahren werden, da sie, so die behördliche Auskunft, als besonders einsam und damit als gefährlich galten. Es war nicht so dramatisch, wie man es offiziell darstellte. Nur über sie fand man den Zugang zu wirklich entfernten Gegenden und zu den Resten saharischer Nomadenkulturen. Wenige Tage, nachdem wir den Eingang zu einer solchen Piste passiert hatten, entdeckten wir an einem Nachmittag eine Gruppe gelber Strohhütten. Von weitem glichen sie Kornkästen, wie sie früher die Bauern aus Garben geernteten Weizens bauten, um das Korn zu trocknen. Keine halbe Stunde Fußmarsch entfernt, am Rand einer Hügelkette, noch einmal Stroh- und Lehmhütten. Die flachen Geländeerhebungen waren gut befahrbar. So konnten wir das Quartier für die kommende Nacht auf einem der Hügel beziehen, ohne uns in Sichtweite der Tuareg zu präsentieren. Mit dem Aufstellen der Zelte und dem Einrich-

ten einer Art Feldküche auf der Heckklappe des Gelände-
wagens hatten die Strapazen des Tages ihr Ende gefunden.
Aus den staubdicht verschlossenen Expeditionskisten sor-
tierten wir die Komponenten eines Abendessens. Meistens
Fertiggerichte aus militärischen Einmannpackungen, dazu
schweres Brot aus Dosen. Zu Hause hätte dies eher als be-
scheidene Notmahlzeit gegolten. Doch in der Sahara waren kulinarische Ansprüche verfehlt. Auch das Wasser, von
dem jedes Fahrzeug über 300 Liter mit sich führte, hätte
man in Deutschland nicht einmal als Waschwasser benutzt.
Seine Temperatur dürfte kaum weniger als 60 Grad betra-
gen haben. Von den Kunststoffkanistern hatte es einen
durchdringenden Geruch angenommen. Wochenlang
stand es in den Behältern, deren Wände bereits mit einer
schlüpfrigen Algenschicht überzogen waren. Zehn Liter
und mehr mußte jeder pro Tag von dieser Brühe trinken.
Wasser, das wir unterwegs aus Brunnen pumpten, war nur
als Waschwasser verwendbar. Es mochte nicht nur bak-
teriell verunreinigt sein, sondern enthielt oft gefährliche
anorganische Substanzen, die vor allem nach heftigen Re-
gengüssen eingeschwemmt wurden. Tuareg waren manchmal tagelang mit ihren Kamelen unterwegs, um für ihre
Familien Trinkwasser von einem sauberen Brunnen her-
beizuschaffen.

Wir hatten unser Abendessen noch nicht beendet, als ein
junger Tuareg den Hügel hinaufstieg und uns begrüßte.
Den schwarzen Tee probierte er aus reiner Neugierde. Sie
war nach dem ersten Schluck befriedigt. Die Höflichkeit
verlangte ihm viel Mühe ab, als er den Ausdruck der Ab-
scheu vor dem widerwärtigen Getränk, das er am liebsten
ausgespuckt hätte, zu verbergen suchte. Das Essen dieser
Fremden würde genauso ungenießbar sein. Er wollte den
Versuch nicht wagen. Tuareg zeigten sich immer wähle-
risch, wenn eine Speise den ihnen vertrauten Geschmacks-
qualitäten nicht entsprach. Sogleich fühlten sie ihre Sinne
in unzumutbarer Weise malträtiert.

Ich fragte unseren Besucher ohne Umschweife, ob er an einem Experiment teilnehmen und sich damit einige nützliche Utensilien verdienen wolle. Er war sofort bereit, auch weil die eigenartigen Dinge, die der Europäer da betrieb, seine Neugierde wachsen ließen. Ich stellte meine seltsame Zeitmaschine auf den Tisch und erklärte ihm den Ablauf. Überträgt man die Instruktion der Versuchsperson in die Sprache der Tuareg, so hört sie sich in Lautschrift etwa so an: «Nekunän edarach tar lamba essar etataret keyunän tar lamba jogeda al luoq nener immeda.» An meinem Meßgerät leuchtete für eine gewisse Zeit eine Lampe auf. Er sollte anschließend durch einen Knopfdruck die Lampe genauso lange anschalten, wie ich sie vorher angeschaltet hatte. Der Tuareg verstand genauso rasch wie jeder deutsche Student und führte seine Aufgabe mit großer Aufmerksamkeit und Sorgfalt durch.

Am nächsten Morgen kehrte er zurück und richtete von seinem Vater aus, wir möchten doch ihr Dorf besuchen. Er geleitete uns in eine der Lehmhütten. Eine Runde mehrerer Tuareg hieß uns mit dem üblichen Minztee willkommen. Nach dem dritten Tee sollten wir jedoch nicht gehen, man wäre einem Handel nicht ganz abgeneigt. Matten, Taschen, Messer, ein Kamelsattel wurden herbeigeschafft und bald hatte man sich zu aller Zufriedenheit geeinigt. Da wir schon beim Handeln waren, konnte ich, ohne einen sozialen Fehltritt zu riskieren, offen fragen, ob jemand bereit wäre, sich als Versuchsperson für meine Experimente zur Verfügung zu stellen. Hier war kein Mangel an Probanden. Meine seltsamen Experimente hatten sich bald im Dorf herumgesprochen. Immer wieder trat ein junger Tuareg ein, weil er gehört hatte, man könne hier etwas verdienen. Ich opferte an diesem Tag manches Oberhemd und einige Pullover. Dafür hatte ich mit den Untersuchungen über die Zeitwahrnehmung einen großen Schritt vorwärts getan.

Die endlos erscheinenden Sandfelder, die über den Horizont reichenden Kiesebenen und die zermürbenden

Abb. 10: Kulturvergleichende Untersuchungen im Süden der algerischen Sahara, abseits der Pisten, vollzogen sich in einer völlig anderen Dimension als das normale Wissenschaftler-Dasein. In endlosen Weichsandfeldern und zermürbenden Geröllgebieten endete die Wüstenromantik und für manchen auch die Reise.

Geröllfelder wollten nicht enden (Abbildung 10). Schließlich ging es vorbei an meterhohen, glattpolierten Kieselsteinen. Dann wurden die Felsen mächtiger, in die der Sand ein Muster sanfter Vertiefungen und Wölbungen geschliffen hatte. An den Ausläufern der Berge, wo das Gestein sich ohne Deckung dem scharfen, sandigen Wind bot, war eine Welt weicher Formen, der Kegel und abgestumpften Ränder entstanden, die sich fließend ineinanderfügten. In manche hatte der Sand Höhlungen und Rinnen zu einem Relief geschnitten, in Millionen Jahren tonnenschwere Steinkolosse rund oder oval geschliffen. Tiefer in den Bergen erhoben sich Felsen wie Kathedralen, bildeten Türme und Zinnen, ließen Platz für ebene Talböden, deren Ausläufer in tiefer gelegene Kessel fielen. Endlich, nach Tagen, aus Schilfgras errichtete Zeribas (Strohhütten) eines Dorfes auf einem nur wenig erhöht gelegenen Plateau. Nicht genügend Platz, um die Fahrzeuge zu postieren und zu warten, ob die Tuareg Kontakt anboten. So marschierte ich zum Dorf. Ein paar hochgewachsene junge Targi verabschiedeten soeben einen Stammesbruder. Ohne Eile wandten sie sich mir zu, fragten sehr ruhig, aber mit unverborgenem Mißfallen, was ich hier wolle. Ich überging ihre Frage und erzählte, von wem ich gerade käme, welche Tuareg ich kannte und daß ich auf dem Weg nach Norden sei. Wie eine rasch abziehende Wolkenfront änderte sich die Stimmung, als sie vernahmen, mit welchen Stammesbrüdern ich freundschaftliche Kontakte pflegte.

Die kleine Gruppe führte mich in eine Zeriba, groß genug für eine vielköpfige Familie. In dumpfem Licht saßen einige Männer in weißen Turbanen und Gesichtsschleiern auf der Erde. Drei junge Tuaregfrauen hatten sich auf ausgebreiteten Decken niedergelassen und wollten nicht aufhören, zu kichern und sich in Albernheiten zu gefallen, als ich sie in meinem holperigen Tamaschek begrüßte. Die Unterhaltung mit den Männern war eher monoton. Wie gewöhnlich äußerten sie ihre Abneigung gegenüber den Arabern, die in ihren Lebensraum eingedrungen waren. Sie haßten die algerische Polizei, die den ihnen fremden Staat repräsentierte. Vom Staatswesen und der algerischen Regierung hatten sie keine rechte Vorstellung. Nur die Polizei war ihnen wohl im Bereich belebter Pisten schon begegnet. Die Abneigung fand man allerdings auf beiden Seiten. Vielen Arabern galten die Tuareg als unerziehbar für den Dienst am Staat, sie entzogen sich dem Militär, vermieden es, eine geregelte Arbeit anzunehmen und sich den Normen der arabischen Gesellschaft zu unterwerfen. Der Koran galt ihnen wenig, sie waren noch verhaftet in ihrer traditionellen Religion. In der Sahara waren sie kaum erreichbar für den Zugriff der Behörden, wanderten zwischen Algerien, Niger, Mali und Libyen umher, ohne Landesgrenzen zu beachten. Aber es geht nicht schlecht, Allah sei Dank, Allah sei Dank. Hier in den Bergen gibt es Wasser für einen kleinen Garten, Allah sei Dank, es geht nicht schlecht. Langeweile schien die Tuareg befallen zu haben. Vielleicht war es nur die beschauliche, fast meditative Gelassenheit, die man hier häufig antrifft und die der Europäer in den Strukturen seines Denkens und Empfindens nicht anders als Langeweile zu deuten weiß. Arbeit, die in der westlichen Zivilisation als des Tugendhaften Glück und Streben gilt, ehrte keinen Tuareg. Sie war das Los der Sklaven, schwarzhäutiger Menschen aus Regionen südlich der Sahara. Vorbild war der Adlige, der die Arbeit mit Verachtung mied. Ehrenhaft war es dagegen, seinen Besitz durch Überfälle auf durchziehende Karawanen zu vermehren. Manch älterem Tuareg ist diese Lebenssicht noch wohlvertraut.

Ich erzählte, daß ich mich für Zeitwahrnehmung interessierte und erst vor einigen Tagen Tuareg getestet hätte. Wenn sie wollten, könnten sie sich gerne als Versuchspersonen etwas Brauchbares verdienen. Ich hatte in Deutschland einen ganzen Posten elektronischer Armbanduhren gekauft. Von den Tuareg besaß keiner eine Uhr, im gesamten Dorf gab es so etwas nicht. Als Lohn für die Teilnahme an einem meiner Tests versprach ich jedem eine Armbanduhr. Die Tuareg zeigten sich interessiert. Zunächst wollten sie die Zeitmaschine sehen. Ich holte das Meßgerät aus dem Auto und setzte mich mit der ganzen Tuareggesellschaft vor die Zeriba (Abbildung 11). Von aufgeregtem Diskutieren und Durcheinanderreden begleitet, erklärte ich den Ablauf. Als der erste Sturm erregter Neugierde sich gelegt hatte, erhielten alle den Auftrag, sich wieder in die Zeriba zurückzuziehen, und einer nach dem anderen trat als Versuchsperson an. Mit spielerischem Eifer beobachteten sie das Aufleuchten der Testlampe und versuchten mit allem Geschick, das zuvor gebotene Reizintervall zu reproduzieren. Am liebsten hätten sie es gesehen, wenn ich bei ihnen in der Zeriba genächtigt hätte. Doch ich liebte meine Gewohnheit, die Nächte im Fahrzeug zu

Abb. 11: Wie würden Tuareg, die niemals eine Uhr besessen hatten und kein Radio kannten, Zeit erleben? Mit einem Meßgerät, das ich in die Wüste mitgenommen hatte, ließ sich testen, wie genau Versuchspersonen vorgegebene Zeitintervalle aus dem Gedächtnis reproduzieren. War das Mißtrauen der Tuareg gegen das unsinnige Vorhaben des fremden Besuchers einmal verflogen, so gebärdeten sie sich als die eifrigsten Versuchspersonen. Hier die Demonstration des Tests mit meiner «Zeitmaschine».

verbringen. Heute inmitten einer Ebene, die die Natur zwischen turmhohen Gebirgsketten ausgebreitet hatte.

Unvermittelt stiegen die Wände wie Fassaden hoher Häuser am Rande ausgestorbener Plätze aus ihr auf. Jeden Ruf, jedes Schließgeräusch der Fahrzeugtür warfen sie zurück, gaben es weiter, bis es sich in den letzten unwegsamen Kesseln, Schluchten und Tälern verlief.

Ein junger Schwarzer, Nachkomme von Tuaregsklaven, war erst gegen Abend zurückgekehrt und hatte sich von dem Fremden erzählen lassen, der für die Teilnahme an seinen wundersamen Experimenten Uhren zu verschenken habe. Nun war er froh, mich noch in der Nähe des Dorfes anzutreffen. Er fragte ganz gerade heraus, was es mit den Uhren auf sich habe und ob er sich noch eine verdienen könne. Das was das letzte Experiment an diesem Tag, denn es wurde dunkel, bis ich mir wenigstens ein karges Mahl aus der Militärverpflegung wärmen durfte. Schon früh am nächsten Morgen erschien einer der Tuareg aus dem Dorf, um mir die Passage durch die Berge zu beschreiben.

Eine sandige Schneise zog zwischen enggestellten Felswänden, bis wir endlich wieder über flache sand- und kiesbedeckte Hügel blickten, aus denen sich Tafelberge bis zum Horizont erhoben, der sich im aufgewehten Staub und in der vor Hitze flimmernden Luft auflöste. Immer wieder trieb heftig aufkommender Wind Sandwolken vor sich her. Und am Nachmittag rollte eine dichte Sandwand auf uns zu, die ein heißer Sturm wie einen undurchsichtigen Vorhang durch die Wüste zog. In schweren Sandstürmen gab es keine Weiterfahrt. Der sandbeladene Sturm verbarg das Land, nahm jede Orientierung. Kaum wagte man die Autotür zum Austausch der feuchten, abgestandenen Innenluft zu öffnen, legte sich augenblicklich Sand auf Armaturen, Sitze und Kanister. Wir erreichten bald ein Tal, dessen schützende Gebirgsränder die Kraft des Sturmes brachen. Die Nacht blieb ruhig.

Die Untersuchungen des Zeitsinns der Tuareg, die noch nie Uhren besessen hatten und in deren Leben das Schätzen von Zeitintervallen zwischen einer Sekunde und einer halben Minute keine Bedeutung hatte, denen Erfahrung im Umgang mit solchen Zeitintervallen fehlte, zeigten, daß ihr Zeitsinn nur unwesentlich von dem deutscher Studenten abwich. Es gab wohl Unterschiede im Schätzen von Sekunden. Die Tuareg reproduzierten Intervalle zwischen einer und drei Sekunden etwas länger und Intervalle von dreißig Sekunden etwas kürzer als deutsche Versuchspersonen.[44] Solche Untersuchungen demonstrieren dennoch ein Grundprinzip der Zeiterfahrung. Unsere Gehirne folgen, von Varianten abgesehen, im wesentlichen dem gleichen Bauplan. Zur Erfahrung der Zeit, die bei allen Menschen in ähnlicher Weise vorhanden ist, kann es nur deshalb kommen, weil der Aufbau des Gehirns die Voraussetzungen für das Zeiterleben schafft. Wäre unser Gehirn völlig anders strukturiert, so könnte das Zeiterleben andersartig sein oder der Zeitsinn fehlte ganz. Das mag recht widersinnig klingen. Geht doch das Alltagsverständnis davon aus, daß unsere Welt eine zeitliche Struktur besitzt und der Mensch nur das erkennt, was die Welt auch ohne ihn enthält.

Vertraut ist uns die physikalische Zeit. Wir haben sie geschaffen; indem wir Ereignisse, deren Dauer bestimmt werden soll, mit Ereignissen vergleichen, die die Zeit messen, nennen wir sie physikalische Uhren. Physikalische Uhren bestehen in einer Folge sich wiederholender Ereignisse, wie die Bewegungen des Pendels einer Uhr, die raschen Schwingungen eines Quarzes, die Schwingungen von Atomen oder Molekülen, deren Resonanzfrequenz in Atombzw. Moleküluhren zur Festlegung von Zeiteinheiten benutzt werden. Solche Abfolgen sich wiederholender Ereignisse haben den Vorteil, daß sich Bedingungen herstellen lassen, unter denen man nur eine solche Ereignisfolge zu kennen braucht, um alle anderen ebenfalls angeben zu können. Weiß man zum Beispiel, daß das Pendel einer Uhr sechzig Pendelbewegungen ausgeführt hat, so weiß man auch, daß der Minutenzeiger einer Quarzuhr auf dem Zifferblatt einen Umlauf abgeschlossen hat, man weiß, daß ein Ammoniakmolekül dann sechzigmal 23 870 400mal eine Schwingung ausgeführt hat. Bewegte der Stundenzeiger einer mechanischen Uhr sich zweimal um das Zifferblatt, so tat dies auch der Zeiger einer Quarzuhr, und die Erde hat sich währenddessen einmal um die eigene Achse gedreht. Diese Parallelität von Ereignisfolgen macht es möglich, Uhren zu bauen, die in höchstem Maße synchronisierbar sind. Vergleicht man zum Beispiel die Angaben einer Wasserstoffuhr in den USA mit den Werten des in der Physikalisch-Technischen Bundesanstalt in Braunschweig ausgestellten Cäsiumstrahl-Zeitnormals, so ergäben sich in drei Millionen Jahren Abweichungen von nicht mehr als einer Sekunde. Mit einem solchen Zeitnormal werden Zeiteinheiten, wie die Einheit «eine Sekunde», definiert, und sie gelten als Referenz, an der alle Uhren zu eichen sind. Die physikalische Zeit ist eine durch Definition festgelegte Dimension. Ihre Definition beruht auf sich wiederholenden physikalischen Ereignissen (wie Schwingungen), die in höchstem Maße parallelisierbar (synchronisierbar) sind. Physikalische Zeitmessungen bewegen sich weitgehend außerhalb der Grenzen des durch menschliche Wahrnehmung Nachvollziehbaren. Der Mensch ist nur in der Lage, sichtbare Ereignisse als vorhergehend, nachfolgend oder gleichzeitig zu beurteilen, wenn sie mindestens einige Millisekunden voneinander getrennt sind. Kürzere Zeitabläufe sind der Erfahrung nicht zugänglich. Die physikalische Zeit ist insofern ein Konstrukt, das aus der Parallelität periodischer Prozesse hergeleitet wurde.

Die Redeweise, wir würden Zeit messen, suggeriert, wir täten bei der Zeitmessung etwas Ähnliches wie bei der Messung anderer Größen unserer Welt. Aber es gibt in der Welt nicht die Zeit als Entität, die mit Geräten einzufangen ist, so wie wir Licht mit Hilfe eines Photometers messen können. Licht hat als Welle oder als Strom von Lichtquanten eine physikalische Existenz, die der Zeit fehlt. Die Zeit ist eher eine Bezeichnung für die Ordnung der Abfolge physikalischer Ereignisse in vorher, gleichzeitig und später und gibt im Vergleich mit physikalischen Uhren den zeitlichen Abstand von physikalischen Ereignissen an. Diese zeitliche Struktur der Physik findet sich in unserer Erfahrungswelt wieder. Aber in unserer Wahrnehmungswelt ordnen wir nicht nur das Wahrgenommene zeitlich durch den Vergleich mit periodischen Prozessen wie durch den Vergleich mit Zeitmeßgeräten. Wir haben die unmittelbare Erfahrung des vorhergehenden, gleichzeitigen und nachfolgenden Ereignisses, und wir erleben die zeitliche Dauer.

Die Untersuchungen an den Tuareg illustrierten, daß das Erlebnis der Zeit nicht durch den Umgang mit der physikalischen Zeit erlernt werden muß. Tuareg, die an dem Experiment teilnahmen, haben nie Sekunden oder Minuten mit Uhren gemessen, sie hatten, außer dem Wechsel von Tag und Nacht und dem Sonnenstand, kein physikalisches Meßverfahren zur Verfügung. Dennoch reproduzierten sie Zeitintervalle zwischen einer und dreißig Sekunden in etwa so genau wie deutsche Versuchspersonen. Das Erlebnis der zeitlichen Dauer ist somit offenbar eine im menschlichen Gehirn angelegte Leistung, die zu einigermaßen korrekten Schätzungen der Dauer von Ereignissen befähigt und sich, innerhalb gewisser Grenzen, unabhängig von physikalischen Zeitgebern zu entwickeln scheint.

20

Die Psychobiologie des Verbrechens

Die Experimente über Raum- und Zeitwahrnehmung, die ich mit den Tuareg durchgeführt hatte, wiederholte ich, gemeinsam mit Tim, einem Kollegen, im Rahmen eines rechtsmedizinischen Forschungsprojekts über den Einfluß des Alkohols auf die Raum- und Zeitwahrnehmung. Die Versuchspersonen tranken dabei unter standardisierten Bedingungen so viel Alkohol, daß sie eine genau vorausberechnete Blutalkoholkonzentration erreichten. Blutalkoholkonzentrationen von einem Promille verursachten in dem bereits beschriebenen einfachen Linienhalbierungstest, verglichen mit nüchternen Personen, eine Verschiebung der subjektiven Mitte. Auch die Zeitwahrnehmung war etwas verändert. In den Zeitexperimenten fanden wir bei alkoholisierten Versuchspersonen eine Verlängerung der subjektiven Dauer von Zeitintervallen.

Über unsere Alkoholexperimente hinaus beschäftigte ich mich nach wie vor mit der neuropsychologischen Untersuchung von Fähigkeiten, die durch Hirnschädigungen ausgefallen waren. Auch hier ergaben sich ganz wesentliche Überschneidungen mit der Rechtsmedizin, denn viele, geradezu klassische neuropsychologische Untersuchungen waren an Kriegsveteranen durchgeführt worden, bei denen Schuß- und Splitterverletzungen des Gehirns zum Verlust unterschiedlicher Leistungen geführt hatten. Häufig war dann der Schluß gezogen worden, der zerstörte Gehirnteil sei notwendig für die ausgefallene Fähigkeit. Doch Geschosse lösen Druckwellen im getroffenen Gewebe aus, die die Gehirnfunktion in Arealen einschränken, die weit entfernt von der sichtbaren Zerstörung liegen können. Versiegt die Funktion von Hirnarealen durch eine derartige Fernwirkung, so können psychologische Fähigkeiten der betroffenen Person ausfallen.

Niemand kannte die Folgen von Schußverletzungen besser als diejenigen Rechtsmediziner, die sich mit der sogenannten *Zielballistik* befaßten. Nirgends konnte man die Folgen von Schußverletzungen und anderer traumatischer Hirnschädigungen besser untersuchen als an den Gehirnen verstorbener Opfer. Es waren wertvolle praktische Erfahrungen, die ich hier gewann, Erfahrungen, die meine neuropsychologische Sicht traumatischer Hirnverletzungen sehr bereichert haben. Ich erhielt dazu Einblick in eine mir bis dahin wenig bekannte Welt, die einen faszinierenden Anwendungs- und Forschungsbereich der Neurobiologie umfaßte. Weit mehr als nüchterne Forschungsergebnisse beeindruckte mich jedoch die Begegnung mit dem Forschungsgegenstand: mit der Realität der Gewalt, mit glücklosen Lebenswegen und ihrem tragischen Ende, einem dem Alltagsdenken kaum vorstellbaren Ausmaß menschlicher Grausamkeit.

Die Dienstaufgaben beschränkten sich natürlich nicht auf die Durchführung unserer Experimente. Tim verbrachte die meiste Zeit mit der Erstellung rechtsmedizinischer Gutachten, mußte fast täglich Gerichtstermine wahrnehmen, jeden Nachmittag hatten die Kühlräume sich mit Leichen gefüllt, die auf die Sektion warteten. Man konnte am Abend schon abschätzen, wieviel Arbeit für den nächsten Tag anstand und wieviel Zeit für die Wissenschaft verblieb.

Auch heute abend wollten wir noch einen Blick in die Kühlräume werfen, um zu sehen, welche Leichen für den nächsten Tag zur Sektion angeliefert worden waren. Ich begleitete Tim zum Aufzug, und wir fuhren einige Stockwerke nach unten. Im Erdgeschoß angekommen, umgab uns der gewohnte Verwesungsgeruch. Heute schien er nur verdünnt durch die Gänge zu schweben. Vor allem, wenn ältere, hochfaule Leichen, Wasserleichen, Exhumierte angeliefert wurden, lag ein dumpfer Gestank in den Gängen. Im Sektionssaal steigerte er sich zu einem penetranten, unsichtbaren Nebel, der unaufhaltsam in Kleidung und Haare kroch, seine Spur auf den Lippen hinterließ. Ein bittersüßlich schmeckender Film, der sich auf der Zunge löste, wenn sie über die Lippen strich. Der lange, gekachelte Gang zum Sektionssaal führte an den Kühlkammern vorbei. Tim öffnete eine der eisernen Türen. Aufgereiht nebeneinander rollbare Bahren aus Blech. Keine war heute leer geblieben. Einige der Leichen waren nackt, andere noch bekleidet, wie sie gefunden worden waren.

Vor die Tür zum Hof des Instituts rollte ein Leichenwagen, weitere Tote wurden ausgeladen, die Kühlkammer aufgefüllt. Es würde nicht die letzte Lieferung an diesem Abend sein.

Es war schon spät geworden, als ich mit Tim zur Leichenschau in eine Klinik fuhr. Die ganze Nacht habe er um das Leben des 18jährigen gekämpft, begrüßte der Neurochirurg uns fast vorwurfsvoll. Jetzt sei der Patient ihm doch gestorben. Der junge Mann, ausgestreckt auf einer Bahre, das Gesicht gerade zur Decke gerichtet, mit geschlossenen Augen. Er lag, die Arme neben dem Körper, mit ernstem Gesicht in tiefer Entspannung. Man brauchte die kurzen schwarzen Haare an der rechten Schläfe nur ein wenig auseinanderzustreichen, um die Einschußwunde auszumachen. Eine akkurate Naht heftete die sternförmig auf das Einschußloch zulaufenden schwarzroten Ränder der eingerissenen Kopfschwarte aneinander. Er hatte die Waffe offensichtlich mit der Laufmündung auf den Kopf gesetzt. Im Moment des Schusses hoben die mit hoher Geschwindigkeit aus dem Lauf getriebenen Gase die Kopfhaut um den Einschuß herum vom Knochen ab, blähten die Haut auf, bis sie zerriß. In der gegenüberliegenden Schläfe war die Kugel steckengeblieben. Ihre Spitze glitt in die dünne Muskelschicht, die hier auf dem Schädel aufliegt. Was sie nicht durchdringen konnte, war ein wenig angehoben. Mit den

Fingerspitzen ließ die Haut sich leicht verschieben über dem glatten, metallenen Geschoßmantel, den der Knochen fest umschloß. Der Schuß hätte nicht tödlich sein müssen, hätte genausogut in einer Hirnschädigung enden können, mit schweren Leistungseinbußen und dauernder Behinderung.

Der junge Mann hatte eines dieser glatten, mit einem Metallmantel umschlossenen, abgerundeten Geschosse verwendet, die schon aufgrund ihrer Form wenig Energie im Körper abgeben und einen Schußkanal durchs Gehirn bohren, aber nicht sicher töten. Dann handelte es sich noch um ein kleines Kaliber von geringer Masse und ungenügender Geschwindigkeit. Häufig enden solche Suizidversuche in einer Behinderung. Bei dem jungen Mann trat der Tod nur ein, weil ein Hirngefäß getroffen worden war und sich viel Blut in das Gehirn ergossen hatte. Wie weit sind dagegen Schußkanäle, die großkalibrige, schwere und schnellfliegende Revolvergeschosse hinterlassen, wie zerstörend wirken Geschosse mit einer trichterförmigen Vertiefung an der Spitze. Dringt dieses Geschoß in das Gehirn, so bläht die freigesetzte Energie den Schußkanal mehrere Zentimeter auf. Das Gehirn weicht in alle Richtungen zur Seite, wird gegen die Schädelinnenseite komprimiert. Im Schuß fallen die Getroffenen als lebloses Paket in sich zusammen. Noch verheerender verhalten sich Gewehrgeschosse, vor allem die Jagdgeschosse, die sich nach Eindringen in das Ziel zerlegen. In wenigen tausendstel Sekunden, noch bevor der Knall des Schusses hörbar wird, ist das Leben abgeschlossen.

Als ich nach Hause fuhr, hatte draußen das städtische Abendleben längst begonnen, extrovertiert und laut. Kein Gedanke mehr an Tod und Grauen, an Lebensläufe, die in der Kühlkammer der Rechtsmedizin ihre letzte Station gefunden hatten. In der Welt abendlicher Zerstreuung existierten einige von ihnen allenfalls als unterhaltsames Medienprodukt.

Ich war kaum zu Hause angekommen, als das Telefon klingelte. Es war Tim. «Wir haben gerade einen Mord angeliefert bekommen. Die Leiche wird gleich seziert, sicher ein ganz interessanter Fall für dich.» Das Mordopfer, eine ältere Dame, lag unbekleidet, wie sie heute abend in einem Wald gefunden worden war, auf einer Blechbahre, die gerade den gekachelten Gang entlang zum Sektionssaal geschoben wurde. In einem Vorraum des Saales der Chef persönlich, das ruhende Zentrum dieses Abends. Um ihn bewegte sich das Geschehen, das er kaum merklich mit leiser Bestimmtheit dirigierte. Freundlich fragte er mich nach dem Fortgang des Forschungsprojekts, das ich mit Tim durchführte. Ein Stab von Mitarbeitern in langen, weißen Sektionsmänteln mit dicken Gummihandschuhen, ein freundlicher Herr, der Staatsanwalt, zwei Beamte der Kriminalpolizei, die Gerichtsfotografin traten durch die breite Tür. Ich hatte mir noch im Hineingehen einen weißen Mantel umgebunden und die Hände in die Gummihandschuhe geschoben, die Tim mir reichte. Die Tote war soeben gewogen worden und lag schon auf dem Tisch. Eine etwa zwei Meter lange Steinplatte, kaum breiter als die Leiche, mit einer muldenartigen Vertiefung und einem Abfluß für das Blut. «Die werden immer brutaler», meinte der Staatsanwalt mit nachdenklichem Blick auf die Ermordete. Der Täter hatte ihr mehrere Messerstiche beigebracht, die jedoch nicht tödlich waren. Zwischen den kurzen schwarzen Haaren aufgeplatzte Kopfhaut, eine blutverklebte Haarsträhne. Um die Wunde Haufen gelber Fliegeneier. Der leicht geöffnete Mund schien den Schmerz im Augenblick des Todes zu erinnern, die Pupillen der erstarrten Augen blickten zur Decke des Saals ins Leere. Unterhalb des Kehlkopfes war der Hals tief aufgerissen. Der Mörder hatte seinem Opfer ein Messer unterhalb des Kehlkopfes in den Hals gebohrt. Die weitaufgerissene Wunde ließ annehmen, daß der Mörder mehrfach zugestoßen hatte. War das Opfer schon bewußtlos, als dieses geschah? War der Schlag auf den Kopf, der die aufgeplatzte Kopfhaut hinterlassen hatte, schon tödlich gewesen? Nur die Untersuchung des Gehirns konnte die Antwort geben. Rasch war die Kopfhaut vom Schädelknochen abgelöst und nach vorn über das Gesicht gezogen, so daß die dunklen Locken die Augen bedeckten. Mühelos ließ sich mit der Knochensäge eine kreisrunde Furche um die blanke Schädelkalotte schneiden. Ähnlich der Hälfte einer Nußschale ließ das Schädeldach sich abheben. Die schützende Dura Mater, die harte Hirnhaut, wurde mit einem Skalpell durchtrennt und hing nun seitlich aus dem Kopf, in dem das Gehirn der Toten offen lag. Nun konnte man mit einer Hand zwischen Gehirn und Schädelbasis greifen, das Gehirn etwas anheben, um Nerven zu durchschneiden, die vom Gehirn durch die Schädelbasis zu Augen und Ohren zogen, die die mimischen Gesichtsmuskeln, Zunge und Kaumuskeln innervierten. Mit einem Schnitt wurde der Hirnstamm vom Rückenmark getrennt. Das Hirn wurde rasch gewogen, das Gewicht notiert. Ein großes Messer bewegte sich weich durch das Gehirn des Opfers. Aus den Ventrikeln, den mit klarer Flüssigkeit gefüllten Räumen des Gehirns, ergoß sich ein Strom aus Blut und hellem Liquor. Der Schlag des Mörders hatte den Kopf so heftig getroffen, daß Blutgefäße zerrissen und Blut in die Kammern des Gehirns entwich. Diese Verletzung war allein schon tödlich. Die Frau wird bei diesem Schlag, vermutlich mit einem Ast, das Bewußtsein unmittelbar verloren haben. Die Messerstiche in ihren Hals mußte sie nicht mehr erleben und auch nicht die anschließende Vergewaltigung.

Mit der Feststellung der Schäden, die das Gehirn des Opfers erlitten hatte, und der Erkenntnis, daß diese zu Bewußtlosigkeit und anschließend zum Tod geführt hatten, war der neuropsychologische Aspekt der Obduktion abgeschlossen. Nun folgte eine Untersuchung der Stichverletzung des Halses und der Verletzungen innerer Organe. Das Ergebnis der Obduktion machte den Tathergang rekonstruierbar, konnte Todesursache und Todeszeitpunkt feststellen und zahlreiche weitere Fakten der Tat erkennen, die der Strafverfolgung hilfreich waren. Neuropsychologische Überlegungen waren hier nur ein Teilaspekt. Sie treten dann in den Vordergrund, wenn ein Opfer überlebt und Hirnschädigungen Leistungsausfälle verursachen, die eine Begutachtung erfordern. Diese Fälle unterscheiden sich jedoch nicht von den bereits dargestellten Folgen von Hirnschädigungen und sollen deshalb hier nicht erneut besprochen werden.

Forensische Neuropsychologie erschöpft sich jedoch nicht in der Untersuchung von Verletzungen, die dem Gehirn des Opfers zugefügt wurden. Auch die Hirnfunktionen des Täters, die Frage nach neurobiologischen Besonderheiten, nach Gründen der Entwicklung einer Persönlichkeit, die zur Tat befähigte, sind Gegenstand neuropsychologischer Interessen. Es fragt sich, ob das Gehirn zur Tatzeit seine Handlungen frei planen konnte oder ob die Entscheidungsfreiheit aus neurobiologischen Gründen eingeschränkt war. Damit stellt sich auch die Frage nach den biologischen Bedingungen des freien Willens und der Schuldfähigkeit.

Die Bedeutung neuropsychologischer Überlegungen läßt sich am Beispiel eines Vergewaltigers und Doppelmörders illustrieren, der in Amerika zum Tode verurteilt worden war. Es war nur eine unsachgemäße Meinungsbildung über die neuropsychologische Frage, ob die Morde von einem Linkshänder hätten begangen werden können, die eine weltweite Kampagne zum Beweis seiner Unschuld entfachte; eine Kampagne, die letztlich zur Begnadigung des Täters führte. Die Bemühungen, die vermeintliche Unschuld des Täters zu beweisen, reichten auch nach Deutschland, so daß ich mit dem Fall in Kontakt kam.

Der Täter, nennen wir ihn Mike, war zum Zeitpunkt des Verbrechens 21 Jahre alt, ein Hafenarbeiter von kräftiger Statur. Er konsumierte verschiedene Drogen, ohne daß eine ausgeprägte Abhängigkeit erkennbar war. Die Opfer waren ein 15jähriges Mädchen, hier Irene genannt, und ihre Mutter, wir nennen sie hier Susan, damals 43 Jahre.

Susan kannte Mike erst einige Wochen, als sie ihn in ihre Wohnung einziehen ließ, die nicht eben großzügig Raum für drei Personen bot. Mike wollte ohnehin nur vorübergehend bleiben, höchstens für einige Monate, bis er wieder Arbeit auf einem der Schiffe gefunden hätte. Drei Wochen wohnte Mike nun schon bei Susan und Irene, als er eines Tages etwa um acht Uhr abends nach Hause kam. Gegen sechs war er schon einmal dagewesen, aber niemand hatte ihm geöffnet. Nun fand er die Haustüre unverschlossen, eine Holztreppe führte geradeaus nach oben. Irene war mittlerweile eingetroffen. Sie setzten sich in die hellbraunen Plüschsessel, alberten, und Irene begann, Mikes Nacken zu massieren. Irene glaubte immer noch, es sei nur Albernheit, als sie sich ins Schlafzimmer begaben, Mike sie packte und aufs Bett warf. Irene merkte jetzt, es war kein Spaß, versuchte sich zu wehren, als Mike sie vergewaltigte. Irene weinte, schrie, nachdem Mike sich von ihr abwandte. Mehrmals drohte er, sie möge nun die Klappe halten. Und als sie weiterschrie, legte er, offenbar von hinten, seinen Arm um ihren Hals. Er drückte zu, bis Irenes Widerstand erlosch, sie kraftlos wurde, das Bewußtsein sich verlor und sie jetzt leblos mit dem Hals in seinem Würgegriff hing. Als Mike Irene losließ, fiel sie auf das Bett, lag auf dem Bauch, den Kopf etwas nach links gewendet, das Gesicht grub sich tief in eines der Kissen, als sei sie eingeschlafen. Nur der blonde Haarschopf war nicht ganz bedeckt von dem gelbgestreiften, weißen Handtuch, das Mike über ihren Kopf geworfen hatte. Wie im Schlaf ragte der angewinkelte linke Arm unter der braun, rot und weiß gefleckten Decke hervor, die Mike über die Tote gezogen hatte. Die Augenlider waren bis auf einen Spalt herabgefallen, der Mund etwas geöffnet, und im Gesicht hatte ein schmaler, dünner Halsreif, den sie trug, beim Strangulieren dünne Streifen hinterlassen. Mike ging die Holztreppe hinunter in den Hof, packte im dort geparkten Wagen eines Freundes einige persönliche Utensilien zusammen und kehrte in die

Wohnung zurück, das Licht noch rasch zu löschen. Er war gerade in der Küche, als Susan klopfte. Jetzt würde sie die tote Tochter finden und natürlich wissen, daß er der Mörder war. Mike ergriff ein großes Messer, dessen Klinge vom vielen Schärfen schmal geworden war. Neben der Tür erwartete er sie, sprang auf sie zu, als sie aufschloß, und stach das Messer unmittelbar unterhalb des Brustbeins ein, zog es zurück, drehte die Klinge, ließ die Klinge in die Leber seines Opfers gleiten. Susan hatte noch ein paar Schritte bis ins Bad getan, als Mike erneut zustieß. Zweimal drang die Klinge unterhalb des rechten Ohres in den Hals, durchschnitt die Halsschlagader. Susan war zusammengebrochen, kniete offenbar am Boden, als eine heftige Blutfontäne die gekachelte Wand bespritzte, in breiten Strömen bis zum Boden lief. Nun auf dem Rücken liegend, verblutete sie. Mike nahm ein Taxi bis zur nächsten Busstation, löste eine Fahrkarte bis nach Jacksonville.

Es war früh am Morgen, als er Jacksonville erreichte. Mike betrat das Restaurant am Busbahnhof. «Kann ich mit Ihnen reden?» fragte Mike einen Polizisten, der sein Frühstück einnahm, und setzte sich. Er gestand, er habe am vorigen Abend zwei Frauen umgebracht. Wo die Mordwaffe sei, fragte der Polizist. Er habe sie in den Hof geworfen. Und was ihn zu den Morden veranlaßt habe? Mike erzählte eine Geschichte, von der er offensichtlich dachte, sie könnte ihn entlasten. Tausend Dollar habe Susan ihm geschuldet. Sie habe ihm das Geld nicht wiedergeben wollen. Daraus sei ein Streit entstanden, in dessen Verlauf es zu der Tat gekommen sei. Die Tochter der Ermordeten habe unaufhörlich aufgeregt geschrien. Da habe er sie vergewaltigt und erdrosselt. So gab er es auch später zu Protokoll. Drei- oder viermal habe er mit einem Küchenmesser auf Susan eingestochen.

Ein halbes Jahr später hörte man von Mike eine andere Version des Tathergangs. Detailliert erzählte er, wie er eines Sonntagabends gegen sechs nach Hause kam, niemanden vorfand, es kurz nach acht erneut versuchte und dann Irene traf. Er beschrieb genau, wie es zur Vergewaltigung gekommen sei, wie er sie erdrosselte, die Decke über sie warf und seine Sachen packte. Er berichtete, wie er, um das Licht zu löschen, noch einmal in die Wohnung ging, wie er Susan mit einem Küchenmesser, das eine besonders schmale Klinge hatte, niederstach und dann den Bus nach Jacksonville bestieg. Dem Polizisten habe er sich gestellt, weil ihm deutlich wurde, daß es wenig Sinn hatte, einfach wegzulaufen.

Die gerichtsmedizinischen Untersuchungen bestätigten alle Details aus Mikes Geständnis. Irene starb einige Stunden vor ihrer Mutter, wurde erwürgt. Im Genitalbereich zeigten sich typische Anzeichen einer brutalen Vergewaltigung vor ihrem Tod. Unterhose und Hose enthielten weder Spuren von Sperma noch von Blut, so daß die Vergewaltigung in der Wohnung stattgefunden haben mußte. Genauso wie Mike den Tathergang beschrieben hatte. In Irenes Hand, auf ihrem Bauch und in der Genitalregion waren Schamhaare zurückgeblieben, die mit denen von Mike übereinstimmten. An der Spitze und an einer Seite von Mikes linkem Stiefel entdeckten die Mediziner Blut der Gruppe 0. Auch Irene hatte Blutgruppe 0. Sie könnte diese Blutgruppe von ihrer Mutter geerbt haben. Vielleicht war es Susans Blut. In unverständlicher Nachlässigkeit hatte man versäumt, Susans Blutgruppe zu bestimmen. Susans Körper wies drei Stichverletzungen auf. Auch Mike hatte angegeben, er habe drei- bis viermal, später sagte er, zwei- bis dreimal zugestoßen. Ein Küchenmesser, dessen Schneide vom Schärfen schmal geworden war, hatte Mike beschrieben. Die Stichwunden waren schmal, einen halben Zoll breit. Wer außer den Gerichtsmedizinern, die die Leichen sezierten und eingehend untersuchten, konnte diese Details des Hergangs kennen, wenn er nicht selbst der Mörder war. Hätte ein anderer die Tat begangen haben können, wäre es denkbar, daß Mike die Leichen nur entdeckt hat, seine

Urteilsfähigkeit so in einem Übermaß an Drogen versunken war, daß er glaubte, die Tat begangen zu haben? War er unfähig zu beurteilen, ob er vergewaltigt und gemordet hatte? Wenn er nicht der Mörder war, wie konnte er dann eine so treffende Beschreibung des Tathergangs geben? Er hätte die Leichen mit klarem Verstand untersuchen, Anzeichen der Vergewaltigung, Merkmale des Erdrosselns entdecken, die Zahl und Beschaffenheit der Wunden in Susans Körper kennen und die Tat hieraus rekonstruieren müssen. Er wußte, was nur der Mörder wissen konnte. Auch das Gericht kam zu diesem Schluß und verurteilte ihn zum Tod.

Dennoch sollte sich bald zeigen, daß Mikes Rechnung, es könne nur zu seinem Vorteil sein, mit Susan eine Belastungszeugin aus der Welt geschafft zu haben, aufgegangen war. Fast zehn Jahre nach dem Urteil traten Mitglieder einer Gefangenenhilfsorganisation auf, die Mike für unschuldig hielten. Zu diesem Glauben hatte das Schreiben eines Rechtsmediziners Anlaß gegeben, der jedoch mit der Obduktion der Leiche nicht befaßt war. Im Bad, unterhalb des Waschbeckens, unter dem der Kopf der Toten lag, begannen die Spuren des Blutes, das aus Susans aufgeschnittener rechter Halsschlagader (Arteria carotis externa) bei jedem Herzschlag gespritzt war. Die Verteilung der Blutbahnen an der Wand wies darauf hin, daß Susan, als der letzte tödliche Stich sie traf, sich vermutlich auf Händen und Knien hielt und das Gesicht zum Boden gewandt hatte. Die Fotos und der Autopsiebericht ergaben, daß die scharfe Seite der Klinge, mit der der tödliche Stich in den Hals erfolgte, nach oben zeigte. Dies sah der Mediziner als typisch für einen Rechtshänder an, der sein Opfer von hinten angreift. Die Vorsitzende der Hilfsorganisation, die sich des Falls angenommen hatte, wußte von zahlreichen Besuchen in Mikes Zelle, daß er stets mit der linken Hand aß, zur Tasse griff und rauchte. Damit besitzt Mike ganz offensichtlich eine Linkshandpräferenz. Dies schien der Beweis dafür zu sein, daß nicht Mike, sondern ein unbekannter Rechtshänder der Mörder war und daß nun aufgrund eines tragischen Justizirrtums ein Unschuldiger auf dem elektrischen Stuhl hingerichtet werden würde.

Es gelang, die Medien zu mobilisieren und weltweit zu verkünden, Mike sei unschuldig verurteilt, ein Justizmord stünde hier bevor. Sogar international angesehene Menschenrechtsorganisationen und Parlamente machten sich diese Theorie zu eigen, ergriffen Partei für Mike. Die öffentliche Meinung, ein vermutlich Unschuldiger drohe auf dem elektrischen Stuhl exekutiert zu werden, wurde immer lauter. Wenige Tage vor dem Hinrichtungstermin wurde Mike vom Gouverneur begnadigt, die Todesstrafe in eine lebenslange Haftstrafe umgewandelt. Das Gericht sah die Beweislage nach wie vor unzweifelhaft. Die erstrebte Neuaufnahme des Verfahrens fand nicht statt. Mike war längst Mittelpunkt des Medieninteresses, beteuerte im Verband mit seinen Helfern, er sei ein Opfer der Justiz. In der Neuaufnahme des Verfahrens käme die Wahrheit schon ans Licht, dann würde sich schon zeigen, daß er nicht der Mörder war. Man vermutete gar ein Komplott konservativ gesonnener Juristenkreise und unterstellte, diese wollten nur nicht eingestehen, daß Mike Opfer eines Justizirrtums geworden sei.

Die ganze Kampagne für Mike beruhte letztlich auf der Annahme eines Gerichtsmediziners, ein Linkshänder käme für die Tat kaum in Betracht, da die tödlichen Messerstiche in Susans Hals typisch für einen rechtshändigen Täter seien. Die Ausführungen dieses Gerichtsmediziners sind jedoch neuropsychologisch widerlegbar: Mike gehört offenbar zu den etwas mehr als fünf Prozent der Menschheit, die eine Linkshandpräferenz entwickelt haben.[45] Diese Linkshandpräferenz ist jedoch kein Spiegelbild der Rechtshändigkeit. Personen mit einer Linkshandpräferenz besitzen meist eine hohe Geschicklichkeit der rechten Hand. Für manche Geschicklichkeitsaufgaben wird sogar die sonst weniger benutzte rechte Hand bevorzugt. Auch im Falle des Mordes an Susan können wir davon ausgehen, daß Mikes rechte Hand hinreichend geschickt war, die tödlichen Stiche auszuführen. Zudem ist die Präferenz der linken Hand in aller Regel weniger ausgeprägt als die Präferenz der rechten Hand bei einem Rechtshänder, so daß angenommen werden kann, Mike habe, wenn die Situation es erforderte, das Messer auch mit der rechten Hand ergriffen. So kann die Annahme, die tödlichen Stiche seien mit der rechten Hand ausgeführt worden, Mike nicht entlasten.

Gelänge es hingegen aufgrund der Rekonstruktion des Tathergangs nachzuweisen, daß die tödlichen Stiche mit der linken Hand ausgeführt wurden, so würde dies mit hoher Wahrscheinlichkeit einen rechtshändigen Täter ausschließen und deutlich auf einen Täter mit einer Linkshandpräferenz hinweisen. Aufgrund einer stärker ausgeprägten Rechtshandpräferenz und der geringen Geschicklichkeit der linken Hand von rechtshändigen Personen hätte ein Rechtshänder das Messer kaum jemals in die linke Hand genommen, wenn dies vermeidbar gewesen wäre. Ein genauer Blick auf die Befunde zeigt tatsächlich, daß der tödliche Stich durch die Halsschlagader einen Täter mit einer Linkshandpräferenz wahrscheinlich macht. Und dies weist gerade auf Mike als Täter hin, anstatt ihn zu entlasten. Als der Stich Susan traf, kniete oder lag sie offenbar am Boden. Rechts neben ihr die später blutbespritzte Wand, über ihrem Kopf oder Rücken ein Waschbecken. Hält ein Täter das Messer in der rechten Hand, so ist das breite Waschbecken bei dem Versuch, von hinten zuzustechen, im Wege. Sticht dennoch jemand von hinten auf eine kniende, sich auf die Hände stützende Person ein, so ist der Winkel, den die Stichwunde zur Körperachse einnimmt, deutlich größer als der an der Leiche vorgefundene Winkel. Hätte ein Täter Susan von hinten erstochen, so hätte er sich in ergonomisch unsinniger Weise tief über das Opfer beugen und den Arm extrem abwinkeln müssen. Eine höchst umständliche Haltung, die einzunehmen keinen Sinn ergibt, wenn sie durch das Waschbecken nicht gar unausführbar war. Darüber hinaus hätte der Täter links neben dem Opfer stehen müssen. Aus dieser Position ist die rechte Halsseite kaum zu sehen und gibt daher ein schwer zu treffendes Stichziel ab. Dagegen ist die linke Halsseite des Opfers dem Täter zugewandt, weit besser sichtbar und kaum zu verfehlen. Wozu sollte der Mörder sich über sein Opfer beugen, in die kaum erkennbare rechte Halsseite zu stechen suchen, während doch die linke Halsseite sich offen anbietet, leicht zu treffen ist, die Wand die Bewegung nicht behindert und kein Waschbecken ihm den Weg versperrt. Leicht erklärbar wird der Vorgang, wenn man annimmt, daß der Täter am Kopfende des Opfers stand. Aus dieser Position ist jedoch die rechte Halsseite des Opfers für ein Messer in der rechten Hand des Täters nur unter kompliziertesten Verrenkungen erreichbar. Ein Rechtshänder hätte in dieser Situation das Messer niemals mit der linken Hand gefaßt. Doch nur, wenn sich das Messer in der linken Hand befindet, ist unter solchen Umständen die rechte Halsseite des Opfers zugänglich und leicht zu treffen. Hebt das Opfer aus dieser Lage den Kopf und blickt den vor ihm stehenden Täter an oder faßt der Täter das Opfer an den Haaren und zieht den Kopf nach oben, um sich so ein unbewegtes, besser auszumachendes Ziel zu schaffen, dann ergibt sich der vorgefundene Winkel, den die tödliche Stichwunde mit der Körperachse bildet. Die Spuren weisen dann auf einen Täter, der eine Präferenz für die linke Hand besitzt, weil nur dieser unter den gegebenen Bedingungen den Stich mit der linken Hand ausführen würde.

Es gibt damit keine Erkenntnis, die der Annahme widerspricht, daß Mike der Mörder war, alles weist auf ihn als Täter hin. Was von denen, die ihn vor dem elektrischen Stuhl zu retten hofften, als Beweis gegen seine Schuld vorgebracht worden war, verwandelt sich bei etwas genauerem Bedenken sogar in ein deutliches Indiz für seine

Schuld. Doch ist zu betonen, daß die Frage nach seiner Schuld nicht mit der grundsätzlichen Frage nach der Begründbarkeit der Todesstrafe an sich vermengt werden darf. Letztere erfordert eine Auseinandersetzung ganz anderer Art, die ich hier aber nicht führen kann.

Mike gab sich mittlerweile als unschuldiges Opfer des amerikanischen Rechtssystems. Rief nach einer Neuaufnahme des Verfahrens, das seine Schuldlosigkeit in neuem Licht erscheinen lassen sollte. Die öffentliche Meinung ist nach wie vor zu seinen Gunsten, seine Unschuld scheint für viele ein unerschütterlicher Glaubenssatz zu sein. Es ist nicht auszuschließen, daß ihm in wenigen Jahren, als Folge unzureichender neuropsychologischer Überlegungen, der Rest der Strafe erlassen wird.

Ein anderer wichtiger Aspekt forensischer Psychobiologie ist die Frage nach der Schuldhaftigkeit des Handelns und danach, ob das Gehirn überhaupt freie Willensentscheidungen zuläßt oder ob unser Denken, Fühlen und Handeln durch Hirnfunktionen vorbestimmt ist. Ist der Glaube an den freien Willen am Ende nur eine Täuschung, und macht es dann vielleicht keinen Sinn, von «Schuld» zu sprechen?

Es ist eine unumstößliche Tatsache, daß alle psychischen Vorgänge an Gehirnfunktionen gebunden sind. Auch das, was wir als freie Willensentscheidung erleben, ist eine Folge neurobiologischer Vorgänge. Es gibt keinen Willen, der insofern frei ist, als er von neurobiologischen Abläufen unabhängig wäre. Als Mike Irene vergewaltigte, sie erwürgte und ihre Mutter erstach, da waren seine Empfindungen, Entschlüsse und Handlungen das Ergebnis neurobiologischer Abläufe in seinem Gehirn. Hätte Mike denn nicht anders handeln können? Die Antwort ist «nein». Wenn genau die neurobiologischen Prozesse im Gehirn ablaufen, die bei Mike stattfanden, als er die Verbrechen ausführte, so gibt es kein Entrinnen. Selbst wenn es gelänge, diese Hirnfunktionen in einem sonst ganz und gar friedliebenden Menschen experimentell zu erzeugen, so hätte er nicht anders gehandelt als Mike. Fühlen, Wollen und Handeln sind durch die Hirnfunktionen festgelegt.

Das, was wir als «Wille» bezeichnen, setzt sich jedoch aus mehreren Komponenten zusammen. Dazu gehört der Wunsch oder Trieb, etwas zu tun oder ein Ziel zu erreichen, wie z. B. etwas zu besitzen, Aggressionen gegenüber bestimmten Personen auszuleben, Personen als Sexualpartner zu gewinnen, die Aufmerksamkeit auf sich zu ziehen und vieles mehr, was als Motiv für die Ausführung von Handlungen in Frage kommt. Der Einfachheit halber wollen wir sie als *Bedürfnisse* bezeichnen. Bedürfnisse werden im Gehirn erzeugt. Wir können ihrem Auftreten begrenzt vorbeugen, doch oft entstehen sie dennoch und sind dann unabänderliche Ergebnisse unserer Gehirnfunktion. So mag Mikes Gehirn, als er an dem Abend der Tat mit Irene zusammensaß, ein ausgeprägtes sexuelles Bedürfnis entwickelt haben. Dies war das Ergebnis des Zusammenspiels von Gehirn und Drüsen als Reaktion auf die soziale Interaktion mit Irene.

Doch allein das Entstehen des Bedürfnisses ist noch keine Tat. Dazu gehört die Handlung, die geeignet ist, das Bedürfnis zu befriedigen. Die Durchführbarkeit der Handlung muß eingeschätzt, sich aus ihr ergebende Konsequenzen erkannt, und die ethische Akzeptanz der Handlung und ihrer Folgen muß bedacht werden. Die Entscheidungsfreiheit einer Person kann dabei in unterschiedlicher Weise eingeschränkt sein. Ein Bedürfnis kann eine solche Macht gewinnen, daß die Person alles in Kauf nimmt, um dieses übermächtige Bedürfnis zu befriedigen. Alkoholsüchtige Menschen lösen z. B. oft alle sozialen Bindungen, geben eine gesicherte berufliche Existenz auf, nur um das Verlangen nach Alkohol dauerhaft stillen zu können. Süchtige Raucher nehmen das Risiko schwerer Erkrankungen und eines frühzeitigen Todes in Kauf, weil sie dem Bedürfnis zu rauchen nachgeben müssen. Trotz «normaler», lenkbarer Triebe kann jedoch auch die Fähigkeit, die Folgen einer

Handlung einzuschätzen, erheblich vermindert sein. Der Grund dafür kann in einem nicht ausreichenden Entwicklungsstand des Gehirns, einer entwicklungsbedingten geistigen Behinderung, einer degenerativen Erkrankung des Gehirns oder einer anderen Hirnschädigung liegen, die das intellektuelle Vermögen einschränken. Psychosen können zu einer illusionären Verkennung der Wirklichkeit führen, und die Fähigkeit zu logischem Denken kann verlorengehen. Darüber hinaus kann das Vermögen, Handlungen und ihre Konsequenzen ethisch zu bewerten, im Rahmen psychiatrischer und neurologischer Erkrankungen verändert sein.

Schon diese einfachen Überlegungen geben Grund zu der Vermutung, daß die Beurteilung einer Handlung danach, ob sie auf einer freien Willensentscheidung beruhte, von einem zu undifferenzierten alltagssprachlichen Begriff des freien Willens ausgeht. Statt dessen scheint eine Beurteilung von Handlungen nach Gesichtspunkten sinnvoll, die folgende Fragen einschließt:

1) Traten Bedürfnisse auf, die so dominant waren, daß mit ihrer Befriedigung verbundene unerwünschte Konsequenzen für den Handelnden oder für andere Personen in Kauf genommen wurden? Das Bedürfnis, eine Sucht zu befriedigen, kann beispielsweise so ausgeprägt sein, daß schwere gesundheitliche Schäden oder der soziale Abstieg als Konsequenz toleriert werden.

2) War die Fähigkeit des Handelnden zu rationalem Denken so weit eingeschränkt, daß er die Folgen seiner Handlung nicht absehen konnte?[46]

3) Ging der Handelnde von falschen Prämissen aus, war bei ihm z. B. aufgrund einer Psychose die falsche Annahme entstanden, jemand wolle ihn töten und er könne sein Leben nur durch Ermordung jener Person retten?

4) In welcher Weise wurden die Konsequenzen seines Handelns von dem Handelnden ethisch bewertet? So fehlt es Gewaltverbrechern z. B. häufig an Unrechtsbewußtsein

und Mitgefühl für die von ihnen verursachten Leiden der Opfer. Die Geringschätzung der Integrität anderer Personen ist eine wesentliche Voraussetzung für die meisten Gewaltverbrechen.

Ob eine Handlung ausgeführt wird, dürfte immer von Faktoren wie (1) der Art und der Stärke des Bedürfnisses, (2) der Fähigkeit zu rationalem Denken, (3) den Prämissen, von denen der Handelnde ausgeht, und (4) der ethischen Bewertung der Konsequenzen seines Handelns beeinflußt sein. Das Handeln ist daher nie frei im Sinne von «frei von derartigen Faktoren». Aber kann sich jemand, der von keinen übermächtigen Bedürfnissen beherrscht wird, der durchaus zu rationalem Denken in der Lage ist, der von richtigen Prämissen ausgeht und die Konsequenzen seines Handelns richtig zu bewerten weiß, denn nicht insofern frei entscheiden, als er anders handeln könnte, als er es tut? «Man könnte anders handeln» bedeutet jedoch nur, «man würde anders handeln, wenn der eine oder andere Faktor, der die Entscheidung, in einer ganz bestimmten Weise zu handeln, beeinflußt, verändert wäre.» Ein solcher Faktor könnte in einem veränderten Bedürfnis, einer veränderten Bewertung der Konsequenzen der Handlung oder nur in dem Wunsch bestehen, anders zu handeln, als man eigentlich handeln wollte, nur um seine Willensfreiheit unter Beweis zu stellen. In jedem Falle hat alles, was eine Entscheidung in einer bestimmten Weise beeinflußt, ein neurobiologisches Korrelat in unserem Gehirn. Daraus geht ein neurobiologischer Prozeß hervor, den wir als Entscheidungsprozeß erleben mögen. Durch diesen neuronalen Prozeß wird die Handlung bestimmt, die man für das Ergebnis einer freien Entscheidung hält. Eine von den genannten und manch anderen Einflußfaktoren und von neuronalen Vorgängen unabhängige Entscheidungsinstanz existiert nicht.

Was bedeutet es dann, danach zu fragen, ob ein Täter schuldhaft handelte? Es erscheint adäquater, sich statt dessen darauf zu beschränken, nach den Faktoren zu fragen, die eine Handlung bestimmten, und danach, welches Gewicht sie beim Zustandekommen einer Handlung besaßen. Sind diese Fragen, soweit dies möglich ist, beantwortet, so enthält die zusätzliche Aussage, der Täter habe schuldhaft oder nicht schuldhaft gehandelt, keine neue Information. Dann ist auch fraglich, ob das Strafmaß sich an der Frage der Schuldhaftigkeit orientieren und Strafe als Sühne einer Schuld gelten kann.

Darüber hinaus stellt sich die Frage, durch welche therapeutischen Maßnahmen Faktoren, die zur Verübung von Straftaten führten, beseitigt werden können. Gerade die Frage nach der Therapier- und Resozialisierbarkeit von Gewaltverbrechern ist aufgrund der besonderen Gefahr, die von diesen Tätern ausgeht, in den Mittelpunkt des öffentlichen Interesses gerückt. In den wenigen Fällen, in denen eine Psychose zu einer Straftat führte, kann mit einer erfolgreichen psychiatrischen Therapie die Gefahr weiterer Straftaten gebannt sein. Ist die Straftat jedoch auf der Grundlage einer Persönlichkeitsstörung entstanden, die Folge einer nicht behebbaren Hirnschädigung ist, so bleibt mit der Persönlichkeitsstörung auch die Neigung bestehen, weitere Straftaten zu begehen.

Bei der Mehrzahl der Täter ist jedoch weder eine Psychose noch eine Hirnschädigung erkennbar. Doch solche Gewalttäter sind nicht einfach das Ergebnis ungünstiger Lebensumstände, wie auch die Faktoren, die zur Ausübung von Verbrechen führen, nicht ohne weiteres durch psycho- und verhaltenstherapeutische Maßnahmen oder durch Eingliederungsversuche zu beheben sind. Die Hinweise verdichten sich, daß in den Gehirnen mancher Täter genetische Prädispositionen bestehen, die eine Neigung zu antisozialem Verhalten und zur Begehung von Straftaten fördern.[47] Menschliche Gehirne sind weder morphologisch noch in ihrer Funktion völlig identisch. Wie es unmusikalische Menschen gibt, die unfähig sind, Unterschiede zwischen Tonfolgen und Harmonien zu erkennen, so scheinen manche Menschen unfähig zu sein, ein Empfinden für rücksichtsvolles Sozialverhalten und ein Mitgefühl für das Schicksal anderer Menschen zu entwickeln. So, wie alle Bemühungen, dem Unmusikalischen ein gewisses Musikverständnis zu vermitteln, irgendwo an unüberwindliche Grenzen stoßen, so scheinen auch den therapeutischen Bemühungen Grenzen gesetzt zu sein, manchen Gewalttätern angemessenes Sozialverhalten und Mitgefühl zu vermitteln. Die therapeutischen Möglichkeiten sind bei diesem Täterkreis äußerst zurückhaltend zu beurteilen.[48]

Ein grundlegendes Problem besteht bereits darin, den Therapieerfolg bei einem Täter festzustellen. Die Messung des Therapieerfolgs beinhaltet die Voraussage, daß der Täter seine Neigung, weitere Gewalttaten zu begehen, verloren hat. Eine solche Voraussage ist jedoch nur sehr eingeschränkt möglich.[49] Angesichts der Ergebnisse solcher Versuche «... scheint das Ziel fast utopisch, begründete prognostische Voraussagen zu machen, die über die Darlegung mehr oder weniger allgemein gehaltener Äußerungen hinausgehen».[50] Durch differenzierte Forschung konnten in den letzten Jahren jedoch Indikatoren gefunden werden, die die Wahrscheinlichkeit des erneuten Auftretens von Gewalttaten voraussagen.[51] Dabei zeigte sich eine lineare Beziehung zwischen einem mittels standardisierter Fragebögen erhobenen Risikowert und der Häufigkeit, mit der Gewalttäter rückfällig werden.

Als eine besonders aussagefähige Methode der Voraussage erneuter Gewalttaten erwies sich die Psychopathie-Checkliste (PCL-R) von Hare,[52] die in Nordamerika zu einem Standarddiagnoseinstrument zur Untersuchung krimineller Psychopathie geworden ist. Die meisten Täter, die sich im PCL-R als hochgradig psychopathisch erwiesen, hatten gegenüber Personen, die nicht als psychopathisch eingestuft wurden, ein fünffach höheres Risiko, erneut Gewalttaten zu begehen.[53] Doch auch ein erheblicher Prozentsatz der Täter, die nur einen geringen Psychopathiewert erreichen, begingen erneut Gewalttaten. Bezieht man auch andere Delikte als nur Gewalttaten in die Analyse ein, so wurden sogar als nichtpsychopathisch eingestufte Täter immerhin noch halb sooft erneut straffällig wie psychopathische Täter.

Die heute zur Verfügung stehenden Voraussageinstrumente geben zwar bei bestimmten Tätergruppen Auskunft über die zu erwartende Häufigkeit einer Wiederholung von Straftaten. Sie erlauben jedoch nicht, festzustellen, ob ein Täter in Zukunft nicht mehr als jeder «Normalbürger» zu Straftaten neigt. Tätern wegen ungünstiger Lebensumstände, die die Entwicklung einer Persönlichkeitsstörung begünstigten, eine mildere Strafe zuzubilligen und sie früher aus der Haft zu entlassen, widerspricht aus psychologischer Sicht dem heutigen Erkenntnisstand. Besonders ungünstige Lebensumstände können die Entwicklung einer antisozialen Persönlichkeit fördern, so daß zu erwarten ist, daß sich bei Tätern, die unter besonders ungünstigen Bedingungen aufwuchsen, ein besonders hoher Anteil von Personen mit einem hohen Psychopathiewert findet. Je ausgeprägter die Persönlichkeitsstörung und je höher der Grad der Psychopathie gemäß der PCL-R ist, desto größer ist aber die Wahrscheinlichkeit, daß dieser Täter nach der Entlassung rückfällig wird. Eine Strafe aufgrund schwieriger Lebensbedingungen des Täters zu verkürzen bedeutet, gerade Täter mit einem hohen Psychopathiewert und hoher Rückfallhäufigkeit in die Freiheit zu entlassen und so die Voraussetzung für das Auftreten neuer Gewalttaten zu schaffen. Dennoch muß das Ziel sein, Therapien anzubieten, soweit dies möglich ist. Doch allen therapeutischen Bemühungen darf der Schutz der Allgemeinheit nicht zum Opfer fallen.

Es ist eine gefährliche Illusion, zu glauben, Gewalttäter seien allein durch ungünstige Lebensbedingungen fehlgeleitete Menschen, die Einsicht in das Unrecht ihrer Tat gewönnen, Achtung vor ihren Mitmenschen erwürben und als geläuterte Wesen in die Gesellschaft zurückkehrten, wenn man sie nur psychologisch und pädagogisch leitete.

Es herrscht gelegentlich die Vorstellung, antisoziales Empfinden und Verhalten vollzöge sich in einem psychischen
Bereich, auf einer Bewußtseinsebene, die psychologischen
statt hirnbiologischen Prinzipien folge. Antisoziale Verhal-
tensweisen, fehlendes Mitgefühl, bedenkenlose Grausamkeit und rücksichtsloses Durchsetzen eigener Interessen
sind das Ergebnis verhängnisvoller Hirnfunktionen, die
therapeutisch häufig nicht oder nur in bescheidenem Umfang zu verändern sind. Dabei handelt es sich in aller Regel
nicht um Hirnschädigungen, um den Untergang von Hirngewebe, Hirnmißbildungen oder um Psychosen aufgrund
eines gestörten Transmitterstoffwechsels. Auch solche
Schädigungen des Gehirns können schwere Veränderungen der Persönlichkeit zur Folge haben, die den Patienten
zu einem Gewalttäter werden lassen. Doch an nachweisbaren Hirnschädigungen und Psychosen leidet der kleinste
Teil der Täter. Meist sind es bestimmte Lebenserfahrungen,
wahrscheinlich auf dem Hintergrund genetisch vorbe-
stimmter Dispositionen des Erlebens und Verhaltens, die
ein sonst unauffälliges Gehirn in einer Weise programmie-
ren, daß es in bestimmten Situationen gewalttätiges, antisoziales Verhalten hervorbringt, ohne daß in ihm Empfindungen des Mitgefühls, des Bedauerns und der sozialen
Verpflichtung entstehen. Die Existenz solcher gefährlichen
«Programme» des Gehirns ist uns bekannt, doch wir wissen
nur wenig darüber, wie sie sich vollziehen. Die ausgeführte
Tat zeigt weit deutlicher als psychologische Tests, daß diese
«Programme» des Gehirns in bestimmten Situationen ein
Erlebens- und Verhaltensrepertoire hervorbringen, das sich
grundsätzlich von dem unterscheidet, was ein normales
Gehirn in der gleichen Situation entstehen ließe. Die Hirnfunktionen, die Ursache für gewalttätiges, antisoziales Verhalten und Empfinden sind, lassen sich unglücklicherweise
nicht so einfach, wie einige Psychologen und Psychiater
glauben machen wollen, durch Therapiemaßnahmen in so-
zial verträgliche Hirnfunktionen überführen.

21
Nachbemerkungen

Die Frage nach der Natur menschlichen Bewußtseins, wie es in der Welt erscheinen konnte, wozu es sich entwickelt hat und ob es ohne Spur nach dem Tod vergehen kann, gehört vermutlich zu den ersten existentiellen Fragen, die im Laufe der Evolution ein an Denkfähigkeit gewinnendes Bewußtsein sich stellte. Einfache Grabbeigaben nähren die Spekulation, daß bereits Neandertaler sich über den Verbleib ihres Bewußtseins nach dem Tod Gedanken machten. Die Antworten suchte man in Mythen. Kaum 100 Jahre sind vergangen, seit der Aufstieg der Hirnforschung begann und uns heute erlaubt, auf viele der traditionellen Fragen eine wissenschaftlich begründete Antwort zu geben.

Es war nur eine Auswahl aus Wegen neuropsychologischer Forschung und aus den Anwendungsmöglichkeiten neuropsychologischer Erkenntnisse in verschiedenen Lebensbereichen, die in den zurückliegenden Kapiteln des Buches vorgestellt wurden. Wir haben verschiedene Ebenen der Hirnforschung betrachtet. Die Ebene abstrakter Forschungsergebnisse und ihrer Bedenklichkeiten, die Ebene der Wissenschaftler und die Ebene betroffener Menschen. Diese Ebenen sind nicht voneinander isoliert. Jede vermittelt andere Einsichten, die erst in ihrer Gesamtheit das ergeben, was über einen Bereich erfahrbar ist. Über die Ebene wissenschaftlicher Ergebnisse und Theorien hinaus gewinnen wir durch die Begegnung mit betroffenen Personen detaillierteren Einblick in die unterschiedlichen Erscheinungsformen ihrer Hirnfunktion, nehmen Anteil an ihrer Lebenswelt, versuchen, ihr Erleben und Verhalten zu verstehen. Die Ebene der Wissenschaftler verdeutlicht das Milieu, in dem, was in der Hirnforschung als Vermutung, Theorie oder sichere Erkenntnis gilt, zustande kommt und wie sich eine Denkgewohnheit etabliert. Keine Ebene ist überflüssig, jede erweitert das Bild einer Forschungs- und Erkenntnistradition.

Die niedergeschriebenen Ergebnisse der Forschung vermitteln jedoch nur theoretische Kenntnis des Gegenstandes. Es ist eine Kenntnis, der die eigene Erfahrung fehlt. Erst die selbst erfahrene Forschungspraxis gewährt Zugang zu einem Erkenntnisbereich, der den des theoretischen Wissens bei weitem überschreitet. Dies trifft schon zu für die Erforschung der nicht bewußtseinsfähigen Natur und gilt weitmehr, wenn menschliches Erleben und Verhalten Gegenstand der Untersuchung ist.

In diesem Buch habe ich Bereiche der Medizin und Psychologie beschrieben, in denen von der Normalität abweichendes, ungewöhnliches Erleben und Verhalten oft aus besonderen Lebenssituationen heraus zu verstehen und zu erklären ist, in denen man Menschen aus sozialen Randgruppen oder Menschen aus gänzlich anderen Kulturen gegenübersteht. Diese Ebene zu erfassen ist oft schwierig, nicht selten bleibt man außen vor. Wissenschaftliche Abhandlungen geben kaum mehr als eine theoretische Vorstellung von unbekannten Sozialgefügen. Wirkliche Kenntnis uns nicht vertrauter Lebensweisen gewährt nur die Teilnahme an der fremden Lebenswelt. Wo es mir möglich war, habe ich versucht, an ihr teilzunehmen, und einige für den betreffenden Lebensbereich charakteristische Eindrücke und Erlebnisse in die Beschreibung wissenschaftlicher Sachverhalte eingefügt. Die Vermischung von Sach- und persönlicher Erlebnisebene war gewollt. Denn allein dies erlaubte einen tieferen Zugang, der nicht durch wissenschaftliche Betrachtungen zu ersetzen ist. Hätte ich alle Erfahrungen danach gewichtet, wie nachhaltig sie mich prägten und meine eigene Sicht, auch die Sicht der Wissenschaft, veränderten, so wäre die Ebene persönlicher Begegnungen mit Menschen in für uns ungewöhnlichen Lebenssituationen weit, zu weit in den Vordergrund gerückt.

Literaturverzeichnis

1 Wittgenstein L. (1960), *Philosophische Untersuchungen*. In: Wittgenstein, *Schriften*, Bd. 1, Suhrkamp, Frankfurt/M.
Wittgenstein L. (1970), *Das Blaue Buch*. In: Wittgenstein, *Schriften*, Bd. 5, Suhrkamp, Frankfurt/M.
Wittgenstein L. (1982), *Bemerkungen über die Philosophie der Psychologie*. In: Wittgenstein, *Schriften*, Bd. 8, Suhrkamp, Frankfurt/M.

2 Ryle G. (1949), *The Concept of Mind*. Hutchinson, London. Deutsch (1969), *Der Begriff des Geistes*, Reclam, Stuttgart.

3 Eine gute Darstellung findet sich z. B. in:
Dudel J. (1997), *Grundlagen der Zellphysiologie*. In: Schmitt R.F., Thews G. (Hrsg.), *Physiologie des Menschen*. Springer, Berlin, Heidelberg, New York. S. 3–19.
Dudel J. (1997), *Informationsverarbeitung durch elektrische Erregung*. In: Schmitt R.F., Thews G. (Hrsg.), *Physiologie des Menschen*. Springer, Berlin, Heidelberg, New York. S. 20–42.
Dudel J. (1997), *Erregungsübertragung von Zelle zu Zelle*. In: Schmitt R.F., Thews G. (Hrsg.), *Physiologie des Menschen*. Springer, Berlin, Heidelberg, New York. S. 43–66.

4 Wiesel T.N., Hubel D.H. (1966), *Spatial and chromatic interactions in the lateral geniculate body of the rhesus monkey*. J Neurophysiol 29: 1115–1156.
De Valois R.L., Abramov I., Jacobs G.H. (1966), *Analysis of response patterns of LGn cells*. J. Opt. Soc. Am. 56: 966–977.

5 Hubel D.H., Wiesel T.N. (1962), *Receptive fields, binocular interaction and functional architecture of the cat visual cortex*. J. Physiol. 160: 106–154.
Hubel D.H., Wiesel T.N. (1968), *Receptive fields and functional architecture of monkey striate cortex*. J. Physiol. 195: 215–243.

6 Perret D.I., Rolls E.T., Caan W. (1982), *Visual neurones responsive to faces in the monkey temporal cortex*. Exp. Brain Res. 47: 329–342.
Desimone R. (1991), *Face selective cells in the temporal cortex of monkeys*. J. Cogn. Neurosci. 3: 1–8.

7 Leinonen L., Hyvärinen J., Nyman G., Linnankoski I. (1979), *Functional properties of neurons in lateral part of associative area 7 in awake monkey*. Exp. Brain Res. 34: 299–320.

8　Es wäre bei weitem zu einfach, anzunehmen, das Sprachverständnis würde allein durch die Wernicke-Region und die sprachliche Äußerung nur durch die Broca-Region vermittelt. Neben darüber hinausreichenden kortikalen Arealen sind auch subkortikale Strukturen in die Vermittlung sprachlicher Leistungen eingebunden. Vgl hierzu z.B.:
Crosson B. (1985), *Subcortical functions in language*. Brain Lang. 25: 257–292.
Petersen SE., Fiez J. A. (1993), *The processing of single words studied with positron emission tomography*. Ann. Rev. Neurosci. 16: 509–530.
Frackowiak RS. (1994), *Functional mapping of verbal memory language*. Trends Neurosci. 17: 109–115.

9　Eine verständliche Darstellung findet sich in:
Heinzerling J. (1992), *Grundlagen*. In: Stichnoth FA. (Hrsg.), *Handbuch der Magnetresonanztomographie*. Blackwell, Berlin 1992, S. 3–16.
Leinsinger G., Jassoy A., Heiss D. (1996), *Neue Einblicke in die Organisation des Gehirns*. Einsichten 1: 6–9.
Werth R., Seelos K., Bucher SF., Möhrenschlager M. (1996), *Blinde Kinder beginnen zu sehen*. Einsichten 1: 10–12.

10　Pöppel E., Held R., Frost D. (1973), *Residual visual function in patients with lesions of the central visual pathway*. Nature 256: 449–490.

11　Weiskrantz L., Warrington EK., Sanders MD., Marshall J. (1974), *Visual capacity in the hemianopic field following a restricted occipital lesion*. Brain 97: 709–728.
Perenin MT., Jeannerod M. (1978), *Visual functions within the hemianopic field following early cerebral hemidecortication in man. I. Spatial localization*. Neuropsychologia 16:1–13.
Perenin MT. (1978), *Visual function within the hemianopic field following early cerebral hemidecortication in man. II. Pattern discrimination*. Neuropsychologia 16: 687–708.
Zihl J., Werth R. (1984), *Contributions to the study of «blindsight». I. Can stray light account for saccadic localization ability in patients with postgeniculate visual field defects?* Neuropsychologia 22: 1–11.
Zihl J., Werth R. (1984), *Contributions to the study of «blindsight». II. The role of specific practice for saccadic localization performance in patients with postgeniculate visual field defects*. Neuropsychologia 22: 13–22.
Störig P., Cowey A. (1989), *Spectral sensitivity in blindsight*. Nature 342: 916–918.
Ptito A., Lepore F., Ptito M., Lassonde M. (1991), *Target detection and movement discrimination in the blind field of hemispherectomized patients*. Brain 114: 497–512.

12　Für Einzelheiten vgl.: Werth R. (1983), *Bewußtsein – psychologische, neurobiologische und wissenschaftstheoretische Aspekte*. Springer, Berlin, Heidelberg, New York, S. 85 ff.

13 Skinner BF. (1953), *Science and Human Behavior*. Collier-MacMillan, New York, London. (Deutsch: 1973, *Wissenschaft und menschliches Verhalten*, Kindler, München).
Skinner BF. (1974), *About Behaviorism*. Knopf, New York.

14 Neisser U. (1974), *Kognitive Psychologie*. Klett, Stuttgart.
Mandler G. (1975), *Mind and Emotion*. Wiley, New York.

15 Watson JB. (1913), *Psychology as the behaviorist views it*. Psychol. Rev.: 158–177.

16 Blau U. (1981), *Abstract objects*. Theor. Ling. 8: 131–144.

17 Für eine weitergehende Darstellung vgl.: Werth R. (1983), *Bewußtsein*. Springer, Berlin, Heidelberg, New York, S. 115–127.

18 Celesia GG., Bushnell D., Toleikis SC., Brigell MG. (1991), *Cortical blindness and residual vision: is the «second» visual system in humans capable of more than rudimentary visual perception?* Neurology, 41: 862–869.
Fendrich R., Wessinger CM., Gazzaniga MS. (1992), *Residual vision in scotomata: implications for blindsight*. Science, 258: 1489–1491.

19 Schilder P., Pasik P., Pasik T. (1972), *Extrageniculate vision in the monkey III. Circle vs. triangle and red vs. green discrimination*. Exp. Brain Res. 14: 436–448.
Humphrey NK. (1974), *Vision in a monkey without striate cortex: a case study*. Perception 3: 241–255.
Mohler CW., Wurtz RH. (1977), *Role of striate cortex and superior colliculus in visual guidance of saccadic eye movements in monkeys*. J. Neurophysiol. 40: 74–94.
Cowey A., Stoerig P. (1995), *Blindsight in monkeys*. Nature 373: 247–249.

20 Humphrey NK. (1974), *Vision in a monkey without striate cortex: a case study*. Perception 3: 241–255.

21 Cowey A., Stoerig P. (1995), *Blindsight in monkeys*. Nature 373: 247–249.

22 Wüst S. (1997), *Untersuchungen zur Restitution basaler visueller Funktionen sowie zum Phänomen des Blindsehens bei Patienten mit zerebralen Sehstörungen*. Dissertation. Otto-von-Guericke-Universität Magdeburg.

23 Northcutt RG., Kaas JH. (1995), *The emergence and evolution of mammalian neocortex*. Trends Neurosci. 18: 373–379.
Holloway RL. (1995), *Toward a synthetic theory of human brain evolution*. In: Changeux JP., Chavaillon J. (eds.), *Origins of the Human Brain*. Clarendon Press, Oxford. pp. 42–60.

24 Einen guten Überblick über die Entwicklung des Menschen geben z. B.:

Ziegelmayer G. (1987), *Zur phylogenetischen Entwicklung des Menschen.* In: Wilhelm F. (Hrsg.) *Der Gang der Evolution.* Beck, München. S. 193–214.

Cleve H. (1987), *Die Ausbreitung des Menschen.* In: Wilhelm F. (Hrsg.), *Der Gang der Evolution.* Beck, München. S. 215–231.

Leakey R. (1994), *Die ersten Spuren. Über den Ursprung des Menschen.* Bertelsmann, München.

Johanson D., Edey M. (1994), *Lucy. Die Anfänge der Menschheit.* Piper, München.

Henke W., Rothe H. (1994), *Paläoanthropologie.* Springer, Berlin, Heidelberg, New York.

Leakey M. (1995), *The farthest horizon.* National Geographic 188: 38–51.

Schrenk F. (1997), *Die Frühzeit des Menschen.* Beck, München.

25 Für paläobiologische Grundlagen der Sprache vgl.:

Holloway RL. (1976), *Paleoneurological evidence for language origins.* Ann. NY Acad. Sci. 280: 330–348.

Holloway RL. (1983), *Human paleontological evidence relevant to language behavior.* Hum. Neurobiol. 2: 105–114.

26 Ein Überblick über die Symptomatik und die neuronalen Grundlagen des Neglect findet sich in:

Werth R. (1988), *Neglect nach Hirnschädigung.* Springer, Berlin, Heidelberg, New York.

Robertson IH., Marshall JC (eds.) (1993), *Unilateral Neglect: Clinical and Experimental Studies.* Lawrence Erlbaum, Hove, Hillsdale.

27 Eine gute Zusammenstellung von Überblicksarbeiten zur Hyperaktivität findet sich in:

Steinhausen HC. (Hrsg.) (1995), *Hyperkinetische Störungen im Kindes- und Jugendalter.* Kohlhammer, Stuttgart, Berlin, Köln.

Conners K., Kinsbourne M. (eds.) (1990), *ADHD – Attention Deficit Hyperactivity Disorder.* MMV Medizin Verlag, München.

Cantwell DP. (1996), *Attention deficit disorder: a review of the past 10 years.* J. Am. Acad. Child Adolesc. Psychiatry 35: 978–987.

28 Connors K. (1990), *Diagnosis of attention deficit hyperactivity disorder (ADHD).* In: Conners K., Kinsbourne M. (eds.), *ADHD – Attention Deficit Hyperactivity Disorder.* MMV Medizin Verlag, München. pp. 17–35.

Rapoport JL. (1990), *The diagnosis of childhood hyperactivity.* In: Conners K., Kinsbourne M. (eds.), *ADHD – Attention Deficit Hyperactivity Disorder.* MMV Medizin Verlag, München. pp. 37–49.

Steinhausen HC. (1995), *Hyperkinetische Störunen – eine Einführung*. In: Steinhausen HC. (Hrsg.) (1995), *Hyperkinetische Störungen im Kindes- und Jugendalter*. Kohlhammer, Stuttgart, Berlin, Köln. S. 11–33.

29 Rothenberger A. (1988), *Klassifikation und neurobiologischer Hintergrund des hyperkinetischen Syndroms (HKS)*. In: Franke U. (Hrsg.*), Aggressive und hyperaktive Kinder in der Therapie*. Springer, Berlin, Heidelberg, New York. S. 5–26.
Lou HC. (1990), *Methylphenidate reversible hypoperfusion of striatal regions in ADHD*. In: Conners K., Kinsbourne M. (eds.) (1990), *ADHD – Attention Deficit Hyperactivity Disorder*. MMV Medizin Verlag, München. pp. 137–148.
Häßler F., Irmisch G. (1995), *Biochemische Parameter bei Kindern mit hyperkinetischen Störungen*. In: Steinhausen HC. (Hrsg.) (1995), *Hyperkinetische Störungen im Kindes- und Jugendalter*. Kohlhammer, Stuttgart, Berlin, Köln. S. 90–101.

30 Satterfield JH., Satterfield BT. (1990), *Multimodality treatment for children with attention deficit disorder*. In: Conners K., Kinsbourne M. (eds.) (1990*), ADHD – Attention Deficit Hyperactivity Disorder*. MMV Medizin Verlag, München. pp. 71–75.
Trott GE., Wirth S. (1995), *Die Pharmakotherapie der hyperkinetischen Störungen*. In: Steinhausen HC. (Hrsg.) (1995), *Hyperkinetische Störungen im Kindes- und Jugendalter*. Kohlhammer, Stuttgart, Berlin, Köln. S. 209–224.

31 Siehe hierzu auch: Conners KC. (1990), *Dyslexia and the neuropsychology of attention*. In: Pavlidis GT. (eds.), *Perspectives on Dyslexia*, Vol. 1, *Neurology, Neuropsychology and Genetics*. John Wiley, Chichester, New York, Brisbane. pp. 163–195.

32 Pavlidis GT. (1986), *The role of eye movements in the diagnosis of dyslexia*. In: Pavlidis GT., Fisher DF. (eds.), *Dyslexia: its Neuropsychology and Treatment*. John Wiley, Chichester, New York, Brisbane. pp. 39–63.
Rayner K. (1986), *Eye movements and the perceptual span: evidence for dyslexic topology*. In: Pavlidis GT., Fisher DF. (eds.), *Dyslexia: its Neuropsychology and Treatment*. John Wiley, Chichester, New York, Brisbane. pp. 111–130.

33 Warrington EK. (1985), *Agnosia: the impairment of object recognition*. In: Frederiks JA. (eds.), *Handbook of Clinical Neurology*, Vol. I, *Clinical Neuropsychology*. Elsevier. pp. 333–439.

34 Hecaen H., Angelergues R. (1962), *Agnosia for faces (Prosopagnosia)*. Arch. Neurol. 7: 92–100.

35 Bruyer R., Laterre C., Seron X., Feyereisen P., Strypstein E., Pierrard E., Rectem D. (1983), *A case of prosopagnosia with some preserved covert remembrance of familiar faces*. Brain Cogn. 2: 257–284.

36 Meadows JC. (1974), *The anatomical basis of prosopagnosia*. J. Neurol. Neurosurg. Psychiat. 37: 489–501.

Damasio AR., Damasio H., Van Hoesen GW. (1982*), Prosopagnosia: anatomical basis and behavioral mechanisms*. Neurology 32: 331–341.

Sergent J., Ohta S., MacDonald B. (1992), *Functional neuroanatomy of face and object processing. A positron emission tomography study*. Brain 115: 15–36.

Andreasen NC., O'Leary DS., Arndt S. et. al. (1996), *Neutral substrates of facial recognition*. J. Neuropsychiatry Clin. Neurosci. 8: 139–146.

37 Werth R., Steinbach T. (1991), *Symptoms of prosopagnosia in intoxicated subjects*. Perc. Motor Skills 73: 399–412.

38 Samson HH., Harris RA. (1992), *Neurobiology of alcohol abuse*. Trends Pharmacol. Sci. 13: 206–211.

Harris RA., Brodie MS., Dunwiddie TV. *(1992), Possible substrates of ethanol reinforcement: GABA and dopamin*. Ann. NY Acad. Sci. 654: 61–69.

39 Zerbin-Rüdin E. (1989), *Genetische Befunde zum chronischen Alkoholismus*. In: Schied HW., Heimann H., Mayer K. (Hrsg.), *Der chronische Alkoholismus*. Fischer, Stuttgart, New York. S. 175–184.

40 Eine gute Einführung gibt: Feuerlein W. (1997), *Alkoholismus. Warnsignale, Vorbeugung, Therapie*. Beck, München.

41 Für einen Überblick siehe: Werth R. (1993), *Shifts and omissions in spatial reference in unilateral neglect*. In: Robertson IH., Marshall JC.(eds.),*Unilateral Neglect: Clinical and Experimental Studies*. Lawrence Erlbaum, Hove, Hillsdale. pp. 211–231.

42 Liepmann H., Kalmus E. (1900), *Über eine Augenmaßstörung bei Hemianopikern*. Berl. Klin. Wochenschr. 38: 838–842.

Werth R., Pöppel E. (1988), *Compression and lateral shift of mental coordinate systems in a line bisection task*. Neuropsychologia 26: 741–745.

Manning L., Halligan PW., Marshall JC. (1990), *Individual variation in line bisection: a study of normal subjects with application to the interpretation of visual neglect*. Neuropsychologia 28: 647–655.

43 Erste Ergebnisse sind dargestellt in: Werth R. (1989), *Die zerebrale Representation des Raumes*. In: Schönpflug W. (Hrsg.), *Bericht über den 36. Kongreß der Deutschen Gesellschaft für Psychologie*. Bd. 2. Hogrefe, Göttingen, Toronto, Zürich. S. 408–419.

44 Werth R. (1988), *The influence of culture and environment on the perception of time*. In: Radil T., Bohdanecky (eds.), *Psychophysiology 88 – Proceedings of the fourth Conference of the International Organization of Psychophysiology*. Prag. p. 287.

45 Eine allgemeinverständliche Einführung in die Erforschung der Händigkeit findet sich in: Springer SP., Deutsch G. (1993), *Linkes rechtes Gehirn*. Spektrum Akademischer Verlag, Heidelberg, Berlin, Oxford. S. 137 ff.

46 Zur Frage der Rationalität eines Täters für die Beurteilung der Schuldfähigkeit siehe: Wartofsky MW. (1980*), The dialectics of rationality: the historicity of norms in psychiatry and the law*. Intern. J. Law Psychiatr. 3: 279–293.
Rudnik A., Levy A. (1994), *Personality disorders and criminal responsibility: a second opinion*. Intern. J. Law Psychiat. 17: 409–420.

47 Dinwiddie SH. (1996), *Genetics, antisocial personality, and crime responsibility*. Bull. Am. Acad. Psychiat. Law 24: 95–108.

48 Ogloff JRP., Wong S., Greenwood A. (1990*), Treating criminal psychopaths in a therapeutic community*. Behav. Sci. Law. 8: 81–90.
Rice ME., Harris GT., Cormier C. (1992), *Evaluation of a maximum security therapeutic community for psychopaths and other mentally disordered offenders*. Law Human Behav. 16: 399–412.

49 Montadon C., Harding T. (1984), *The reliability of dangerousness assessments*. Brit. J. Psychiat. 144: 149–155.

50 Förster K. (1987), *Aktuelle Forschungsfragen der forensischen Begutachtung*. In: Kury H. (Hrsg.), *Ausgewählte Fragen und Probleme der forensischen Begutachtung*. Carl Heymanns, Köln, Berlin, Bonn. S. 382.

51 Harris GT., Rice ME., Quinsey VL. (1993), *Violent recidivism of mentally disordered offenders: the development of a statistical prediction instrument*. Crim. Just. Behav. 20: 315–335.

52 Hare RD. (1991), *Manual for the Revised Psychopathy Checklist. Multi Health Systems,* Toronto.

53 Serin R., Amos NL. (1995), *The role of psychopathy in the assessment of dangerousness*. Intern. J. Law. Psychiat .18: 231–238.

Naturwissenschaften bei C. H. Beck

Holk Cruse / Jeffrey Dean / Helge Ritter
Die Entdeckung der Intelligenz oder Können Ameisen denken?
Intelligenz bei Tieren und Maschinen
1998. Etwa 280 Seiten mit etwa 60 Abbildungen. Gebunden

Robert Jütte
Geschichte der Alternativen Medizin
Von der Volksmedizin zu den unkonventionellen Therapien von heute
1996. 341 Seiten mit 16 Abbildungen. Leinen

Randolph M. Nesse / Georg C. Williams
Warum wir krank werden
Die Antworten der Evolutionsmedizin
Aus dem Amerikanischen von Susanne Kuhlmann-Krieg
2. Auflage. 1998. 320 Seiten mit 11 Abbildungen
und 2 Tabellen. Gebunden

Tijs Goldschmidt
Darwins Traumsee
Nachrichten von meiner Forschungsreise nach Afrika
Aus dem Niederländischen von Janneke Panders
Nachdruck 1998. 349 Seiten mit 27 Abbildungen. Gebunden

Reimara Rössler / Peter E. Kloeden
Das Thanatosprinzip
Biologische Grundlagen des Alterns
Unter Mitwirkung von Otto E. Rössler.
Mit einem Vorwort von Peter Weibel
1997. 215 Seiten mit 13 Abbildungen. Gebunden

Dezsö Varju
Mit den Ohren sehen und den Beinen hören
Die spektakulären Sinne der Tiere
1998. 285 Seiten mit 34 Abbildungen, davon 9 in Farbe. Gebunden